Über Buddhismus und Naturwissenschaften

Was man voneinander lernen könnte

von
Jürgen D. Henning

Zum Adler sprach die Taube:
Auf das Denken folgt der Glaube.
Recht, sprach jener, mit dem Unterschied jedoch,
wo du schon glaubst, da denk' ich noch!

Ludwig Robert

Gestaltung Frontcover:
>Jürgen D. Henning unter Verwendung des Fotos einer Statue von Buddha Shakyamuni vom Los Angeles County Museum of Art, das es ´public domain´ stellte.

Dieses Werk ist urheberrechtlich geschützt. Das elektronische Kopieren ist nur mit vorheriger Erlaubnis gestattet. Photomechanische Kopien für Lehrzwecke werden toleriert.

Bibliographische Information der Deutschen Nationalbibliothek: Die Deutsche Nationalbibliothek verzeichnet diese Publikation in der Deutschen Nationalbibliographie; detaillierte bibliographische Daten sind im Internet über www.dnb.de abrufbar.

Copyright: 2016 Jürgen D. Henning
Herstellung und Verlag:
BoD – Books on Demand, Norderstedt

ISBN: 9783743136977

Inhaltsverzeichnis

Vorwort ... 5
Wer war der historische Buddha? ... 8
Wie ich zum Buddhismus kam ... 14
Ein paar Grundlagen vorweg ... 21
    Befreiung und Erleuchtung ... 23
    Karma ... 26
    Seele ... 27
    Atman / Brahman ... 28
    Glücksgefühle ... 28
Warum es Störgefühle geben muss ... 31
    Anhaftung und Ablehnung ... 32
    Stolz ... 39
    Eifersucht ... 42
    Wut / Hass / Rache ... 45
    Wunsch nach Macht ... 47
Grundnatur ... 50
Beweise, Experimente & Logik ... 53
    Beweise ... 53
    Experimente ... 58
    Logik ... 62
Determinismus, Chaostheorie und freier Wille ... 66
Meditation, die Grundlagen ... 73
Aufbau des Geistes ... 77
Lernen ... 79
    Ameisen ... 80
    Bienen ... 82
    Grundlage des aktiven Lernens ... 83
    Echtes Lernen und Umlernen ... 84
    Traumkörper (nicht spirituell) ... 86
    Botox und Mitgefühl ... 88
Sprache ... 89
Das Auge und der Sehsinn ... 99
Künstliche Intelligenz & Bewusstsein ... 124
    Expertensysteme ... 124
    Schach ... 125
    Evolutionäre Programmierung ... 125
    Durchbruch mit neuronalen Netzen ... 126
    Künstliche Intelligenz; ist Bewusstsein definierbar? ... 127
    Watson ... 132
    Autonomes Fahren und Objekterkennung ... 132

Assoziativer Speicher 136
Künstliche neuronale Netze 138
Mustererkennung 142
Kontext 145
Aufmerksamkeit und Konzentration 149
NLP und autogenes Training 154
Scheinerinnerungen 160
MDR-Therapie 162
Einige Kontemplationen 167
   Wo findet das Denken statt 167
   Die Zahl Pi und die Unendlichkeit 168
   Kann es einen Schöpfergott geben? 171
   Kann es das absolut Böse geben? 172
   Navigation & Rituale 172
   Buddhistische Belehrungen über das Ich 177
   Ist Buddhismus gut für mich ? 180
   Der Effekt des hundertsten Affen 181
   Ich oder Nicht-Ich, das ist hier die Frage 183
Spiegelneuronen & Mitgefühl 185
Ngöndro 193
Trickst der Buddhismus das Ego aus? 198
Das Tibetische Totenbuch 200
   Man soll nicht immer alles glauben 201
   Das Tibetische Totenbuch 202
   Geheimlehren Tibetischer Totenbücher 211
   Einführung in tantrische Praktiken 215
   „The Hidden History of the Tibetan Book of the Dead" 220
   Was sagt der Zen-Buddhismus dazu? 222
   Zusammenfassung: Tibetisches Totenbuch 223
Tibetischer Buddhismus und Politik 224
Ein Universum aus Superstrings 231
   Alles Geist oder doch nicht? 232
Epilog 245
Weiterführende Ideen 248
Literaturverzeichnis 250

Vorwort

Vor rund 25 Jahren fand ich mit Ende 30 meinen Weg zum tibetischen Buddhismus. In gewisser Weise könnte ich auch sagen, ich wurde konvertiert. Dahinter steckte jedoch weder physischer noch psychischer Zwang. Es war, sagen wir mal einfach, schlicht unvermeidlich; ich komme demnächst darauf zurück. Wenige Jahre später machte ich eine Weltumrundung per Motorrad; unabhängig davon, dass ich in dieser Zeit sehr viel gesehen und erlebt habe, das waren 1 ½ Jahre Zeit zum Nachdenken. Ich hatte ein paar Bücher über buddhistische Philosophie mit dabei, abends habe ich darin gelesen und am nächsten Tag beim Fahren darüber nachgedacht (was soll man sonst auf dem Motorrad machen, wenn die Strecke langweilig ist?). Dies war die beste Zeit in meinem ganzen Leben und viele meiner damaligen Gedanken wurden zum Grundstock für dieses Buch.

Ich kann nicht von mir behaupten, ein besonders fleißiger Schüler gewesen zu sein, weder ganz früher in der Schule, noch an der Universität, noch als praktizierender Buddhist, eher im Gegenteil. Andererseits steckt in meinem Charakter etwas von einem Terrier. Wenn ich mich in etwas verbissen habe, dann lasse ich einfach nicht mehr locker. Also bin ich das Thema Buddhismus immer und immer wieder angegangen, jedes mal aus einer etwas anderen Richtung. Es gab da etwas, das ich unbedingt verstehen wollte, das sich aber meinem Zugriff immer wieder völlig entzog, als versuchte ich nach Nebel oder Schneeflocken zu greifen!

Ein Teil des Problems war mit Sicherheit darin begründet, dass ich ein abgeschlossenes technisches Studium (Elektrotechnik an der TU Braunschweig) hinter mir habe. Ohne etwas grob falsch zu machen kann man so ein Ingenieurstudium als eine Mischung aus Mathematik und Physik ansehen, wobei die praktische Anwendung nur selten vollkommen aus den Augen verloren wird. Am Ende des Studiums hat man also, zumindest was die Naturwissenschaften angeht, ein ziemlich fest gefügtes Weltbild.

In den letzten 25 Jahren habe ich mich dann in die Philosophie gestürzt und Fachbücher über Psychologie bis hin zur Neurologie durchgearbeitet, immer auf der Suche nach dem Schlüssel zum Verständnis von verschiedenen buddhistischen Schriften. Und immer wieder tauchte beim Lesen der buddhistischen Schriften in meinen Gedanken die Frage auf: "Worüber, bitte, reden die da überhaupt?" Natürlich galt das nicht für alle Bücher oder alle Vorträge, aber für viele und insbesondere die, die ich für wichtig hielt.

Mein Lama, Ole Nydahl, ist wohl einer der bekanntesten Vertreter des tibetischen Buddhismus im Westen und er brachte häufiger den Spruch: „Man kann sich den Weg zur Befreiung auch durch Zweifel erarbeiten. Man darf nur nicht den Fehler machen, immer wieder die gleichen Dinge anzuzweifeln!" Das Problem ist nur, man muss die gleichen Dinge immer wieder anzweifeln, wenn man nicht in der Lage war, die Zweifel auszuräumen. Man kann sie dann nur gedanklich auf den Stapel mit der Beschriftung „Noch zu erledigen" packen und auf spätere Eingebungen hoffen.

Dieses Buch hier handelt unter anderem von meinen Irrungen und hat daher auch einen etwas autobiographischen Touch, nur ist der letztlich völlig unwichtig, wenn man von einem einzigen Aspekt absieht: Er macht dieses Buch authentisch, denn es steckt eine reale Person dahinter. Sie halten keinen Roman in Händen, sondern eher ein Fachbuch. Ich hasse langweilige Fachbücher, also habe ich versucht ein unterhaltsames Fachbuch zu schreiben, das allerdings keinen streng wissenschaftlichen Anspruch stellt (es ist schon alles hübsch logisch, aber es gibt beispielsweise keine Fußnoten). Möge es Ihnen Erkenntnis bringen und zumindest häufiger mal ein Lächeln aufs Gesicht zaubern oder ein erstauntes „Oh" entlocken.

Die Grundlage für diesen Text bildet meine Überzeugung, dass es nicht verschiedene Wahrheiten geben kann; es gibt nur verschiedene Darstellungen der Wahrheit, es gibt Missverständnisse in Bezug auf die Wahrheit und es gibt auch die vorsätzliche Verdrehung der Wahrheit (leider viel zu oft). Ich bin mir sicher, dass Buddhismus und Wissenschaft die gleiche Münze beschreiben, jedoch, zumindest teilweise, jeweils die andere Seite.

Ich möchte Ihnen zwei Beispiele geben. Im asiatischen Raum wird oft von den vier Elementen gesprochen, nämlich Erde, Wasser, Luft und Feuer (im damaligen Griechenland gab es diese Einteilung übrigens auch). Ein normaler Nordeuropäer mit guter Schulbildung wird diese Einteilung etwas befremdlich finden. Wenn wir jedoch eine einfache Ersetzung vornehmen, dann klingt es sofort völlig anders: „Alle Stoffe dieser Welt kommen in den Aggregatzuständen fest, flüssig oder gasförmig vor und werden von Energie in Bewegung gehalten." Da passt kein Blatt mehr zwischen fernöstliche Sicht und Wissenschaft (man kann als 5. Element auch noch den Raum hinzunehmen).

Das andere Beispiel kommt aus den Belehrungen über die Vorgänge beim Sterben. Dort heißt es etwa, dass sich der Geist aus dem Körper zurückzieht, etwa, wenn man so langsam das Gefühl in den Fingern verliert. Wenn man nichts von Nerven und ihrer Funktion weiß, dann kann man auch nicht wissen, was passiert, wenn die Synapsen nicht mehr richtig mitmachen wollen / können. Von daher ist die Erklärung wissenschaftlich gesehen sehr wahrscheinlich falsch (ganz genau weiß ich es nicht, denn ich bin in diesem Leben noch nicht wissentlich gestorben), es ist jedoch eine sehr gute Beschreibung der Symptome.

Auf der Suche nach passenden 'Übersetzungen' habe ich mich immer wieder von dem gut abgesicherten Fundament der Wissenschaft aus an die Arbeit gemacht. Ob Sie meine Interpretationen für richtig oder überhaupt sinnvoll halten, ist mir persönlich letztlich nicht wichtig. Wenn aber auch nur ein paar Leser sagen „Ach, **so** ist das gemeint!", dann hat sich meine Mühe mehr als gelohnt.

Dieses Zitat aus Kalu Rinpoches Buch „Über das Wesen des Geistes" ist letztlich der rote Faden durch dieses Buch hier. Wenn man nicht weiß, wie der eigene Geist funktioniert, dann sind alle Methoden, um ihn zu verändern, ziemlich sinnlos:

> *Gestern abend und heute morgen hat Kalu Rinpoche uns erklärt, dass die Meditationstechnik, die jemand anwendet, nur in dem Maße effektiv ist, wie das Verständnis des Geistes, mit dem der Übende meditiert. Die Anwendung der Meditationstechnik gleicht einem Gimmick, einem speziellen Trick, der nur auf einer sehr beschränkten Basis wirksam ist. Deshalb sollte man verstehen, dass die Technik eben nur eine Technik ist, um den Geist von einem Zustand der Erfahrung in einen anderen zu bringen. Hat man nun eine generelle Bewusstheit, eine Erfahrung des Geistes selbst, über den man ja meditiert, dann ist eine Meditation natürlich sehr viel effektiver. Denn je mehr man den Geist versteht, der diese Technik erfährt, umso erfolgreicher ist jede Methode. Fehlt es aber an einem solchen Verständnis, bleibt die Methode immer nur eine Technik, die nicht besonders tief wirkt.*

Deshalb finden Sie in diesem Buch eine Sammlung an wissenschaftlichen Erkenntnissen, buddhistischen Belehrungen und ein paar (gut begründete) Spekulationen, um Ihr Bild des Geistes ein wenig abzurunden.

Spiritueller Disclaimer: Falls ich irgendwelche Irrtümer in die Welt gesetzt habe oder sich bei irgend jemandem die geistige Verwirrung wegen mir vergrößert haben sollte, dann geht das eindeutig auf mein karmisches Konto und ich bitte die Schützer der Lehren um Nachsicht. Alle anderen Fehler befinden sich im Bereich Ihrer eigenen Verantwortung.

Wer war der historische Buddha?

Um das Jahr 563 v. Chr. wurde Siddharta Gautama als Sohn eines Fürsten geboren. Jetzt muss man wissen, dass in Indien die Verklärung von Dingen nichts außergewöhnliches ist. Je klebriger und süßer, desto lieber ist es dem Inder (oder zumindest vielen von ihnen; es sei ausdrücklich darauf hingewiesen, dass hiermit keine Abwertung beabsichtigt ist). Ob sein Vater nun Fürst war oder ein Bezirkskönig, ist letztlich ziemlich bedeutungslos, es sei denn, man ist Historiker.

Fest steht, dass er eine für seine Zeit sehr gute Bildung bekam, also in unserem heutigen Sinne ein Intellektueller war mit einer kompletten Allround-Bildung; er wusste und konnte alles, was man damals in Indien in der Oberklasse für wichtig hielt. Das beinhaltete auch Jura, Religion, Meditation, Philosophie und Waffenkunde. Irgendwann heiratete er, hatte ein Kind, und ob die vielen Gespielinnen eine indische Erfindung sind oder nicht, spielt eigentlich keine wichtige Rolle.

Was eine Rolle spielt ist, dass er wahrscheinlich ein sehr gut abgeschirmtes Luxusleben führte. Doch irgendwann fing etwas in ihm an zu nagen. Wenn man ein Luxusleben führt, dann gibt es viele Dinge, über die man nie nachdenkt, weil sie irrelevant in so einem Leben sind. Gautama sah jedoch bei Ausflügen in die Stadt Alter, Krankheit und Tod. Diese Erfahrung brachte ihn aus der Fassung und je länger er darüber nachdachte, um so klarer wurde ihm, dass niemand vor Alter geschützt ist, dass jeder krank werden kann und dass jeder ganz gewiss sterben wird. Plötzlich fehlte die 'spirituelle' Grundlage für sein Luxusleben, denn wozu war es gut, wenn es irgendwann mit absoluter Sicherheit damit vorbei sein würde?

Hinzu kam ein großes philosophisch-religiöses Problem. Wenn Alter, Krankheit und Tod alle betreffen, dann betrifft es nicht nur alle Menschen und Tiere, sondern auch die Halbgötter und Götter. Auch wenn man es im Kreislauf der Wiedergeburten (und im damaligen Indien glaubten eigentlich fast alle, dass es den gibt) geschafft hatte, ein Gott zu werden, dann war das keine Garantie auf Ewigkeit. Letztlich muss sogar Vishnu, der von sich meint, er habe diese Welt erschaffen, irgendwann seinen Thron verlassen und zirkuliert wieder im Kreislauf. Doch wozu ist eine Religion gut, die einem nur auf beschränkte Zeit hilft?

Man sieht hier, dass seine Gedanken sehr tiefschürfend gewesen sein müssen, denn viele Menschen würden sagen, man solle sie doch bitte ein wenig in Luxus leben lassen und über den Rest würde man sich Gedanken machen, wenn es so weit ist. Genau genommen sind es nicht nur viele

Menschen, die so denken, sondern mit extrem wenigen Ausnahmen eigentlich alle. Wenn sich jetzt im Westen jemand mit Alter, Krankheit und Tod beschäftigt (und nicht Buddhist ist), dann hat er / sie fast immer beruflich mit diesen Fragen zu tun, etwa weil es die Arbeit in einem Krankenhaus oder Hospiz mit sich bringt. Alle anderen vermeiden so gut wie irgend möglich alle Fragen, die mit diesem Themenkreis zu tun haben. Es wäre nicht sehr übertrieben, von einem Tabu zu sprechen, denn wir alle in den sogenannten entwickelten Ländern führen ein Luxusleben und möchten so lange wie möglich nicht daran erinnert werden, dass es da noch etwas anderes geben könnte.

Die Gedanken über Alter, Krankheit und Tod zogen ihm also den Teppich unter den Füßen weg und er war ratlos, bis er einen der 'Heiligen' sah, von denen in Indien immer noch viele herum laufen. Dass sein bisheriges Leben ihm keine verlässliche Grundlage mehr gab, war ihm klar und bei diesem Heiligen spürte er wahrscheinlich eine tiefe Ruhe und eine tiefe Verbundenheit mit dem Sein. Der Entschluss reifte und schließlich ging er in die Hauslosigkeit, also mit anderen Worten in den Dschungel.

Über mehrere Stationen, aufgrund seiner Vorbildung und Intelligenz war er seinen Lehrern meist schnell überlegen, kam er zu den Asketen, die sich durch Fasten verwirklichen wollten. Irgendwann war Gautama extrem stark abgemagert und sagte später über diese Zeit, dass er nur seine Bauchdecke berühren musste, um sein Rückgrat zu spüren. Dann sah er ein, dass auch dieser Weg nicht zu einem verlässlichen Fundament führen konnte und verließ die hungernden Asketen.

Nicht, dass er anschließend viel aß, denn es wird über ihn aus der Zeit danach berichtet, dass sogar ein kleiner Vogel verhungert wäre, hätte er nur so viel zu fressen bekommen, wie der Buddha aß; da die damaligen und auch heutigen Yogis eine Körperbeherrschung erlangen, die weit über unseren Vorstellungen liegt, kann man davon ausgehen, dass diese Berichte stimmen.

In der damaligen Zeit war, wie schon gesagt, der Glaube an Wiedergeburt in ganz Indien verbreitet und Gautama war zu der Erkenntnis gekommen, dass er bisher überhaupt nichts gefunden hatte, was ihn aus diesem Kreislauf heraus führen könnte, denn nur wenn es aus dem Kreislauf heraus führt, dann kann es dauerhaft und somit letztlich sinnvoll sein. Irgendwann in dieser Zeit fiel ihm ein, dass er in seiner Jugend einmal ein Meditationsgefühl von Lockerheit und Freude gehabt hatte und beschloss auch diesen Weg bis zum Ende zu verfolgen. Er setzte sich unter den Baum, der heute als Bodhi-Baum bekannt ist, und begann mit dieser Art der Meditation und sie führte ihn zur vollen Erkenntnis darüber, wie die Welt in ihrer Grundnatur beschaffen ist. Er hatte die Ausgangstür gefunden.

Das, was er in den vielen folgenden Jahren lehrte, nennt sich Dharma, was man mit Belehrungen übersetzen könnte. Wesentlich besser passt die Übersetzung „Wie die Dinge sind!". Es wird nichts interpretiert, es wird nichts hinzu gefügt, es wird nichts beschönigt, es ist ganz simpel die Darlegung, wie die Welt nun einmal letztlich ist. All dies legte Buddha dar, wobei es Belehrungen auf verschiedenen Stufen gab und immer noch gibt, um den Fähigkeiten der jeweiligen Zuhörer zu entsprechen (es gibt also, zumindest scheinbar, Widersprüchlichkeiten in den Belehrungen). Am Ende seines Lebens sagte er, dass er keine Belehrung in der geschlossenen Hand zurückgehalten hätte, alles, was man für Befreiung und Erleuchtung braucht, wurde gegeben!

Jetzt kommen wir zu dem Hauptproblem, weshalb dieses Buch hier überhaupt existiert. Das Weltbild damals war völlig anders als unser heutiges Weltbild. Man wusste damals nichts über das Universum und auch Evolution war völlig unbekannt (selbst wenn Buddha es so gesehen hätte, wie wir es jetzt tun, es hätte ihn niemand verstehen können; also hat er alles so erklärt, dass er zu seinen Lebzeiten verstanden werden konnte). Man kann es auch pragmatisch ausdrücken: Wenn die Belehrungen helfen, dann ist es doch ziemlich egal, ob sie zu 100% korrekt dargelegt wurden. Die Welt, wie man sie damals in Indien wahrnahm, hatte sich nicht irgendwie im Laufe von Milliarden Jahren entwickelt, sie war vor ungewisser Zeit exakt so entstanden und war immer noch so, woraus sich natürlich einige philosophische Konflikte ergeben (darauf gehen wir noch gründlich ein).

Bis vor wenigen Jahrzehnten waren Bücher über Buddhismus außerhalb von Asien meistens Übersetzungen von Interessierten oder noch öfter von Religionswissenschaftlern. Beide Gruppen gaben die Inhalte auf die traditionelle Art und Weise wieder. Ein Leser musste sich schon intensiv mit dem Themenkreis befassen, um diese Bücher zumindest in Grundzügen verstehen zu können, wobei man sich noch nicht einmal sicher sein konnte, ob der jeweilige Autor selber die Sachverhalte überhaupt ansatzweise verstanden hatte.

Stellen Sie sich einfach einmal vor, was dabei heraus kommt, wenn ein streng gläubiger Anhänger einer christlichen Kirche ein tibetisches Rollbild (Thangka) beschreibt, auf dem auch sogenannte Schützer zu sehen sind (man erkennt sie daran, dass sie ein drittes Auge in der Stirn haben, das Auge der Weisheit), die manchmal recht wild und zornvoll aussehen (in vielen Beiträgen findet man den Ausdruck 'rasend' und diese Charakterisierung ist sicherlich nicht wirklich richtig; sie haben das Potential zum Wüten, aber diese Eigenschaft entwickeln sie ausschließlich, wenn ihre Schützerqualitäten benötigt werden; das ist eher so, als ob der 150 kg schwere Rockerpräsi hinter einem steht und sagt: „Ich werde persönlich auf dich aufpassen und wenn dir einer ans Leder will, den dengel ich weg!"). Dann sind Buddhisten natürlich sofort Götzenanbeter oder weit schlimmeres, denn die Flammen des Mitgefühls werden sofort zum Höllenfeuer, aus dem die Götzen als Gehilfen von Satan kommen. Diese Situation änderte sich, als in Europa und Nordamerika buddhistische Zentren eröffnet wurden, die häufig von Asiaten geleitet wurden. Doch auch diese gaben die Belehrungen in der dem jeweiligen Herkunftsland entstammenden klassischen Art weiter.

Mit Ole Nydahl, den seine Hochzeitsreise zusammen mit seiner Frau Hannah in den Himalaya führte, kam eine ´Trendwende´. Die beiden wurden Schüler von Karmapa (später mehr Info über ihn), der die beiden, nachdem sie eine längere Ausbildung durchlaufen hatten, zurück in den Westen schickte, damit sie die buddhistischen Lehren verbreiten (rein formal müsste ich von Lama Ole Nydahl reden, aber Ole ist Däne und dort hat man kein Vertrauen zu jemandem, der auf Titel oder ´Sie´ besteht und ich habe Vertrauen zu ihm). Ole sagt, dass die Essenz des Buddhismus wie ein Diamant sei. Hält man ihn vor einen blauen Hintergrund, dann strahlt er blau. Hält man ihn vor einen roten Hintergrund, dann strahlt er rot. Das ändert aber überhaupt nichts an der Natur des Diamanten selbst. Der farbige Hintergrund steht hier für verschiedene Kulturen und dafür, was die Leute erwarten.

Wenn Tempeltänze und laute Musik in Tibet notwendig waren, um die Bewohner der Bergdörfer ins Tal zu locken, damit sie einer Zeremonie oder einer Einweihung beiwohnten, dann gab es eben laute Musik und Tempeltänze. Wenn wir uns so etwas ansehen, dann finden wir das vielleicht recht spannend, aber es bleibt vielleicht doch unterschwellig die Frage, wo denn genau der Unterschied hiervon zu bayrischen Lederhosenträgern liegt, die herum hüpfen und sich zu lauter Musik auf Schenkel und Fußsohlen klatschen. Also begann Ole damit, den Diamanten zu beschreiben, und kümmerte sich immer weniger um den farbigen Hintergrund.

Praktisch alle buddhistischen Belehrungen wurden 2.500 Jahre lang aus einem Kulturkreis heraus gegeben, der uns in Europa oder den Amerikas schlicht völlig fremd ist. Natürlich kann man die Ikonographie und Symbolik im Laufe von vielen Jahren erlernen, doch es ist ein mühsamer und langer Weg. Ole sagte einmal (wahrscheinlich eher ziemlich oft), wir im Westen müssen es genauso machen, wie damals die Tibeter; wir müssen die buddhistischen Belehrungen in unseren Kulturkreis übersetzen. Es ist wichtig, hierbei die Essenz zu wahren, das Lokalkolorit ist unwichtig. Und die Essenz muss verstanden worden sein, denn sonst gibt es mehr Verwirrung statt weniger.

In manchen klassischen Belehrungen gibt es endlose Auflistungen von Höllen mit zusätzlichen Unterteilungen, die einfach vorausgesetzt aber nicht begründet werden. Man soll das glauben. Das erinnerte mich irgendwie immer an den Spruch von Fritz Teufel, als er im Gerichtssaal war und aufgefordert wurde sich (wegen der Würde des Gerichtes) zu erheben. Er tat dies mit den Worten: "Wenn es denn der Wahrheitsfindung dient!" Wenn es etwa im „Juwelenschmuck der geistigen Befreiung" von Gampopa seitenweise über diverse Höllen und Nebenhöllen geht und die jeweiligen Leiden, die man dort erfährt, dann kommt man zwangsweise zu dem Ergebnis, dass das tibetische Kindermärchen sind, die im Westen der Wahrheitsfindung kaum dienlich sein können (ich setze eine absolut positive Intention voraus, nur das ändert nichts an den Umständen).

In der Einleitung schreibt der Autor / Übersetzer vom „Juwelenschmuck der geistigen Befreiung", Herbert Guenther, auf Seite 12:

> *Die intellektuelle Ausrichtung macht sich gleich von Anfang dadurch bemerkbar, dass in diesem scholastischen Werk fast ausschließlich nur Sutras (didaktische Lehrreden, in denen der historische Buddha die Hauptrolle spielt) zitiert werden, um gewisse Punkte zu unterstreichen. Nur ganz wenige aphoristische Aussprüche der sogenannten Mahasidas, die samt und sonders der tantrischen, sich auf das innere Erlebnis und dessen Ausdruck in symbolhafter Weise berufenden Richtung angehören, werden angeführt. Als ein scholastisches Werk, das nichtsdestoweniger ein literarisches Werk von hohem Wert ist, besitzt es alle Vorzüge und Nachteile der Scholastik: Klarheit im Aufbau und ein Übermaß an Pedanterie.*

Man wird dieses Buch also nicht aus Spaß an der Freude lesen. Der gesamte „Juwelenschmuck der geistigen Befreiung" besteht nur aus der Peitsche und nicht einer einzigen Karotte; versuchen sie mal, einen Westler mit guter Ausbildung, mit solchen Methoden nachhaltig zu beeindrucken. Das geht völlig in die Hose und es wird sich im Westen wegen solcher ´Märchen´ kaum einer überhaupt auf den tibetischen Weg zur Befreiung und Erleuchtung machen! Von freudvoll wollen wir noch nicht einmal reden und auf die Leute, die sich nicht freudvoll an den Buddhismus heran machen, kann man, wenn man etwas völlig Neues im Westen auf die Beine stellen will, ohne großen Verlust sowieso verzichten (ich meine die Leute, die 24 Stunden am Tag mit moralinsaurer Miene durch die Gegend schleichen und nicht nach dem eigentlichen Sinn, sondern nach der absolut korrekten Auslegung suchen und ewig darüber debattieren wollen). Achtsamkeit ja, aber moralisierende Bürokratie bitte nicht!

Auch wenn es viele Leute gibt, die Ole Nydahl skeptisch bis feindselig gegenüber stehen: Jede andere Art, den tibetischen Buddhismus wirklich im Westen zu verankern, hätte überhaupt nicht funktionieren können. Meine Motivation ist es, einen Beitrag dafür zu leisten, dass Ole in diesem Punkt recht behält! Ich glaube, da kann ich ein bisschen helfen!

Wie ich zum Buddhismus kam

Eigentlich ist dies ein Kapitel, das in einem (mehr oder weniger) Fachbuch nichts zu suchen hat. Warum es drin sein muss, werden Sie in wenigen Seiten verstehen.

Ich hatte ja schon erwähnt, dass ich in Braunschweig Elektrotechnik studiert hatte. Meine damalige Freundin, Sabine, studierte Englisch und Wirtschaftswissenschaften, was damals in Braunschweig nur bis zum Vordiplom möglich war. Wir wechselten fast zeitgleich nach Kiel. So etwa zwei Jahre später sahen wir ein, dass wir uns wohl besser trennen sollten, beschlossen jedoch, weiter guten Kontakt zu halten. Folglich sahen wir uns zwei, drei mal im Jahr.

In den Folgejahren wurde ich immer ingenieurmäßiger und war im Bereich Projektmanagement für Kommunikationsanlagen beschäftigt. Wenn ich morgens zur Arbeit fuhr, dann wusste ich normalerweise nicht, welches Problem auftauchen würde; ich war nur sicher, dass genügend Probleme auftauchen würden. Probleme sind nämlich gute Freunde und bringen immer ein paar Kumpel mit. Sabine wurde im Laufe der Jahre immer flippiger und abgedrehter. Als sie in einer alternativen Land-WG lebte, besuchte ich sie dort. Sie hatte irgendwann einen Kalligraphiekurs mitgemacht und einen rund 10 Zentimeter hohen Stapel Din-A4-Blätter produziert, wobei jedes Blatt mit gut zwanzig erfundenen chinesischen Schriftzeichen bedeckt war. Welche Einschätzung ihrer Psyche ich damals hatte, muss ich wohl nicht näher erläutern.

Eines schönen Tages klingelte das Telefon und Sabine fragte mich, ob ich nicht Lust hätte, mir mal einen tibetischen Lama anzusehen. Also machten wir einen Treffpunkt aus, der Termin stand ja schon fest. Das war das erste mal, dass ich Ole sah und ich war doch etwas überrascht, statt eines Tibeters einen durchtrainierten aber etwas zu kurz geratenen Wikinger zu sehen. Die ganze Veranstaltung fand übrigens in einer Privatwohnung knapp außerhalb von Kiel statt (mit einer riiiesigen Badewanne im Badezimmer).

Ole war weit über zwei Stunden zu spät angekommen (das machte er zu der Zeit häufiger), was er mit einem Autounfall begründete. Das Auto wäre total Schrott, aber es wäre niemandem etwas passiert. Freunde hätten auch schon einen Ersatz besorgt, einen Audi 100. Dann gab er die technischen Daten und meinte abschließend: „Der hat aber keinen Katalysator oder so'n Quatsch!" Ich sah bei einigen Leuten die Kinnlade absacken und dachte mir nur, dass er so nicht allzu viele Anhänger finden wird (später habe ich begriffen, dass dies durchaus Absicht war; Stichwort: moralinsauer!). Ansonsten fand ich ihn sehr charismatisch, aber das, was er erzählte, hielt ich für recht wenig durchdacht (das war jetzt **extrem** höflich ausgedrückt!).

Meine Eltern, zu denen ich eigentlich kein besonders gutes Verhältnis hatte, lebten in Schleswig. Mein Vater war bettlägerig und hatte heftige Diabetes, weshalb er schon mehrfach mit Koma im Krankenhaus war. Ich erwartete eigentlich fast täglich einen Telefonanruf meiner Mutter, dass er nicht mehr sei. Eines Tages kam ich im Büro an meinen Schreibtisch zurück und mein Schreibtischnachbar teilte mir mit, es habe einen Anruf gegeben, meine Mutter sei verstorben.

Ich setzte mich also in meinen VW-Bulli und düste los. In irgendeinem Laden kaufe ich noch schnell eine Flasche Whisky und zwei Flaschen Cola, nur so für alle Fälle. Die Nachbarin meiner Eltern hatte meiner Mutter bei der Pflege meines Vaters geholfen und sie hatte schon alles erledigt, was für sie machbar war. Meine Schwester und ich mussten nur noch ein paar Formalien erledigen.

Dann beratschlagten meine Schwester und ich, was mit unserem Vater zu machen sei. Da wir nicht damit rechneten, dass mein Vater noch sehr lange leben würde, beschlossen wir, dass er in seiner gewohnten Umgebung bleiben sollte. Er hatte sein Bett in einem Zimmer zum Garten hin mit einem schönen Blick ins Grüne. Die Nachbarin war bereit, sich um die eigentliche Pflege zu kümmern und wir würden abwechselnd von Kiel zwischen fahren, damit er abends nicht alleine sein musste.

Die erste Hälfte der Woche würde meine Schwester übernehmen und ich die zweite Hälfte. Die Wochenenden wollten wir abwechselnd machen und ich hatte schon mal die erste Nachtschicht gewonnen.

Mein Vater war ja im Gartenzimmer, von dort kam man in den Flur und von dort ins Wohnzimmer und weiter ins Esszimmer. Dort stand eine Klappcouch, die einzige freie Schlafgelegenheit im Erdgeschoss, auf der meine Mutter in der Nacht zuvor gestorben war. Mit anderen Worten, die Whiskyflasche war am nächsten Morgen leer und ich war wohl eher noch ziemlich voll, als ich zur Arbeit fuhr. So ging es dann Monat um Monat weiter (allerdings mit deutlich weniger Alkohol) und ich war wirklich die ganzen Monate am Rande meiner Belastungsgrenze.

Irgendwann hatte sich Sabine von Kiel verabschiedet, denn sie wollte im buddhistischen Zentrum in Wuppertal wohnen. Wiederum einige Zeit später rief sie mich im Büro an und erzählte mir, dass sie jetzt nach Indien gehen wolle, um dort Buddhismus zu studieren. Das Problem sei ihre restliche Habe und ich würde doch meinen Keller praktisch gar nicht nutzen. O.k., geht in Ordnung. Und du hast doch so einen praktischen VW-Bus!? Also machten wir einen Termin aus, wann ich sie und ihre Habe abholen würde.

Wenige Tage vor dem Termin rief Sabine wieder an. Da käme ein ganz hoher tibetischer Lama nach Deutschland und da müsste sie unbedingt hin, also müsse der Umzug auf einen anderen Termin verlegt werden. Ich erklärte ihr, dass ich für das Wochenende schon in Schleswig vorgearbeitet hätte. Entweder sie würde jemand anderen für den Transport finden oder es müsste an exakt dem Wochenende über die Bühne gehen. Nach einigem Hin und Her machte ich ihr den Vorschlag, sie könne mich doch einfach auch für den zweitägigen Kursus anmelden, dann bekäme sie ihren Umzug gemacht und ich könnte mir mal wieder merkwürdige Buddhisten ansehen.

Neben einem stattlichen Landhaus in der weiteren Umgebung von Köln war ein großes Bierzelt aufgebaut worden mit Holzfußboden drin. Insgesamt werden etwa 150 Leute da gewesen sein. Die Stirnseite des Zeltes war mit einem gestreiften bunten Wandbehang geschmückt und davor stand ein rot lackierter Kastenthron. Kurz bevor es losging meinte Sabine noch, es könne sein, dass man für die Teilnahme am Kursus die buddhistische Zuflucht bräuchte. Dabei würde man eigentlich nur versprechen keine Menschen umzubringen, nicht zu stehlen und keine schlimmen Drogen zu nehmen. Ansonsten sei es eine Übertragung von positiver Energie! Erzählen sie mal einem Elektrotechniker etwas von positiver Energie. Sie werden dann zwei nach oben verdrehte Augen sehen.

Dann gab es Belehrungen und irgendwann hieß es, man könnte jetzt die buddhistische Zuflucht nehmen, wenn man möchte. Hätte man mich ein paar Stunden zuvor gefragt, wäre meine Antwort wahrscheinlich gewesen: „Also wenn andere vor mir flüchten, dann kann ich das ja bisweilen verstehen. Aber ich? Zuflucht nehmen?" Also stand ich einfach auf und ging nach vorne und ich weiß bis heute nicht genau, warum eigentlich. Hätte ich damals meine nähere Zukunft gekannt, ich hätte es ganz sicher nicht gemacht; ich wäre in meinen Bulli gehechtet und mit Vollgas verschwunden.

Abends passierte dann etwas, das mich aus den Socken haute. Shamarpa (der hohe Lama) sagte, wir würden jetzt gemeinsam eine Friedensmeditation machen. Ich hatte überhaupt keine Ahnung, was das sein sollte. Ich hatte zum Ende meiner Schulzeit ein Weilchen Transzendentale Meditation gemacht, also beschloss ich, mich einfach im Schneidersitz hinzusetzen, meinen Geist zu entspannen und die Augen offen zu halten, damit ich mitbekommen könnte, was denn gemacht werden solle.

Plötzlich füllte sich das Bierzelt, als ob es aus dem Wandteppich kam, mit goldfarbenem Licht. „Was?!" Das Licht war wieder weg. Also entspannte ich meinen Geist wieder und das goldfarbene Licht kam wieder. Ich fing bewusst an zu denken und das Licht war wieder weg. Das Licht kam wieder und ich bewegte bewusst meine Augen und das Licht war wieder weg. Dieses Spielchen wiederholte ich noch so zwei, dreimal und saß dann nur noch völlig baff da. Direkt vor mir saß eine junge Frau mit langen blonden Haaren und ich sah, wie es überall auf ihren Armen glitzerte und ihre Haare waren ein kleines Meer aus Gold.

Die folgende Nacht war sehr kurz. Schon so gegen vier in der Frühe geisterte ich durch die Felder. Was war da passiert? Die sinnvollste Erklärung war für mich, dass da Hypnose eine Rolle spielen könnte, aber ich ging auch alles andere durch, was ich mir nur irgendwie vorstellen konnte. Ich beschloss, dass ich an diesem Tag nichts, aber auch gar nichts unbeobachtet lassen würde. Ich schaute sogar hinters Zelt, ob da vielleicht irgendetwas 'Besonderes' aufgebaut sei, fand aber nichts.

Als der Kursus dann weiter ging setzte ich mich als erstes im Schneidersitz hin und entspannte den Geist. Egal wie lange ich es probierte, es blieb alles normal. Ich hielt weiter alles unter Beobachtung und das einzig Ungewöhnliche an dem Tag war die Aufforderung von Shamarpa, die Damen in den ersten Reihen möchten doch bitte ihre Beine etwas mehr bedecken, die Mönche würden nervös werden.

Abends wieder eine Meditation und wieder kam das goldfarbene Licht, wieder anscheinend aus dem Wandteppich heraus. Es gab hier also ein Rätsel, das ich ergründen wollte. Auf der Fahrt nach Schleswig, abends musste ich wieder meine Schicht antreten, ging ich noch mal alle Argumente durch und plötzlich war es wie ein echter Schlag in die Magengrube (die Muskelzuckung war wirklich so heftig, dass ich mich tief übers Lenkrad beugte!). Mir war bewusst geworden, dass man goldfarbenes Licht überhaupt nicht erzeugen kann! Physikalisch völlig unmöglich!

Die folgenden Monate waren mit Abstand die heftigste Zeit meines Lebens. Tagsüber in der Firma musste ich funktionieren und das meistens gut 9 Stunden am Tag. Dann fuhr ich nach Hause oder nach Schleswig und setzte mich zum Meditieren hin. Meistens dauerte es keine zehn Minuten und meine Bauchmuskeln fingen an zu flattern, was sich dann langsam zu heftigem Zucken steigerte. Dann wurde ein sehr weiter Pullover angezogen (das musste ja nicht jeder sehen) und ich machte mich auf den Weg in meine Stammkneipe (in Schleswig war es ein griechisches Restaurant) und ich kippte mir solange Bier in den Schädel, bis das Zucken wieder aufhörte. Hierbei dachte ich immer wieder an dieses goldfarbene Licht; ich konnte es einfach nicht ignorieren, denn dann hätte ich genauso gut auch den Tresen vor mir wegdiskutieren können. Dieses Erlebnis war wissenschaftlich gesehen nicht haltbar, aber für mich war es eindeutig bewiesen!

Manchmal hatte ich in diesen Tagen schon Angst, dass ich über den geistigen Jordan gehen könnte (Sie wissen schon, dann kommen die freundlichen, weiß gekleideten Herren und schenken einem eine wunderschöne Ich-Habe-Mich-Lieb-Jacke). Ungefähr einen Monat nachdem ich mit dieser 'Therapie' anfing, kam Ole zu einem norddeutschen Zentrum und ich fuhr mit Sabine dort hin. In der Pause fragte ich Ole, ob er mich als Schüler annehmen würde, was er mit den Worten „Wann immer du mich brauchst, ich bin für dich da!" auch machte.

Jetzt, sozusagen mit einer Versicherungspolice in der Tasche, ging ich noch zielstrebiger an die Meditationsarbeit. Ein bisschen Ausgleich kam etwas später daher, dass meine Schwester, sie ging damals mental schon völlig auf dem Zahnfleisch, mit der Nachbarin gesprochen hatte und diese gebeten hatte, natürlich gegen entsprechende Entlohnung, die Woche über die komplette Pflege und Betreuung zu übernehmen. Wir mussten nur noch am Wochenende hin. Das schaffte die notwendige Luft für das nächste Vorhaben: Phowa!

Ich hatte von diesem Kursus im Kieler Zentrum erfahren (das befand sich in einem Uraltbau in einer Zwei-Zimmer-Wohnung im zweiten Stock, Klo auf halber Treppe; in dem einen Zimmer wohnte Joachim und das andere Zimmer diente als Meditationsraum und dort ging ich nun jeden Mittwoch hin; dass ich hinterher noch in meiner Stammkneipe vorbeischaute, muss hier niemanden interessieren). Das Phowa sollte in einem buddhistischen Zentrum in Spanien stattfinden und in dieser Praxis sollte man sich angeblich ein physisches Loch in die Schädeldecke meditieren. Ich war wild entschlossen, diesen Kursus mitzumachen; wenn das mit dem Loch auch noch klappen sollte, dann würde ich mich sehr tiefgründig mit dem Buddhismus beschäftigen müssen. In der Vorbereitung für diesen Kursus musste / sollte man das Mantra von Buddha Amitabha 111.111 mal wiederholen (natürlich mit der zugehörigen Visualisierung) und das braucht ja auch einige Zeit. Also intensivierte ich meine Meditationspraxis deutlich. Wie meine Bauchmuskeln darauf reagierten, lasse ich mal unerwähnt.

Auf dem Weg nach Málaga besuchte ich noch meine Cousine Gabi und einige Freunde von mir; die wohnten alle in der Mitte zwischen Valencia und Alicante. Dann ging es weiter bis Velez-Málaga in Andalusien und dann ab in die Berge. Die Wegbeschreibung war nicht besonders gut, aber ich fand trotzdem dort hin und ergatterte sogar noch einen Stellplatz für meinen VW-Bulli.

Dann ging der Kursus los. Es gab jeden Tag drei Sitzungen zu je drei Stunden und der aufmunternde Spruch von Ole war: „Für die Kopfschmerzen habt ihr bezahlt. Die Schmerzen im Rücken und in den Knien, die gibt es gratis von mir dazu!" Es war Pfingsten und zu der Jahreszeit kann es in Spanien schon ganz schön warm werden. Man saß zwar im Halbschatten, der von einem dünnen Plastikgewebe erzeugt wurde, aber abends war man völlig fertig. Zuvor hatte ich nie gedacht, dass meditieren so anstrengend sein kann.

Das Phowa ist eine geheime Praxis, also werde ich darüber keine Details verbreiten. Aber man darf sagen, worum es geht. Man lernt die Vorgänge kennen, die beim Sterben nacheinander vor sich gehen, und in der eigentlichen Meditation geht man diesen Vorgang aktiv durch. Immer und immer wieder, mehrere Tage lang.

Das äußere Zeichen für den Erfolg ist eine kleine Wunde mit Blutschorf oder eine kleine Öffnung, aus der Gewebeflüssigkeit ausgetreten ist, direkt oben auf dem Schädel. Damit dieses Zeichen sichtbar blieb, war Haare waschen vom zweiten Tag an verboten. Am vierten Tag wurden die ersten Kopfinspektionen durchgeführt. Man setzte sich auf eine Bank (eigentlich waren es zwei Obstkisten mit einem Balken drauf) und Ole und Kati, seine damalige Assistentin, schauten sich die Schädel an. Bei mir sagte Ole „Ah, hier!" und drückte mit seinem Fingernagel auf meine Schädeldecke. Mir schoss ein Stromschlag (es war natürlich keiner, es fühlte sich aber so an) von der Schädeldecke bis in die Zehenspitzen, wurde dort reflektiert und schoss zurück zur Schädeldecke und wurde wieder reflektiert; dreimal hin und zurück in direkter Folge. Anschließend waren wirklich alle Nervenzellen in meinem Körper hellwach; wieder eine absolut persönliche Erfahrung, die sich jedoch nicht leugnen ließ.

Ja, und so fing das große Grübeln und Denken bei mir an.

Schon auf dem Weg zurück nach Deutschland bemerkte ich, dass sich irgendetwas verändert haben musste. Den Weg zu meiner Cousine und meinen Freunden kannte ich praktisch auswendig, aber alles sah anders aus. Farbiger, frischer? Keine Ahnung, das Gefühl war so, als würde ich durch Orte und Landschaften fahren, die ich noch nie gesehen hatte, kannte aber jede Kreuzung und Abfahrt. Bei einem späteren Phowa fragte eine der Teilnehmerinnen, dass sie nach ihrem ersten Phowa ihren gesamten Bekanntenkreis verloren habe und ob es da einen Zusammenhang gäbe. „Es gibt ein Leben vorm Phowa und es gibt ein anderes Leben nach dem Phowa. Durch dein erstes Phowa hat sich deine Persönlichkeit so stark geändert, dass du fast keine Gemeinsamkeiten mehr mit deinen früheren Freunden hattest. So etwas kommt vor."

Wie das Phowa meistens wirkt, möchte ich an einer kleinen Begebenheit darstellen. Als ich im Kieler Zentrum wohnte, hatte Ole einen Vortrag in Lübeck gehalten und wir waren mit mehreren Leuten aus Kiel dort hin gefahren. Nachts so gegen drei waren wir auf einer Landstraße auf dem Rückweg nach Kiel. Natürlich mit deutlich überhöhter Geschwindigkeit und im Wagen war ein allgemeines Geschnatter. Plötzlich kam von rechts aus einem Feldweg ein Auto heraus und bog auf die Gegenfahrbahn ein. Unser Fahrer machte eine Vollbremsung und wir schossen mit kreischenden Reifen an dem anderen Wagen vorbei. Es ist sehr schwer in so einer Situation den Abstand zu schätzen, aber viel mehr als 20 Zentimeter waren es ganz sicher nicht, bei einer Restgeschwindigkeit von weit über 40 km/h.

Was anschließend passierte hatte etwas leicht Irreales. Der Fahrer schaltete in den zweiten Gang zurück und beschleunigte schon wieder. Jemand sagte: „Hui, das war aber knapp!" Und das Geschnatter um Themen wie Mode und Einkaufen ging weiter. Alles klar, alle fünf in dem Auto hatten schon zumindest einen Phowakursus hinter sich! Man hat vielleicht noch Angst vor den Begleitumständen, wie Siechtum und Schmerzen, aber das Sterben selbst sieht man nach einem Phowa-Kursus eher locker. Warum das so ist, weiß ich nicht.

Ein paar Grundlagen vorweg

Es gibt ja nicht nur den tibetischen Buddhismus, sondern auch andere Ausprägungen. Zusätzlich gibt es den Hinduismus und auch dort gibt es sehr viele verschiedene Ausrichtungen. Dann gibt es die Jäger und Sammler, die sich bei allen bedienen und das nehmen, was sie in ihr spezielles Weltbild einbauen möchten; statt einer geistigen Umgebung, die zum ruhigen Meditieren einlädt, haben diese Leute eine spirituelle Rumpelkammer, fühlen sich aber toll damit und wollen auch andere dafür begeistern. Folglich gibt es das Problem, dass gleiche Worte mit unterschiedlichen Bedeutungen belegt werden und dass identische Sachverhalte mit unterschiedlichen Worten bezeichnet werden. Deshalb ein paar Erklärungen, die nicht den Anspruch haben, vollständig oder gar allgemein gültig (oder absolut korrekt) zu sein.

Im tibetischen Buddhismus geht man davon aus, dass jedes Lebewesen schon immer die Buddhanatur hatte, nur bisher zu dumm war, das zu begreifen. Der Urgrund dieser Dummheit ist die Aufteilung der Welt in ein „ich hier" und „die Welt dort draußen", also Dualismus. Wir werden uns noch intensiv mit diesem Aspekt beschäftigen.

Auf diesem Dualismus bauen dann unsere Charakterfehler wie Wut/Hass, Stolz, Eifersucht, Begierde und so weiter auf. Wir werden diese Gefühle, die im tibetisch-buddhistischen Kontext als Störgefühle bezeichnet werden, gleich noch genauer betrachten. Die Gesamtheit der grundlegenden Dummheit zusammen mit diesen Störgefühlen sorgt dafür, dass wir nicht sehen können und auch überhaupt nicht sehen wollen (das ist meiner Meinung nach der wichtigere Aspekt dabei), wie die Welt denn tatsächlich funktioniert.

Buddha begann seine Lehrtätigkeit mit den vier noblen (oder edlen) Wahrheiten.

Die erste noble Wahrheit ist: „Es gibt Leiden!"
    Jeder, der schon mal im Berufsleben stand, wird das bestätigen können. Buddha meinte das aber sehr viel umfassender. Natürlich gibt es das Leiden durch physischen Schmerz, wenn man sich aber ansieht, was sonst noch alles auf dieser Welt passiert, dann stellt man fest, dass alles, und sei es auch noch so subtil, letztlich Leiden ist. Auch eine phantastische Liebesnacht geht vorbei und wird irgendwann zu einer schmerzlich-süßen Erinnerung, denn man kann nichts, aber auch überhaupt nichts, auf Dauer festhalten.

Man leidet also auf jeden Fall, entweder, weil man das Gewollte nicht festhalten kann, oder weil man es gar nicht erst bekommt.

Die zweite noble Wahrheit ist: „Leiden hat einen Grund!"
Hier spricht Buddha die grundlegende Dummheit und die Störgefühle an. Diese sind letztlich der Grund für unser Leiden, denn hätten wir diese Dummheit nicht, dann könnten wir die Welt so sehen, wie sie wirklich ist und wir wären nicht mehr im karmischen Kreislauf gefangen (ich unterstelle mal, dass es so etwas wie Wiedergeburt gibt, in welcher Form auch immer). Wenn man sieht, dass alles aufgrund von Ursache und Wirkung existiert, dann besteht man nicht mehr darauf, sich mit dem Hammer auf den Daumen zu hauen. Man sieht den Zusammenhang zwischen Ursache und Schmerz und hält es prinzipiell für sinnvoller, so ein Zusammentreffen von Daumen und Hammer zu vermeiden. Man könnte also lernen, wie man unschöne Wiedergeburten vermeidet, wenn man den Grund für das Leiden erkennt.

Die dritte noble Wahrheit ist: „Es gibt einen Zustand ohne Leiden!"
Na Klasse, das haben schon alle Heilsbringer behauptet. Der eine nennt es Paradies und der nächste Nirwana. Und wenn man sich so verhalten hat, dass man hinreichend lieb gewirkt hat oder den richtigen Gott mit genügend Opfergaben bestochen hat, dann kommt man dort hin. Nichts Neues so weit. Warum so ein Ansatz nie funktionieren kann, sehen wir bei der vierten Wahrheit.

Die vierte noble Wahrheit lautet: „Es gibt einen Weg in diesen Zustand hinein!"
Nichts ist es mit lieb aussehen oder den richtigen Gott bestechen, denn diesen Weg muss man selber gehen. Man könnte diese Wahrheit dem historischen Buddha auch so in den Mund legen: „Ich habe mein Leben damit verbracht, an allen wichtigen Stellen Wegweiser aufzustellen. Mehr konnte ich nicht tun!" Man geht den Weg oder man lässt es bleiben. Das liegt völlig in der eigenen Entscheidung! Ich möchte allerdings noch darauf hinweisen, dass man schon auf dem Weg viele Früchte der Arbeit einsammeln kann. Ich komme gleich hierauf zurück.

Aus diesen vier noblen Wahrheiten ergibt sich unter anderem, dass es im Buddhismus keine Gebote oder Verbote gibt. Es gibt Tipps und Hinweise, wie eine schlauere Lebensführung aussehen könnte, aber die Entscheidung liegt bei jedem selbst. Buddha ist kein Gott und keiner, der Buddhaschaft erlangt, hat etwas heiliges oder gar göttliches. Folglich stört es keinen Buddha, wenn jemand irgendwelche 'fremden' Götter anbetet. Buddha ist wie die Sonne, die genauso für Mörder wie für Sozialarbeiter scheint. Ein spanisches Sprichwort sagt: „Du kannst das Pferd zur Tränke führen, aber du kannst es nicht zwingen zu saufen!" Buddha führt noch nicht einmal zur Tränke, er sagt nur, wo man sie finden kann! Im Buddhismus gibt es also nichts, aber auch überhaupt nichts, das süß und klebrig ist. Es ist eher brutale Klarheit und ob irgend jemand meint, es würde ihm gefallen oder auch nicht, spielt nicht einmal ansatzweise eine Rolle. Im Zen wird dies einfach und klar so gesagt: „Love it or leave it!" Entweder du liebst es oder du lässt es komplett bleiben; dazwischen gibt es im Zen überhaupt nichts.

Befreiung und Erleuchtung

Um grundsätzliche Missverständnisse zu vermeiden, müssen auch die Begriffe Befreiung und Erleuchtung näher betrachtet werden. In dem Augenblick, wenn jemand auch nur den kleinsten Aspekt davon, wie die Welt tatsächlich funktioniert, geistig gesehen hat, dann hat er Befreiung erlangt. Als technisch Vorbelasteter stelle ich mir das wie eine Singularität in der Mathematik vor. Als Beispiel könnte folgende Funktion dienen:

$$f(x) = 1 / |x|$$

Die würde ungefähr wie im folgenden Bild aussehen und man muss sie sich dann nur dreidimensional vorstellen (praktisch ein riesiger Trichter, der nach oben hin (fast) unendlich hoch wird.

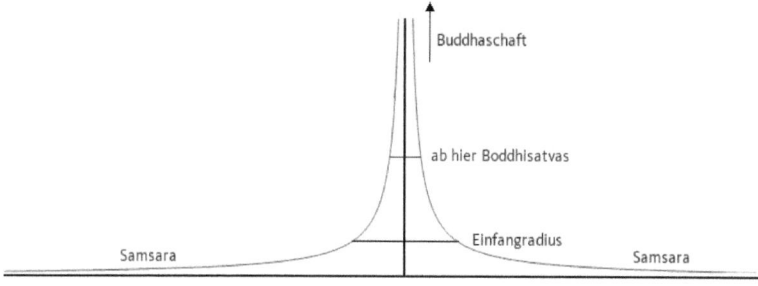

Alle Wesen, egal ob Götter oder Menschen, bewegen sich auf der unendlich großen Ebene der Wiedergeburten im Samsara. Wenn man sich hierbei der Singularität nähert, dann gibt es einen gewissen Abstand um die Singularität herum, der definiert, ob man wieder von dieser Singularität komplett weg kann. Bleibt man in seinen vielen Leben immer außerhalb von diesem Radius, dann ist man im ewigen Kreislauf der Wiedergeburten gefangen. Kommt man irgendwann (der Buddhismus sagt, aufgrund von positiven Taten) an einen Punkt, der innerhalb von diesem Einfangradius liegt, dann ist man im sehr positiven Sinne eingefangen. Egal wie weit man sich zukünftig von dieser Singularität entfernen mag, man entkommt ihr nie mehr (das ist im buddhistischen Kontext jedoch noch nicht die Befreiung). Egal, wie weit man in einem aktuellen Leben in niedere Bereiche abgleitet, auch wenn es mehrere Wiedergeburten benötigt, man kommt dort zuverlässig und relativ schnell wieder heraus, aber man hat noch nicht gesehen, wie die Welt wirklich ist.

Es gibt hierzu eine überlieferte Geschichte, dass jemand die Belehrungen des historischen Buddha hören wollte, aber die Schüler Buddhas wollten ihn nicht durch lassen, denn sie konnten nicht sehen / feststellen (fragen Sie mich nicht, wie und warum das gehen könnte), welchen Kontakt er zum Buddhismus habe und schließlich wurde Buddha selbst gefragt. Dieser ging kurz in eine Versenkung und sagte, dass dieser Mensch vor langer Zeit eine Ameise gewesen sei, die sich nach einem heftigen Regen an einem Blatt festklammerte. Auf dem Blatt hockend hatte sie eine Stupa dreimal umkreist und das war die karmische Verbindung. Als Techniker muss ich sagen, dass das recht merkwürdige Strömungsverhältnisse gewesen sein müssen (Wasser fließt immer abwärts, nur bei manchen Buddhisten fließt es zwischenzeitlich halt auch dreimal aufwärts, damit man um die Stupa herum kommen kann; eine Stupa ist übrigens ein tibetisch-buddhistischer Sakralbau).

Wenn man die wahre Natur unserer Existenz 'gesehen' hat, dann gibt es keinen Grund mehr, im karmischen Kreislauf zu verbleiben und man erlangt einen Zustand, der oftmals als die erste Bodhisattva-Stufe bezeichnet wird und diese geht mit der Befreiung einher. Jetzt muss ich zunächst das 'oftmals' erklären. Es gibt zwei Wege, die auf diese Erkenntnisstufe führen. Es gibt diejenigen, die dort angekommen sind, um für sich selbst die Befreiung zu erlangen. So eine Person wird als Arhat bezeichnet, was 'würdige Person' bedeutet. Wer sich etwa das Werk von Gampopa „Juwelenschmuck der geistigen Befreiung" zu Gemüte führt, stößt auf die Auflistung der verschiedenen Lebensbereiche und wie viele Wesen sich in ihnen aufhalten. Ein Mensch ist in diesem Zusammenhang schon ein extremer Ausnahmefall. Ein Mensch, der sich zum Arhat erhebt, ist demzufolge der absolute Ausnahmefall von allen Ausnahmefällen! Das Problem eines Arhat ist, dass er nur die ′halbe Wahrheit′ gesehen hat, nämlich, dass es kein Ich gibt.

Jetzt komme ich zum Weg der Bodhisattvas. Ein Bodhisattva ist jemand, der aus welchem Grund auch immer, einen riesigen Überschuss hat (also noch sehr viel seltener als ein Arhat ist). Befreiung nur für sich selbst sieht er als ein kleinliches Ziel. Was damit gemeint ist, kann ich vielleicht am besten mit einem Ausschnitt aus einem Gebet verdeutlichen (ich weiß nicht, von wem es stammt, aber demjenigen, der es aussprach, wäre es sehr wahrscheinlich auch völlig egal, ob er hier genannt wird):

> Was auch immer die Grenzen des Universums sind,
> dies sind auch die Grenzen für alle fühlenden Wesen.
> Solange es innerhalb dieser Grenzen noch Leiden gibt,
> ist der Sinn dieses Gebetes nicht erfüllt!

Ein Bodhisattva ist also jemand, der versprochen hat, alle anderen aus Samsara (also aus dem leidvollen Leben) heraus zu führen, bevor er das Licht ausknipst und selber geht. Ein Bodhisattva beschließt also, obwohl er es nicht mehr müsste, solange eine Wiedergeburt anzunehmen, bis sein Versprechen erfüllt ist.

Es gibt insgesamt elf Bodhisattva-Stufen, wobei die erste Stufe die Befreiung bedeutet und die elfte Stufe die Erreichung der Buddhaschaft. Ein Buddha ist jemand, der selber und ohne einen höher stehenden Lehrer den Weg zur Erleuchtung gefunden hat. Ein Erleuchteter ist demzufolge jemand, der die gleiche geistige Stufe erreicht hat, jedoch einem Buddha und seinen Belehrungen folgte. Das ändert überhaupt nichts an seinen Qualitäten, es ist nur eine 'akademische' Unterscheidung.

Dass sich Buddhisten auch mit einem kleinen Bohrer mit Handkurbel an richtig dicke Bretter heran machen, kann man auch beim Begriff Kalpa spüren. Ein Kalpa ist der Zeitraum, den ein Universum benötigt, um zu entstehen und wieder zu vergehen; zusätzlich gibt es auch noch lange Kalpas. Hierbei wird auch noch zwischen hellen / glücklichen und dunklen Kalpas unterschieden. Die dunklen Weltzeitalter sind die, in denen es keinen Buddha geben wird oder gab, in denen also auch keine entsprechenden Belehrungen existieren. Die glücklichen Weltzeitalter sind dementsprechend diejenigen, in denen es mindestens einen Buddha gibt, der auch lehrt. Die Person, die von uns als historischer Buddha angesehen wird, war der vierte Buddha in unserem Weltzeitalter und es soll insgesamt 1.000 geben. Wir leben also in einem extrem glücklichen Weltzeitalter (ob das für Sie persönlich im Moment irgendeinen Unterschied macht, lasse ich einfach mal offen).

Als die buddhistischen Belehrungen ihren Weg von Indien nach Tibet fanden, sie hätten sonst wahrscheinlich nicht überdauert, kam noch eine Personengruppe ins Spiel, die sogenannten Tulkus. Normalerweise, wenn jemand stirbt, dann löst sich die Persönlichkeit dieser Person im Bardo (Zwischenzustand) fast vollständig auf. Was übrig bleibt ist nur eine Tendenz / Zielrichtung, die nach Eltern für eine passende Wiedergeburt sucht, sodass Tendenz, Erbgut und Lebensumstände zusammenpassen (ich habe keine Ahnung, wie das genau funktionieren soll).

Ein Tulku ist ein Bodhisattva, der eine bewusste / geplante Wiedergeburt erlangt. Der erste Tulku, von dem man in der uns bekannten Historie berichten kann, war Karmapa, der Linienhalter der Karma-Kagyü-Linie aus Tibet. In Tibet gibt es vier Hauptlinien in der Übertragung und die Karma-Kagyü-Linie ist eine davon. Die Besonderheit von Tulkus ist, dass sie sich zumindest teilweise an ihr früheres Leben erinnern können. Sie können sich beispielsweise bei der Überprüfung ihrer Rechtmäßigkeit (etwa wenn sie wieder als Klostervorstand eingesetzt werden sollen) in früher Jugend an Gegenstände erinnern, die ihnen im letzten Leben gehörten, oder sie erkennen Personen wieder, mit denen sie damals zu tun hatten, die sie aber in diesem Leben nie gesehen haben können.

Damit Sie die grundsätzliche Bedeutung einer 'Linie' überhaupt erfassen können, benötigt es eine Erklärung. Buddha gab 84.000 Belehrungen in seinem Leben. Die Bedeutung einer 'Linie' ist, dass die Erkenntnisse Buddhas, sei es von Mund zu Ohr oder von Geist zu Geist, ohne irgendeine Unterbrechung von einem Lehrer zu einem Schüler bis in die heutige Zeit weitergegeben wurden. Wenn man also an einer buddhistischen Einweihung teilnimmt, dann ist die Wirkung so, als hätte man sie direkt vom Buddha persönlich erhalten, denn die ungebrochene Übertragungslinie besteht immer noch! Ob dies für jede einzelne Belehrung gilt, möchte ich bezweifeln, aber für alle essentiellen Inhalte und Einweihungen gilt es sicherlich.

Karmapa war nicht nur ein Tulku, sondern er war der erste, der vor seinem Ableben eine Vorhersage darüber machte, wo seine nächste Reinkarnation zu finden sein wird. Karmapa und Shamarpa, wenn man so will sein Statthalter, wechselten sich seit Jahrhunderten gegenseitig ab, damit die Übertragungslinie nicht unterbrochen wird. Ein junger Karmapa erhält also wesentliche Belehrungen und Übertragungen von einem älteren Shamarpa und etliche Jahre später ist es umgekehrt.

Karma

Das Wort Karma wurde früher oftmals mit Schicksal übersetzt, doch das ist irreführend. Im tibetischen Buddhismus beinhaltet das Wort Karma, dass man bei jeder Handlung die dazu gehörige Motivation 'speichert'. Eine Handlung mit positiver Motivation führt irgendwann später zu einer positiven Erfahrung; entsprechend sieht es bei einer negativen Motivation aus. Es ist also nicht die Tat selber, die ausschlaggebend ist. Wenn also jemand ein Tier aus Spaß quält und tötet, dann wird das einen heftigen Effekt auslösen. Wenn man es tötet, weil man selber am verhungern ist, dann wird die Auswirkung wesentlich schwächer ausfallen. Wenn man es versehentlich und vielleicht völlig unbemerkt macht, dann ist der karmische Effekt absolut minimal.

Es wird gesagt, dass sich die volle karmische Wirkung entfaltet, wenn diese vier Faktoren zusammen kommen:
1. Man muss sich der Situation voll bewusst sein
2. Man muss die Tat wollen
3. Man muss die Tat selbst begehen oder jemanden direkt damit beauftragen
4. Man muss sich hinterher über das Ergebnis freuen.

Dies gilt sowohl für positive als auch für negative Handlungen und ob sie positiv oder negativ sind hängt letztlich nur von der eigenen Motivation ab. Buddhas Belehrungen besagen, dass sich die Wirkung zuverlässig einstellen wird. Oftmals schon in diesem Leben, ansonsten in irgendeinem späteren Leben. Vielen Menschen kann man schon jetzt im Gesicht oder an ihrer Haltung oder ihren Gestik ansehen, was für ein karmisches Paket sie mit sich herum schleppen; man kann es mit Botox kurzzeitig übertünchen, aber die Spuren sind schon da (später mehr zu Botox)!

Seele

Dies ist ein Begriff, der im Buddhismus nicht verwendet wird; hier spricht man von Geist. Der Grund ist, dass das Wort ´Seele´ natürlich stark christlich vorbelastet ist und es sehr viel verklärendes Beiwerk gibt, etwa, dass sich nach dem Tod eines Menschen Engel und Teufel darum streiten, wer die Seele bekommt.

Im Begriff Seele ist beinhaltet, dass es sich um die Essenz eines Menschen handelt, etwa so, wie es etwa in der Verfilmung von Harry Potter (H.P. und der Gefangene von Askaban) dargestellt wurde, dass die Seele den Körper als kleine weiß leuchtende Kugel verlässt, wenn Dementoren (muss man nicht unbedingt wissen, was das ist) sie einem aussaugen. Der Begriff Geist hat eine gewisse Ähnlichkeit mit dem Begriff Seele, nur dass man alles ´Übersinnliche´ dabei weg lässt. Nach buddhistischer Lehrmeinung ist Geist das, was wahrnimmt, denkt, bewertet, fühlt und dabei karmische Tendenzen einsammelt. Im Bardo, hier also der Zeit zwischen Tod und Wiedergeburt, baut der Geist alles ab (Erinnerungen, Gefühle etc.), bis er auf eine Tendenz reduziert wurde, die dann Wiedergeburt annimmt.

Atman / Brahman

Atman ist die indisch-hinduistische Entsprechung von Geist / Seele und beinhaltet alles an Verklärung, was man für möglich halten könnte. Atman ist die Einzelseele und Brahman ist die alles umfassende 'Weltseele'. Das Atman wird als absolutes Selbst angesehen; der Buddhismus lehrt, dass es nur die Illusion eines Selbst gibt. Beide Begriffe und die damit zusammenhängenden Vorstellungen, haben im Buddhismus keinerlei Entsprechung.

Glücksgefühle

Jetzt zu den Glücksgefühlen, die sich (bisweilen) einstellen. Vor einigen Monaten feierte das buddhistisches Zentrum Kiel der Kama-Kagyü-Linie ein Jubiläum. Das Zentrum befindet sich nahe der Innenstadt; in einer Nebenstraße steht ein mehrstöckiges altes Mietshaus (gehört dem Trägerverein, ist voll mit Buddhisten und man versucht so langsam den ganzen Straßenzug aufzukaufen) und hinten war eine alte Werkstatt, die zum Meditationsraum umgebaut wurde und es sollte noch einen verglasten und überdachten Durchgang vom Haus zur Gompa (Meditationsraum) führen. Es war Freitag und es gab ein wenig zu viel Baulärm und einer der Nachbarn beschwerte sich und wollte sofort am Montag beim Bauamt vorstellig werden, um einen Baustop zu erwirken. Die folgende Geschichte ist eine echte Räuberpistole und wurde während dieser Veranstaltung zum Besten gegeben.

Die Materialien waren weitgehend da, aber mehrere Stahlträger fehlten noch. Also baute einer (er erzählte auch die Story) aus seiner 2CV-Ente alle Sitze aus, setzte sich auf eine umgedrehte Bierkiste und fuhr zum Stahlhändler. Als er die erste Fuhre anlieferte war die Federung der Ente restlos hinüber. Ein Freund von ihm hatte auch eine alte Ente und bot diese als Ersatz an. Als die zweite und letzte Fuhre ankam, war auch dieses Auto reif für den Schrottplatz (nur als Anmerkung, die Stahlträger hingen über zwei Meter aus dem Kofferraum heraus; mit einer kleinen roten Fahne hinten dran; verbleibender Federweg ziemlich genau Null). In der Zwischenzeit hatten sich die anderen an die Telefonliste gemacht und alle Zentren und Leute in halbwegs erreichbarer Nähe wurden über die Not des Kieler Zentrums informiert. Unerwartet viele ließen alles stehen und liegen, bildeten Fahrgemeinschaften und düsten los.

Nun begann ein 48-Stunden Marathon. Leute, die neu kamen, bekamen eine kurze Einweisung und machten sich an die Arbeit. So viele Leute, wie man nur mit sehr viel gutem Willen in eine Küche stopfen kann, schnippelten, buken, kochten, quirlten und ganz wichtig, kochten eimerweise Kaffee, 24 Stunden am Tag, um die Arbeiter zu versorgen. Andere strichen Pfosten, wuchteten Stahlträger, verlegten Rohre, mixten und verteilten Beton und jeder wunderte sich, dass so überhaupt gearbeitet werden kann. Es muss ausgesehen haben, wie auf einem Ameisenhaufen, den man mit einem Stöckchen ´etwas gestört' hat.

Einige machten fast die ganz Zeit durch, andere legten sich, wenn sie drohten umzufallen, für ein paar Stunden hin. Warum ihnen niemand an diesen beiden Tagen die Polizei auf den Hals geschickt hat, versteht bis heute keiner. Es war Montagmorgen und alles, was der Bauantrag enthielt, war fertig (der Baustopp kam zwar noch, nur interessierte der niemanden mehr). Ole sagt häufig, dass es nichts gibt, das Leute stärker miteinander verbindet, als gemeinsam geschwitzt zu haben. Ich gehe davon aus, dass er hiermit wirklich alle Aktivitäten meint, bei denen man ins Schwitzen kommen kann. An diesen beiden Tagen hatten sehr viele Leute gemeinsam heftig geschwitzt.

Als diese Geschichte auf dem Jubiläum erzählt wurde, sah ich einige Zuhörer mit einem unverschämt glücklichen Grinsen im Gesicht. Es gibt auf dem Weg zur Befreiung und weiter durchaus Leiden und Schrammen aber überraschend wenig Klagen. Wenn man erst einmal eingesehen hat, dass die Suppe, die man da auslöffelt, einzig und allein von einem selbst zusammen gepanscht wurde, dann entfällt die Grundlage dafür, anderen die Schuld an der eigenen misslichen Lage geben zu wollen, also kann man mit der Situation auch gleich zufrieden sein.

Es gibt ein Bild, das das Kagyüpa-Selbstverständnis recht gut wiedergibt: Da trabt ein Gruppe durch die Savanne, witzelnd, sich gegenseitig schubsend und dauernd neckend; man sieht ihnen deutlich an, dass sie schon einen sehr langen Weg hinter sich haben und dies auch wissen; sie scheinen auch zu wissen, dass sie noch einen sehr langen Weg vor sich haben. Aber wen stört das, wenn man nebenher jede Menge Spaß haben kann und weiß, dass es zu einem absolut sinnvollen Ziel voran geht? Ein Kalpa, zwei Kalpa? Wo soll da das Problem sein? Man muss nur ein klein wenig Geduld entwickeln! Man muss sich ja nicht bei den Kleingeistern einreihen, die nur in Jahrhunderten denken.

Man darf nicht glauben, dass man sofort glücklich wird, wenn man sich dem Buddhismus zuwendet; es ist auch bei der Meditation nicht das Ziel, Glücksgefühle zu erwecken (das wäre genau genommen sogar Missbrauch buddhistischer Mittel). Man kann jedoch sicher sein, dass die Zeiträume, in denen man sich schlecht fühlt, langsam kürzer werden und die Zeiträume, in denen man sich ausgeglichen und zufrieden fühlt, langsam länger werden. Mehr kann nur ein seelenloser Verkäufer versprechen und das bin ich ganz sicher nicht. Was ich anbieten kann sind Erklärungen darüber, weshalb Meditation auch ohne Feinstofflichkeit oder Magie Wirkung entfalten kann. Mit Magie mag die Wirkung stärker sein (damit kenne ich mich nicht aus), aber es funktioniert auch ohne.

Einen nicht unwesentlichen Anteil daran, dass wir oftmals keinen zumindest ausgeglichenen Geisteszustand haben, ist direkt in unseren Mitmenschen begründet, denn sehr häufig nerven sie uns total. Ein sehr gutes Gegenmittel gegen diesen Ärger ist der Gedanke, dass alle Wesen Glück erfahren und Leid vermeiden möchten; ihr Problem ist lediglich, dass sie nicht wissen, wie man das richtig anstellt.

Wenn einen jemand richtig nervt, dann bleibt einem meistens nur der Gedanke, dass das ein echt armes Schwein ist (nicht finanziell gemeint). Das gibt einem die Kraft, die Person zumindest weitgehend zu ignorieren und wenn man das nicht schafft denkt man (Anleihe bei Ole): „Ich wünsche dir die beste Wiedergeburt, die du überhaupt erreichen kannst, aber bitte ganz, ganz weit weg von mir!" Wenn Sie danach immer noch ärgerlich sind, dann versuchen Sie es mal mit: „Er / Sie ist mir jetzt 10 Minuten auf den Senkel gegangen. Er / Sie muss sich aber jeden Tag 24 Stunden ertragen!" Wenn Sie dann kein Mitgefühl entwickeln, dann sind Sie hier im falschen Buch.

Warum es Störgefühle geben muss

Wir trennen uns ein Weilchen vom klassischen Buddhismus, denn ich muss jetzt sehr weit ausholen. Wir gehen deshalb ungefähr 700 Millionen Jahre in die Vergangenheit.

Aktuell wird geschätzt, dass unser Universum etwa 13,8 Milliarden Jahre alt ist. Als es mit einem großen Knall begann (Knall ist eigentlich der falsche Ausdruck, denn einen Knall kann es nur geben, wenn es eine Atmosphäre gibt), war die gesamte Energie, die jetzt als Substanz / Masse vorhanden ist, in einem einzigen Punkt konzentriert. Warum das so war und ob es wirklich so war, das wissen wir nicht mit absoluter Sicherheit, aber die physikalischen Berechnungen gehen mittlerweile soweit, dass alles ab einer millionstel Sekunde nach dem Anfang vom Knall stimmig ist (stimmig bedeutet, dass nichts bekannt ist, was dagegen spricht, dass es exakt so war).

Aus der Energie kondensierten Super-Strings (ein theoretisches wirklich kleinstes subatomares Bauteil; ob das wirklich stimmt, wissen wir nicht, aber es könnte so sein), daraus wurden Quarks und schließlich Wasserstoffatome. In diesem Universum war es stockfinster, denn es gab noch keine Sterne. Aufgrund minimaler Unterschiede in der Dichteverteilung (die zu erklären bereitet den Physikern übrigens erhebliche Probleme) ballten sich Wasserstoffwolken zusammen, die sich wegen ihrer Gravitationskraft immer weiter verdichteten, bis die ersten Sterne genügend verdichtete Materie enthielten, um das Feuer der Kernfusion zu zünden und es gab Licht. Diese Sterne 'verbrannten' den Wasserstoff und es entstand Helium und später auch noch schwerere Elemente. Wenn der Treibstoff verbraucht war, dann kollabierten diese Sterne, um anschließend in einer riesigen Explosion als Supernova einen Großteil ihrer Masse in den Raum zu verteilen.

So gesehen besteht nicht nur unser ganzes Sonnensystem aus Sternenstaub sondern auch wir selbst. Durch das Auftreffen von Materie auf die Erde war diese anfangs ein Feuerball (die kinetische Energie beim Aufprall konnte sich nur in Wärme umsetzen), der sich ganz langsam abkühlte. Irgendwann war die Erde soweit abgekühlt, dass es flüssiges Wasser geben konnte. Wir wissen weder wann, wo oder auch wie Leben auf der Erde entstanden ist, aber es gibt Anzeichen, dass dies vor mindestens einer Milliarde Jahren gewesen sein müsste (andere gehen auch von über 3 Milliarden Jahren aus). Es gibt zudem die Theorie der Panspermie, die besagt, dass das Leben nicht auf der Erde entstanden ist, sondern dass die Lebenskeime aus dem Weltall kamen und die Erde befruchteten. Da die

Wissenschaftler keine Ahnung haben, wie das Leben tatsächlich begann, ist es natürlich eine gute Ausrede zu behaupten, dass man das auch gar nicht wissen könne, weil die Entstehung ja wo anders statt fand; Mut zur Wahrheit sieht etwas anders aus!

Spätestens vor rund 700 Millionen Jahren gab es Einzeller, die sich entweder mit dem Wasser treiben ließen oder sich bei Kontakt mit festem Untergrund dort verankerten. Oft meinen Leute, dass Evolution ein gesteuerter Prozess sei, doch das stimmt nicht. Evolution ist kein zielgerichteter Prozess, es sieht nur rückblickend so aus, denn man kann die vielen Misserfolge nicht mehr sehen. Ohne einen starken Überlebensdruck gibt es übrigens keine Evolution. Diese Einzeller, die dahin trieben oder sich irgendwo ansiedelten (einige müssen sich immer treiben lassen, denn sonst gibt es keine neuen Siedlungsgebiete!), waren eigentlich komplett geschützt. Es gab keine Feinde und auch die Wellen konnten diese Einzeller beliebig oft auf Felsen schmettern; aufgrund ihrer Größe und der Oberflächenspannung vom Wasser waren sie völlig geschützt. Wir wissen zusätzlich, dass es eine ganz langsame evolutionäre Entwicklung gegeben haben muss, aber wirklich gaaanz langsam.

Anhaftung und Ablehnung

Um das, was irgendwann um diese Zeit passiert sein muss, begreifen zu können, muss man einen Blick auf Mutationen werfen. Zellen, wie einfach sie auch immer aufgebaut sein mögen, haben ein Erbgut. Die Erde als Gesamtheit ist ständig einer Strahlung ausgesetzt, die das Erbgut schädigen kann und dies auch macht. Folglich mussten sich Mechanismen entwickeln, die diese Schäden beheben konnten, damit die Zelle nicht sterben musste. War dieser Mechanismus aber zu gut, dann konnte es keine Weiterentwicklung geben. Die Mutationsrate stellte sich also automatisch auf ein Optimum zwischen Überleben und Weiterentwicklung ein.

Jetzt müssen wir uns ansehen, was bei einer Mutation passiert. Irgendetwas wird im Erbgut verändert und die Wahrscheinlichkeit dafür, dass diese Änderung tödlich ist, ist extrem hoch. Dieser Einzeller und die paar Nachkommen, die er vielleicht danach noch zuwege bringt, sind recht schnell verschwunden. Schlechter Versuch, nächster Versuch!

Es gibt also Erbgutveränderungen, die sehr schnell zum Tode führen und solche, die zwar behindern (alles, was zusätzliche Energie erfordert, vermindert die Fortpflanzung!), aber nicht tödlich sind. Dann kam die Evolution auf die Idee, dass Erbgutaustausch eine gute Idee sein könnte. Da sich tödliche Erbgutveränderungen ganz schnell selbst erledigen, ist demzufolge der Austausch von Erbgut zwischen Einzellern ein relativ gefahrloses Unterfangen. Weder Zelle A noch Zelle B haben irgendetwas, was sie extrem behindert, also könnte eine Kombination von Vorteil sein. Wenn dies im Einzelfall nicht so war, dann mendelt sich auch dieser Irrtum ganz schnell wieder weg. Nächster Versuch!

Wir haben hier den Ursprung, warum es überhaupt Sex gibt: Das Mischen von Erbgut, dass Unterschiede aufweist, die jeweils nicht stark behindern, eröffnet die Möglichkeit, zu ziemlich sicherem und schnellem Fortschritt! Bei der geschlechtlichen Vermehrung des Menschen kommt noch hinzu, dass die 23 Chromosomen als Doppelpack vorhanden sind; jeweils ein Chromosom hat man von der Mutter und das andere vom Vater. Wenn jetzt eine Eizelle oder ein Spermium gebildet wird, dann wird (wahrscheinlich wahllos) entweder das jeweilige Chromosom vom Vater oder das der Mutter eingebaut. Es sind also sowohl bei der Eizelle als auch beim Spermium jeweils rund acht Millionen (2^{23}) Kombinationen möglich, die mit gewisser Wahrscheinlichkeit keinen Nachteil bewirken, der stark behindernd ist (die Ausnahmen kann man in medizinischen Sammlungen begutachten). Geschlechtliche Vermehrung vergrößert also die Reaktionsgeschwindigkeit auf Veränderungen enorm, ohne das Risiko deutlich zu erhöhen, dass der jeweilige Nachwuchs nicht überlebensfähig ist. Man könnte auch sagen: Sex sells!

Jetzt komme ich genau zum entscheidenden Punkt. Alle Einzeller trieben also entweder friedlich durchs Wasser oder siedelten auf festem Untergrund (zumindest meistens). Mutationen passierten zwar dauernd, aber sinnvolle Mutationen passierten sehr selten. Aber zu irgendeinem Zeitpunkt müssen drei Mutationen, die jeweils nicht besonders hinderlich waren, zusammen gekommen sein und das sehr wahrscheinlich über Sex, also über den Austausch von Erbgut. Dass die drei notwendigen Mutationen in einer einzigen Zelle stattfanden, ist astronomisch unwahrscheinlich. Dass diese drei Mutationen unabhängig voneinander erfolgten und millionenfach weiter gegeben wurden (weil nicht stark behindernd) ist relativ wahrscheinlich. Der absolute Zufallsfaktor war dann nur noch, dass per ungefährlichem Gentransfer alle drei Mutationen in einer Zelle ankamen (nicht mehr astronomisch unwahrscheinlich, da es sehr viele Träger dieser Gene geben konnte).

Ein Einzeller musste die Fähigkeit entwickelt haben, sich zu bewegen. Hierbei wird es sich um Bruchteile von Millimetern pro Tag gehandelt haben, aber man fängt ja klein an. Diese Fähigkeit sich zu bewegen war energetisch betrachtet wahrscheinlich nicht sehr teuer, weshalb diese Fähigkeit nicht sofort aussortiert wurde. Das Problem ist nur, wenn man sich bewegen kann, ohne zu wissen wohin und warum, dann ergibt sich kein Vorteil! Bewegungsfähigkeit ohne 'Wissen' macht überhaupt keinen Sinn und mendelt sich über längere Zeit wieder weg.

Ein anderer Einzeller in der näheren Umgebung musste die Fähigkeit entwickelt haben, zu schmecken. Er konnte also eine Umgebung, die gut für die eigene Reproduktion geeignet war, von einer Umgebung unterscheiden, die weniger gut geeignet war. Doch wozu ist so eine Fähigkeit nützlich, wenn man an der Situation nichts ändern kann? Diese Fähigkeit wäre also auch irgendwann wieder verschwunden.

Sogar wenn diese beiden Fähigkeiten zusammen kommen, dann bringt das noch immer keinen evolutionären Vorteil. Was fehlt ist eine Instanz, die entscheiden kann! Die notwendige Lösung beinhaltet: Der Einzeller schmeckt etwas und die zusätzlich entstandene Entscheidungsinstanz sagt, in welche Richtung es gehen soll, und der Bewegungsapparat führt das dann aus. Es war niemand mit intellektuellen Fähigkeiten dabei, als es passierte, aber man kann absolut sicher sein, dass es exakt so oder zumindest sehr ähnlich abgelaufen sein muss.

Wenn Sie sich jetzt fragen, was das alles mit Buddhismus zu tun hat, dann ist diese Frage absolut berechtigt. Und, Überraschung, ich habe eine sinnvolle Antwort! Als diese drei Faktoren vor rund 700 Millionen Jahren zusammen kamen, entwickelte sich das erste Störgefühl: Anhaftung und Abneigung! Dieses Störgefühl existierte also schon sehr lange bevor es überhaupt den Ansatz zu echtem Denken auf diesem Planeten gab!

Durch diesen Schritt hatten sich Pflanzen entwickelt, die sich bewegen konnten. Sie konnten sich dorthin bewegen, wo es für die Fortpflanzung besonders günstig war, also hatten sie viele Nachkommen. Der nächste Schritt war irgendwann, dass sich Pflanzen, die sich bewegen konnten, bei den 'sesshaften' Pflanzen bedienten und diese fraßen (die ersten Tiere waren also eindeutig Vegetarier); diese Strategie ermöglichte eine höhere energetische Ausbeute und somit völlig neue Perspektiven. Plötzlich gab es einen enormen evolutionären Druck, denn sesshafte pflanzliche Einzeller waren in ihrem Überleben bedroht. Sie mussten als Wesen so groß werden, dass sie zumindest die Attacke eines einzelnen Tieres überleben konnten. Sie mussten Wurzeln entwickeln, um Teile von sich vor Attacken zu verstecken. Der versteckte Rest konnte dann später wieder einen 'sichtbaren' Teil nachwachsen lassen.

Aber Tiere fielen nicht nur über Pflanzen her, sondern vor rund 543 Millionen Jahren begannen sie auch übereinander herzufallen, was einen sehr hohen evolutionären Druck bewirkte (das war also die Erfindung des

Raubtieres; dies löste die kambrische Explosion aus; ich komme später noch mal auf dieses Thema zurück). Wenn man angegriffen wurde, dann halfen eigentlich nur zwei Strategien: Entweder man war größer / kräftiger als der Angreifer, dann konnte der Angreifer zur Beute gemacht werden, oder man war schlecht verdaulich, sprich giftig. Bevor der Angreifer wusste, wie ihm geschah, war er schon tot und man konnte ihn selber verdauen. Innerhalb einer evolutionsgeschichtlich extrem kurzen Zeit entwickelten sich große Tiere, deren Überreste Millionen von Jahren später aus dem Untergrund gebuddelt wurden. Und die Forscher wunderten sich (machen sie eigentlich noch immer), wo plötzlich diese gigantische Vielfalt her kam. Dass es an der Erfindung der Raubtiere lag, ist nämlich nicht allgemeine Lehrmeinung, sondern meine.

Ich muss jetzt noch auf einen weiteren Aspekt der Evolution eingehen. Die Evolution hat zwar keine Ziele, sie ist aber ein begnadeter Bastler. Es wird immer versucht, aus etwas schon Bestehendem etwas Neues zu schaffen. Das passiert natürlich nur, wenn es einen entsprechend hohen evolutionären Druck gibt.

In der Genetik fand man vor einigen Jahren Schalter, die in der Zeit zwischen Befruchtung und fertigem Lebewesen zu bestimmten Zeiten Sequenzen des Erbgutes zur Nutzung freigeben und später auch wieder sperren. So gibt es etwa einen solchen Schalter, der für die Ausprägung von Augen verantwortlich ist. Zur richtigen Zeit und am richtigen Ort eingeschaltet, führt dies zu normalen Augen. Sorgte man künstlich für das Einschalten etwa bei einer sich entwickelnden Fliege, dann konnten auch Augen an Flügeln oder den Beinen entstehen (die waren aber nicht funktional). Dann stellte man fest, dass dieser Schalter universell war: Alle Wesen auf dieser Erde, die Augen haben, haben den gleichen Schalter (nur minimale Variationen), obwohl später völlig verschiedene Augentypen entwickelt wurden! Fliegen, Hühner, Menschen, Schnecken, alle haben den gleichen Schalter!

Ich habe das jetzt eingebracht, um aufzuzeigen, wie 'konservativ' die Evolution ist. Vor wahrscheinlich rund 543 Millionen Jahren wurde ja auch die Sehfähigkeit 'erfunden' und sie ist immer noch in Gebrauch! Andererseits wurde das Linsenauge mindestens 30 mal völlig unabhängig voneinander 'entwickelt'. Die Evolution ist zwar völlig blind, was die Zukunft angeht, aber extrem hartnäckig darin, auch noch den kleinsten Vorteil mitzunehmen.

Und wieder die Frage: Was hat das mit Buddhismus zu tun? Vor rund 700 Millionen Jahren wurde in einem Einzeller etwas 'erfunden', das

Entscheidungen treffen kann. Es ist der Normalfall in der Evolution, dass etwas Existierendes eine andere Funktion bekommen kann, wenn der alte Zweck nicht mehr vollumfänglich benötigt wird. Aber es ist kein einziger Fall bekannt, in dem etwas Funktionierendes im gleichen Organismus noch einmal 'erfunden' wurde. Wenn es schon eine Lösung gibt, dann wird **diese** absolut konsequent weiter entwickelt.

Da ich nicht genau weiß, wo sich die Entscheidungszentrale in unserem Gehirn befindet, gebe ich ihr einfach mal einen Namen: Decretum. Das ist lateinisch und bedeutet Beschluss, Entscheidung. Das Decretum ist evolutionsgeschichtlich das absolut älteste Teil unseres Nervensystems und seit 700 Millionen Jahren hat es die Herrschaft nie abgegeben. Egal für wie wichtig Sie Ihren Intellekt halten, der hatte noch nie das Sagen und wird es auch nie bekommen! Überhaupt keine Chance! Da sei Decretum vor!

Es mag vorkommen, dass Decretum eine Entscheidung gefällt hat und das (mehr oder weniger) bewusste Denken einwendet, dass diese Entscheidung im sozialen Kontext einer Familie oder einer Gruppe unerwünschte Gegenreaktionen hervorrufen wird. Decretum ist nicht doof und kann auch neu bewerten, aber die Entscheidungsgewalt liegt bei ihm! Verstand, Intellekt oder wie auch immer wir das nennen, was wir bisweilen bei Selbstreflektionen meinen beobachten zu können, hat bestenfalls eine beratende Funktion. Mit dieser Information wird jetzt Ihr Ego klar kommen müssen und wenn es das geschafft hat, dann kann ich auch mit der Erklärung kommen, dass im Buddhismus exakt diese beratende Funktion ausgenutzt wird. Wie das funktioniert, wird demnächst erläutert.

Jetzt muss ich natürlich auch auf das buddhistische Gegenmittel gegen Anhaftung eingehen, doch dazu schlage ich mal wieder einen weiten Bogen (ich will ja unterhaltsam bleiben). Ein Jahr, nachdem ich mit meinem Studium fertig war, war mein Freund und Studienkollege Tedjo aus Indonesien auch fertig und besuchte mich zum Abschied in Kiel. Wir verabredeten, dass ich ihn das nächste Weihnachten in Indonesien besuchen würde, was auch wunderbar klappte. Natürlich wollte ich ihn auf meiner Weltreise (das Motorrad hatte ich schon vorher nach Deutschland verschifft) wieder treffen. Nachdem ich es endlich geschafft hatte ihn telefonisch zu erreichen, buchte ich einen Flug von Bali nach Jakarta.

Natürlich wurde beim ersten Treffen erst mal besprochen, was man so alles in der Zwischenzeit gemacht hatte und als er erfuhr, dass ich mittlerweile zum Buddhismus konvertiert war, war er sehr erstaunt (o.k., das war ich wenige Jahre vorher ja auch). Folglich schleppten mich Tedjo und seine Verlobte Mira im Großraum Jakarta überall hin, wo es einen

Zusammenhang mit Buddhismus gab. So kam ich auch in einen chinesisch buddhistischen Tempel mitten in Jakarta.

Im Hauptraum mit vielleicht 40 Quadratmetern standen locker hundert Buddhastatuen und Tedjo erklärte mir, dass viele chinesische Geschäftsleute zum Beten hier her kommen würden und dann versprechen, wenn ein bestimmtes Geschäft gut laufen würde, dann würden sie eine wertvolle Statue stiften (rund 5% vom Reingewinn wurden für angemessen gehalten). Also klare Bestechungsversuche! Im Zentrum in Kiel wurde bei der Meditation **ein** Räucherstäbchen als Opferung entzündet, hier waren es bei jedem immer ein wirklich dickes Bündel. Im Hauptraum kokelten also etliche tausend Räucherstäbchen vor sich hin. Mira, Trägerin von Kontaktlinsen, war nach wenigen Sekunden wieder draußen auf der Straße.

Neben dem Hauptraum ging es nach links und rechts in einen Hinterhof, in dem jeweils ein großer Ofen stand. Die chinesischen Buddhisten haben eine starke Ahnenverehrung (weil die ja aus dem Jenseits heraus dafür sorgen wollen, dass es ihren Nachfahren gut geht) und man meint, dass man die Ahnen im Jenseits versorgen kann, indem man Papierzettel verbrennt, auf denen riesige Geldsummen, Autos, Häuser, was auch immer aufgedruckt sind; der Rauch trägt die Gaben dann ins Jenseits. In Jakarta lag die Temperatur normalerweise bei gut 35°C und in den Hinterhöfen waren es eher 45°C plus der direkten Strahlungswärme der Öfen. Ich war froh, als Tedjo und ich wieder auf der Straße waren.

Dort trafen wir wieder Mira, die mir erklärte, dass ich an den Marktständen rund um den Tempel herum alles an Opfergaben kaufen könnte, was ich für notwendig oder wichtig hielte. Als ich erwiderte, dass ich davon nichts benötigen würde, weil es in unserer Linie übliche wäre, die Freuden unserer Sinne zu opfern, weil das vollkommen rein sei und alles umfassen würde, sahen mich Tedjo und Mira an, als hätte ich Pest, Cholera, Lepra und Fußpilz zur gleichen Zeit. Meine Aussage lag eindeutig in dem Bereich, in dem sie die Hilfe eines erfahrenen Psychiaters für sinnvoll hielten.

In der Zeit, als ich im Buddhistischen Zentrum Kiel wohnte, hatten wir Lama Francis zu Gast, der Abt vom Kagyü-Kloster in der Dordogne. Er sagte zum Thema Opferungen: „Wenn man eine Opferung macht und dieser Vorgang einem nicht weh tut, dann gibt es auch keinen Unterschied zum Müll raus tragen!" Warum ist das so? Ganz einfach. Opferungen sind ein Mittel, um unsere geistige Einstellung zu verändern und in diesem Fall geht es um die Anhaftung. Die Anhaftung kann man nur überwinden, indem man Dinge weggibt, die man eigentlich lieber behalten möchte. Ob die Opferungen real sind oder wie bei den Mandala-Opferungen (wird jetzt

Mandala-Gaben genannt, es läuft aber auf das Gleiche hinaus) nur vorgestellt sind, spielt letztlich keine größere Rolle. Wichtig ist einzig die Motivation, mit der man es macht, denn es ist diese Motivation, die unseren Geist (genauer: die beratende Funktion für das Decretum) verändert.

Nur wegen des Unterhaltungswertes und weil ich schon mal bei Lama Francis bin, mache ich noch einen kurzen Schwenk. Kurz bevor ich zu meiner Weltreise auf dem Motorrad aufbrach, war Lama Francis schon einmal zu Besuch in Kiel. Da ich Zeit hatte und mein Englisch auch ganz brauchbar war, wurde ich für die Lama-Betreuung eingeteilt. Wenige Tage vorher hatte ich mein Motorrad bei einem Unfall völlig vernichtet (realistisch betrachtet hätte ich den Unfall überhaupt nicht überleben dürfen und der Gutachter sagte später, er habe noch nie ein Motorrad gesehen, das derartig und komplett geschrottet war; ich war grün und blau am ganzen Körper, aber kein Knochenbruch, keine inneren Verletzungen, nicht einmal eine Gehirnerschütterung; da war nicht nur mein Schutzengel am Werk gewesen, der muss auch noch alle seine Kumpels von der Arbeitsbrigade dabei gehabt haben) und trug noch eine Halskrause für die Stabilisierung. Francis fragte sofort nach dem Grund und während ich berichtete, krabbelte er über das Bett und zog eine uralte und ziemlich kaputte Aktentasche hervor, aus der er einen Motorradkatalog zog. Er meinte, dass er kein Geld habe, um sich ein Motorrad zu kaufen und es nie haben wird, aber er würde immer noch davon träumen.

Tagsüber waren wir gemeinsam auf einer Motorradmesse und ich stellte fest, dass er wesentlich mehr Ahnung von Motorrädern hatte als ich. Egal, auf der Messe kaufte ich dann das Motorrad, mit dem ich meine Weltreise machte (natürlich wieder eine R80GS). Später im Zentrum (die Altbauwohnung mit Klo auf halber Treppe) unterhielten wir uns noch eine Weile und er erzählte mir folgende nette Geschichte.

Irgendwann in einer Puja (Meditationssitzung mit rituellen Gesängen) war er im Sitzen eingeschlafen. In seinem Traum fuhr er mit einem Motorrad durch die Dordogne; Rechtskurve, Linkskurve, Hügel hoch und wieder runter; er war schlicht glücklich. Dann fuhr er auf eine Polizeikontrolle zu und wurde angehalten. Einer der Polizisten fragte ihn nach seinen Papieren. Der Polizist schaute mehrfach auf Francis und in die Papiere und sagte dann: „Lama Francis, was machen Sie hier? Sie sollen doch in der Puja sein!" Er schreckte hoch und war wieder in der Puja. So schön könnten Träume sein, wenn man nicht auf die Polizei trifft.

Stolz

Nachdem wir gerade gesehen haben, dass sich das Störgefühl der Anhaftung und Abneigung aus einer biologischen Notwendigkeit heraus entwickelte, wenden wir uns nun den anderen Störgefühlen zu, um zu prüfen, ob wir auch ihnen einen evolutionären Grund zuordnen können.

Fangen wir mal mit dem Stolz an. Stolz kann erst entstanden sein, nachdem es eine hinreichend ausgeprägte Wahrnehmung gab. Dies geht auf die Grundfrage zurück, was wir als sexy empfinden und warum wir das machen. Schauen wir mal kurz, was wir mit dem Begriff Stolz verbinden. Da haben wir den stolzen Spanier, den stolzen Autobesitzer, die stolzen Eltern, den stolzen Pfau. Was also verbindet sie miteinander? Ich mache mal wieder einen kleinen Umweg.

Es gibt verschiedenste psychologische Experimente und wenn Sie an einem teilnehmen, dann gehen Sie am besten davon aus, dass die Story, die man Ihnen auftischt, überhaupt nichts mit dem eigentlichen Experiment zu tun hat. Ich bringe mal einen Klassiker. Den Probanden wurde erzählt, dass man untersuchen wolle, welche Augenbewegungen ein Werfer macht, wenn er beim Basketballspiel versucht abzuschätzen, wie er den Ball in den Korb bringen kann. Also wurde den Probanden eine Brille mit eingebauten Kameras aufgesetzt, die die Blickrichtung dokumentierten. Das war die Coverstory.

Was man tatsächlich wissen wollte war, wo schauen die Probanden hin, wenn unterschiedlich gut aussehende Männer und Frauen sich in der Nähe aufhielten und auch irgendeinen Sport ausübten. Wenn Männer auf Frauen schauten, dann war der Blick nacheinander auf Busen, Po, Genitalbereich und weit abgeschlagen auf das Gesicht gerichtet. Wenn Frauen auf Männer schauten, dann war es Schultergürtel, Po und Genitalbereich und weit abgeschlagen das Gesicht. Nur nebenher bemerkt war recht interessant, dass Männer eigentlich nur Frauen betrachteten und Frauen sowohl Männer als auch Frauen. Eine Wiederholung des Experimentes wurde in dieser Fernsehsendung gebracht (ab Minute 30), sie ist aber stark ´entschärft´. https://www.youtube.com/watch?v=L9DogCAGTXc

Doch was sagt uns das grundsätzlich? Es gibt Merkmale, die wir sexy finden! Aber warum finden wir sie sexy? Die vordergründige Antwort ist, er / sie sieht halt gut aus. Doch das ist nicht der eigentliche Grund. Die Frage, die sich unser Unterbewusstes stellt ist: Wenn ich mit ihm / ihr Nachkommen produziere, welche Chancen haben **die** auf dem Reproduktionsmarkt? Es geht also weniger um die eigentliche Zeugung, sondern darum, wie es danach weiter geht!

Seit ein paar hundert Millionen Jahren ist der Slogan: Nur derjenige, der sich reproduzieren kann, ist ein Gewinner, allerdings nur dann, wenn sich auch seine Nachkommen erfolgreich reproduzieren können (es geht also nicht um Groß frisst Klein, sondern darum, wessen Nachfolger noch lachen können!). Und jetzt sind wir beim direkten Kernpunkt von Stolz angekommen: Der Stolz zeigt nach außen, dass die eigenen Nachkommen zu den Gewinnern gehören werden. Das zeigt der Spanier mit seiner Gestik, das zeigt der Pfau mit seinem Gefieder (das absolut milbenresistent ist), das zeigt der Autobesitzer (ich habe es zu etwas gebracht, ich kann mir so ein Auto, eine Kreuzfahrt, einen teuren Urlaub leisten!), das zeigen die Eltern, denn ihre Kinder haben durch gute Leistung bewiesen, dass die Wette bei der Partnerwahl gut war! Bei Fehlverhalten der Kinder heißt es dann plötzlich: „Deine Tochter!" Was wird man damit wohl wirklich meinen?

Jetzt kommt beim Stolz noch etwas sehr schwer Verdauliches hinzu. Vor etlichen Jahren gab es in der afrikanischen Savanne eine Forschungsstation. Da es dort keine reguläre Stromversorgung gab, hatte die Station einen Dieselgenerator, folglich musste man Fässer mit Diesel lagern. Da in der Gegend auch Pavianhorden umher wanderten, war alles Wichtige eingezäunt und normalerweise mit Vorhängeschlössern abgesichert, so auch der Verschlag mit den Fässern.

Irgendwann hatte jemand vergessen, den Käfig mit den leeren Treibstofffässern zu verschließen. Die Paviane kamen vorbei und inspizierten das Treibstoffdepot. Ein Pavianmännchen kletterte auf die leeren Fässer und riss versehentlich den ganzen Stapel um. Dieses Männchen war bis ins hohe Alter ein geachtetes Mitglied der Horde, denn kein Pavian hatte es jemals zuvor geschafft, einen derartigen Lärm zu verursachen. Alle anderen Paviane waren völlig beeindruckt! Bei Stolz geht es also nicht um Sein oder Können, sondern darum, dass andere davon ausgehen, dass man etwas ist, hat oder kann! Die Lüge ist also ein probates und ausdrücklich erlaubtes Mittel im Kampf um die Weitergabe der eigenen Gene!

Stolz ist nichts anderes als Reklame: „Fick mit mir, denn das, was ich habe, lohnt sich für **deine** Genweitergabe!" Das Gegenmittel zu Stolz ist Desillusionierung, das Problem hat jedoch zwei Ebenen. Nehmen wir mal an, dass Sie sportlich sehr begabt sind und nach langem Training sind sie der schnellste Läufer in Niedersachsen über 100 Meter. Jetzt vergleichen Sie die hundertstel Sekunde, die Sie schneller waren, mit dem Aufwand, den Sie jahrelang dafür treiben mussten. Haben Sie dadurch irgendeinen Reproduktionsvorteil gehabt? Sicherlich nicht! Aber man kann damit

Werbung machen, denn man hat gezeigt, dass man jede Menge Ehrgeiz im Erbgut kodiert hat. Nie aufgeben, immer weiter machen! Arm gebrochen? Völlig egal, damit kann man doch immer noch laufen! Aber ansonsten ist die Jagd nach sportlichen Rekorden absolut sinnfrei (Desillusionierung), aber man ist trotzdem stolz auf die vielen Pokale, denn sie geben einem das Gefühl, etwas Besonderes zu sein.

Das hinter dem Stolz stehende Problem ist also Ehrgeiz und das Problem mit Ehrgeiz ist, dass er nicht besonders zielgerichtet ist. Der Ehrgeiz sucht aus irgendeiner Laune heraus ein Ziel aus, von dem er annimmt, dass einem viele zujubeln werden, wenn man dieses Ziel wirklich erreicht. Ob das die Vorstadtvilla ist oder die Ernennung zum Präsidentenberater, das ist völlig gleichgültig (wie gesagt, aus einer Laune heraus). Der Ehrgeiz, als Teil des Ego, plant ständig, was man machen muss, um dieses Ziel zu erreichen und dem Ego ist es ziemlich egal, ob das mit fairen Mitteln oder mit unfairen Mitteln geschieht. Hauptsache, man erhöht den eigenen genetischen Marktwert!

Es gibt hierzu zwei Gegenmittel. Man kann die vom Ehrgeiz gestellten Ziele hinterfragen; das Ego versucht dann sofort und intensiv, diese Gedanken in eine andere Richtung zu lenken (wo käme man denn hin, wenn plötzlich an der vorgegebenen Arbeitsteilung gerüttelt wird). Oder Sie versuchen, den individuellen Stolz in einen Gruppenstolz zu überführen. Etwa in dem Sinne: „Was sind wir doch für eine saugeile Rasselbande bei uns im buddhistischen Zentrum!" Das ist zwar immer noch Stolz, er ist aber nicht mehr so gefährlich, denn der persönliche Ehrgeiz fehlt (ähh, weitgehend; aber man fängt ja klein an)!

Wenn Sie jemanden vor sich haben, der stolz darauf ist, ein Deutscher zu sein, dann sehen Sie jemanden ohne Ehrgeiz, denn er hat sich ein Ziel gesetzt, dass ohne sein Zutun schon erfüllt wurde; Sie sehen also eine absolute Reproduktionslusche!

Zum Abschluss dieses Abschnittes über Stolz muss ich noch schnell seine kleine Schwester vorstellen: Eitelkeit! Der Stolz zeigt ja nach außen, wie wertvoll unsere Gene sind und die Eitelkeit zeigt dies nach innen; die Eitelkeit ist das Motivationsprogramm für unser Ego! Noch zwei Härchen von der linken Augenbraue zupfen und: „Peeerfekt! Superprodukt, so kann ich mich verkaufen!"

Eifersucht

Eifersucht ist etwas schwieriger zu greifen, aber auch dort geht es um Sex, beziehungsweise um die Genweitergabe. Auf den Kern eingedampft besagt Eifersucht: Wenn ich einen Vorteil nicht haben kann, dann soll ihn auch kein anderer haben!"

Nehmen wir an, wir hätten die beiden Männchen A und B, die um das Weibchen S (S für sexy) werben (man kann in dieser Situation Männchen und Weibchen beliebig austauschen). Wenn A merkt, dass B bessere Chancen bei S hat, dann ist auch klar, dass die Nachkommen von B und S den möglichen Nachkommen von A überlegen sein werden (unabhängig davon, ob A den B für wirklich überlegen hält; die Gene von S machen den Unterschied).

Wenn A die Sache hintertreibt, zur Not sogar S ermordet, dann hat er zumindest dafür gesorgt, dass seine Nachkommen keinen Nachteil gegenüber denen von B haben. „Er gehört zu mir, wie mein Name an der Tür!" heißt also, sein Samen gehört mir und jede Abweichung werde ich zur Not brutal unterbinden! Diese Aussage gilt natürlich umgekehrt auch für den Uterus. Wenn Sie Zweifel daran haben, dass diese Ausführungen richtig sein könnten, dann fragen Sie sich ganz einfach mal: Wie viele offensichtlich 'ungleichgewichtige' Partnerschaften kennen Sie, in denen der offensichtlich 'höherwertige' Partner eifersüchtig über einen deutlich 'niederwertigen' Partner wacht? Sehr wahrscheinlich keine einzige (allerdings kenne ich nur ganz wenige stark ungleichgewichtige Partnerschaften; dort vermute ich immer Bestechung oder Erpressung).

Ich komme nicht dagegen an, ich muss hier einfach einen kurzen Witz dazwischen schieben. „Eine Ehe ist wie der Besuch von einem Restaurant. Man meint, man habe sich das Beste ausgesucht, bis man sieht, was der Kellner am Nachbartisch serviert!" Man muss also aufpassen, dass der Partner nicht seinen Menüwunsch ändert.

Jetzt haben natürlich Männer und Frauen unterschiedliche Ausgangspunkte, woraus sich auch in Hinblick auf Eifersucht unterschiedliches Verhalten ableitet. In unserer westlichen Gesellschaft dauert die direkte 'Brutpflege' aktuell 17 bis über 20 Jahre. Wie lange müssen sich Eltern um den Nachwuchs kümmern, bis dieser selbst erfolgreich auf sich aufpassen kann? Bei Hunden dauert das knapp über ein Jahr, bei Bären beträgt die Aufzucht rund 2 ½ Jahre und wir Menschen benötigen am längsten, bis die Kinderchen so weit sind. Wenn wir die Grenze ganz niedrig ansetzen, dann sollte ein Kind mit einiger Wahrscheinlichkeit selbstständig überleben können, wenn es älter als sieben Jahre ist (ich rede hier von unseren Vorfahren in der afrikanischen Savanne und nicht von der aktuellen Lebenssituation in den wirtschaftlich entwickelten Ländern).

Die Frau muss also den Partner so lange halten, bis das Kind überlebensfähig ist (daher vielleicht das verflixte siebente Jahr?). Nach dieser Zeit kann man ja versuchen, etwas besseres zu finden, sofern nicht weiterer Nachwuchs da ist. Vorher danach zu suchen bringt es nicht, was wir aus den Beobachtungen von Löwenrudeln wissen. Wenn es einen neuen Chef gibt, dann bringt dieser den noch jungen Nachwuchs seines Vorgängers um oder stresst trächtige Weibchen so sehr, dass sie Fehlgeburten haben. Der Grund ist, dass der neue Chef wahrscheinlich Chef wurde, weil er stärker und / oder klüger war. Kurzfristig schadet dieses Verhalten dem Rudel, langfristig eher nicht. Bei Menschen gilt: Hinreichend groß gewordene Kinder müssen nicht mehr wegen Reproduktionsvorteilen umgebracht werden.

Eifersucht stellt also auch eine sehr effiziente Methode dar, um die eigene Genweitergabe zu optimieren. Eifersucht ist ein extrem genügsames Tier, das fast ohne Nahrung auskommt (Originalton Ole). Stellen Sie sich jetzt einfach mal vor, sie lagern in Ihrem Haus einen Goldschatz und das Problem ist, dass alle Welt davon weiß. Sie werden ganz sicher nicht abwarten, bis Sie nachts die Einbrecher hören, um mit Sicherungsmaßnahmen zu beginnen. Eifersucht benötigt nur den Grund, dass man meint, eine wertvolle Ressource zu besitzen. Ob jemand anderes diese Ressource tatsächlich oder nur vermeintlich haben will, spielt überhaupt keine Rolle. Ich glaube, das erklärt hinreichend, weshalb Eifersucht praktisch keine Nahrung benötigt, denn schon die potentielle Bedrohung genügt völlig.

Was passiert, wenn in einer Zweierbeziehung mal ein Fehltritt passierte? Bei vielen Paaren kommt es dann zu schweren Zerwürfnissen. Wir sehen uns mal die beiden häufigsten Reaktionen an.

Die eine ist, dass eine 'glaubwürdige' Bedrohungssituation geschaffen wird. Dazu mal wieder ein Witz, den mir ein Engländer mal erzählte: Oma will für ihre Enkelin ein Geburtstagsgeschenk kaufen und geht in einen Spielzeugladen. Die Verkäuferin fragt, wie es denn mit einer Barbie-Puppe wäre und stellt verschiedene vor. „Hier haben wir Barbie im Fitnessclub für 19,95. Das hier ist Barbie am Strand, gleichfalls für 19,95. Das hier ist Barbie auf einer Party, auch 19,95. Dort drüben haben wir auch noch die geschiedene Barbie, die kostet 198 Euro." „198 Euro, wieso denn so teuer?" „Naja, die geschiedene Barbie kommt mit Kens Haus, Kens Boot,

Kens Auto. Da kommt schon was zusammen!" Mit anderen Worten, die Bedrohungssituation bedeutet: Wenn da noch einmal irgendetwas in der Richtung passiert, dann mache ich das so teuer für dich, dass du dir das nicht mehr leisten kannst. Du bist dann wirtschaftlich (oder sozial) erledigt!

Bei der zweiten Hauptreaktion spielt natürlich auch mit herein, dass man sich hintergangen fühlt, aber eigentlich ist es die Wut auf sich selbst, weil man nicht genügend auf seinen ′Schatz′ (Gollum) aufgepasst hatte. In der Folgezeit wird die Eifersucht also noch sehr viel größer sein, was durchaus so weit gehen kann, dass man sich und dem Partner das Leben zur Hölle macht.

Das Gegenmittel gegen Eifersucht ist brutal gegen sich selbst, ist jedoch das Einzige, was wirklich hilft (Oles Idee, nicht meine). Jedesmal, wenn die Eifersucht wieder zwickt, dann wünscht man seinem Partner so viele Gespielinnen oder Liebhaber, wie er / sie kräftemäßig und gesundheitlich vertragen kann. Nicht zwei, nicht fünf, nicht hundert, sondern tausende. Diese Gedanken sind das reine Gift für die Eifersucht, also wird man sie immer seltener sehen (Lippenbekenntnisse bringen schlicht überhaupt nichts, man muss es wirklich wünschen). Die Motivation für diese Gedanken kann man daraus ziehen, dass man den Partner ja liebt und ihm alles Gute wünscht, also soll er es auch bekommen. Wäre es anders, dann würde man ihn besitzen und beherrschen wollen. Man darf sich also zwischen den verborgenen Motivationen und der Motivation, die man gerne nach außen darstellen möchte, entscheiden.

Geistige Übungen dieser Art können sehr wirksam sein, was ich mit einem einfachen Beispiel belegen möchte. Am Ende einer (geleiteten) Meditation versucht man all das Gute, das durch die Meditation entstanden ist, unendlich groß zu machen und es an alle fühlenden Wesen zu verschenken. Danach kann man eine Praxis machen, die sich „Geben und Nehmen" nennt. Beim Einatmen stellt man sich vor, dass man alle Probleme und Leiden der fühlenden Wesen in Form von schwarzem Rauch einatmet, der sich auf dem Weg durch die Luftröhre in uns hinein völlig auflöst. Beim Ausatmen stellt man sich vor, dass man, etwa in der Art von glitzerndem Goldstaub, alles Glück, das man sich nur vorstellen kann, an die fühlenden Wesen verteilt. Ich habe schon Leute sehr heftig würgen gesehen, wenn sie diese Praxis das erste Mal anwenden wollten und einatmeten. Unsere Phantasie bringt Gigantisches zustande, wir müssen ihr nur glauben.

Wut / Hass / Rache

Wir kommen abschließend zu dem Komplex Wut / Hass / Rache. Wut entsteht ganz simpel immer dann, wenn etwas geschieht, das uns nicht passt. Wut entsteht, wenn die eigenen Interessen beeinträchtigt werden. Wut entsteht beispielsweise, wenn ein Tier eine Futterquelle gefunden hat und ein anderes Tier ihm diese Quelle streitig machen will. Wut kann dafür sorgen, dass man über sich selbst hinaus wächst. Es gibt etwa Berichte darüber, dass ein Kolibri einen Adler attackierte, weil der sein Revier verletzte und der Adler abzog, weil es ihm den Ärger nicht wert war (oder der Kolibri zu schnell). Wut ist also eine sehr machtvolle und spontane Reaktion.

Wut ist also primär die Aussage: „Stör mir meinen Reproduktionsraum nicht!" Im nächsten Schritt ist es die Aussage, dass man seinen Brutpflegebereich nicht verletzt sehen will. Und es kann sich noch weiter dahin ausweiten, dass man jeglichen Eingriff in das, was man sein Territorium nennt, abwehren will, egal ob es aktuell eine Brutpflege gibt oder nicht. Das ist dann Revierverhalten.

Rache und Hass sind eine Kombipackung. Der Wunsch nach Rache entsteht, wenn man meint, dass einem ein Nachteil entstand und man nicht einsehen kann oder will, dass es keine Kompensation dafür gegeben hat. Wenn dem Wunsch nach Rache, also dem gewünschten Ausgleich für eine nicht berechtigte Benachteiligung, nicht entsprochen wird oder werden kann, dann entwickelt sich Hass. Dem Hass ist es egal, wen es trifft, denn im Zweifelsfalle haben alle anderen Schuld an der Situation und irgendeiner muss dann dafür bezahlen. Letztlich geht auch dieses Gefühl auf die Reproduktion zurück, denn man will einen Ausgleich für einen erlittenen evolutionären Nachteil (ob der nun tatsächlich vorhanden war oder nicht, spielt für das Gefühl überhaupt keine Rolle).

Fremdenhass entsteht also, weil man eine Einschränkung der eigenen Reproduktionsmöglichkeiten befürchtet. Das 'witzige' daran ist, dass sich diese Gefühle völlig unabhängig davon entwickeln, ob man selbst noch reproduktionsfähig ist oder nicht und ob man Nachkommen hat oder nicht. Die Anlage zu solchen Emotionen ist schlicht in unseren Gehirnen schon verdrahtet. Wir werden damit leben müssen, dass aus genetischen Gründen ein größerer Prozentsatz der Bevölkerung eine Prädisposition hat, um einen dumpfen Ausländerhass zu entwickeln (es ist halt, wie die Dinge sind; ohne eine genetische Notwendigkeit wäre es anders; nur so nebenher, auch der Umstand, dass rund 5% der Bevölkerung eine stärkere kriminelle Neigung haben, liegt an einer evolutionären Optimierung).

Der Gegenpol zu Wut, Hass und Rachegelüsten ist zunächst die Vernunft. „Die Ausländer nehmen uns die Arbeitsplätze weg!" und unser Ego jubelt: „Ja, genauso ist das!" Am besten fängt man in so einer Situation an, nach belastbaren Informationen zu suchen. Die Wut kann man nur kanalisieren, wenn man jedes mal, wenn man wütend wird, versucht sich über die gesamte Situation klar zu werden. Hat derjenige, auf den man wütend ist, irgendetwas vorsätzlich getan, um uns zu schädigen? Sogar wenn das der Fall war, hat es es vielleicht nur aus Dummheit gemacht? Es braucht wirklich lange, lange, lange, bis die Wut einsieht, dass sie nicht mehr gebraucht wird.

Einschub: Ich glaube, es war Sabine, die mir diese Geschichte erzählte. Die Geschichte spielte in Bodgaya in Indien, dem Ort, an dem Buddha die Erleuchtung erlangte; dieser Ort ist das Ziel sehr vieler Pilgerreisender. Eine der meditativen Grundübungen (später mehr dazu) ist es, sich 111.111 mal lang auf dem Boden auszustrecken und wieder aufzustehen (natürlich mit entsprechender Visualisation und Mantra); diese Übung wirkt hauptsächlich gegen Stolz aber auch gegen Wut. Einer der westlichen Pilger und Anhänger der Kagyüpa-Tradition machte also diese Verbeugungen und da man hierbei alte, verschüttete und negative Emotionen aufspült, war seine Laune nicht die beste. Als er sich gerade anschickte, wieder in die Horizontale zu gehen, schlug ihm jemand derartig heftig auf den Rücken, dass er auf den Boden flog. Wutentbrannt kam er wieder hoch, hatte mit der Faust schon zum Schlag ausgeholt, und blickte in das strahlende Lachen des 16. Karmapa, seinem obersten spirituellen Chef. Versuchen Sie jetzt mal sich vorzustellen, welche Gedanken und in welcher Reihenfolge dem guten Mann durch den Kopf gingen. Wenn Sie verstanden haben, warum das eine absolut geniale Belehrung gegen Stolz und Wut war, dann haben Sie auch begriffen, warum das Gegenmittel tatsächlich funktioniert. **Ende Einschub**

Der Hass ist ja die institutionalisierte Wut. Wenn man die Wut reduziert, dann wird zumindest kein zusätzlicher Hass aufgebaut. Jedes mal, wenn der Hass hochbrodelt, sollte man versuchen sich zu fragen (nach einiger Zeit klappt das immer besser), ob man durch die Tat, zu der uns unser Hass bringen will, irgendein Problem gelöst wird. Genau das Gleiche gilt auch für Rache. Wenn ihr Ego dann immer mit einem „Ich habe da aber ein Recht drauf!" kommt, dann fragen sie es doch mal, wo dieses Recht denn herkommen soll. Was **exakt** gibt mir das Recht, meine Rache vollziehen zu wollen? Sie werden feststellen, dass es dieses **exakt** nicht gibt und auch nicht geben kann. Man erzeugt also einen Rachegedanken, von dem man glauben **will**, dass er eine Berechtigung hat. Wenn man genauer hinsieht, dann findet man nur dumpfe Gedanken. Auch hier kann man also Abhilfe schaffen, indem man den Ratgeber von Decretum bearbeitet.

Wir haben jetzt einen riesigen Schritt gemacht, denn wir haben alle grundlegenden Störgefühle auf eine biologische Begründung zurück geführt. Die Störgefühle kamen also nicht aus dem Nichts, sondern sie haben eine nachvollziehbare Begründung in der Evolution. Es ist so, weil es sich nicht anders hätte entwickeln können! Nur der Organismus, der sich auf die Genweitergabe optimiert, hat eine Chance. Ob Buddha dies wusste, entzieht sich völlig meiner Kenntnis. Aber es könnte einen Nutzen für uns haben, denn meine Darlegungen sind ein Teil dessen, wie die Dinge sind! Ich will nicht behaupten, dass diese Dinge uns gefallen müssen, aber die Wahrscheinlichkeit, dass wir sie so akzeptieren müssen, ist ziemlich hoch. Auch wenn die buddhistische Lehrmeinung etwas anderes sagt: Bevor die biologische Grundlage da war, kann es diese Störgefühle schlicht nicht gegeben haben! Nirgendwo in diesem Universum!

Jetzt kommen wir zu einem extrem großen Problem. Wenn alle diese störenden Gefühle derartig fest in unserem Erbgut verankert sind, wie kann man da auf Rettung hoffen? Jedes mal, wenn ein Kind geboren wird, dann fängt die spirituelle Entwicklung wieder bei Null an, denn das Kind hat die Raubtiergene in sich und die lassen sich nicht abschalten. Die Anlagen für alle diese störenden Gefühle hat ein neugeborenes Kind 'fest verdrahtet' in sich.

Ole sagte häufiger in Vorträgen, dass diese Störgefühle zu überhaupt nichts gut sind und man sie möglichst schnell entsorgen sollte. In diesem Punkt muss ich ihm widersprechen. Ohne diese Störgefühle würde es uns überhaupt nicht geben! Ohne Störgefühle würden wir nichts tun und nur darauf warten, dass wir vergammeln, denn wir hätten keinerlei Motivation, um irgendetwas zu tun! Aber wie Buddha sagte: Es gibt einen Weg! Um den nachzeichnen zu können, muss ich noch ein paar ziemlich weite Umwege gehen, denn ich will ja nicht, dass Sie das Buch hier lesen und es dann glauben, sondern ich will Sie dazu bringen, alles zu hinterfragen. Doch zunächst müssen wir noch ein paar Grundlagen aufarbeiten.

Wunsch nach Macht

Mit Hilfe der bisher dargestellten Störgefühle kann man schon sehr viel über sich selbst begreifen, nur das reicht noch nicht ganz, denn wir haben eine ganz wichtige Emotion ausgelassen, die auch direkt mit der

Fortpflanzung zu tun hat: Der Wunsch nach Macht! Dieses Störgefühl taucht übrigens in den klassischen buddhistischen Belehrungen nicht auf.

Ohne über Macht nachgedacht zu haben, wird man nie auch nur einen einzigen Menschen begreifen können. Macht bedeutet, dass man Zugriff auf wichtige Ressourcen hat oder sich diesen Zugriff verschaffen kann. Ob dies mit Gewalt oder anderen Mitteln geschieht, ist völlig unerheblich. Um die wesentlichen Mechanismen zu verdeutlichen (wer es genauer wissen will, kann auf eine schier unbegrenzte Literatur zurück greifen; nennt sich Geschichte), muss ich stark vereinfachen.

Die Macht des Anführers (Absolutherrscher) ist nahezu unbegrenzt, doch wozu dient sie? Natürlich hat sie auch mit den bereits aufgezeigten Störgefühlen zu tun, man hat die Macht, sie ohne Einschränkung auszutoben. Bringt einem das irgendetwas? Letztlich nicht, man kann nur allen zeigen, dass man sich so verhalten darf, ohne dass sich jemand dagegen wehren könnte. Wo ist da der Nutzen?

Das Wort Macht benutzen wir eigentlich nur, wenn wir uns mit Gemeinschaften befassen. Wenn etwa ein Stinktier auf einen Fuchs stößt, dann reden wir über Aggression und Verteidigungsfähigkeit, aber nie über Macht. Über Macht reden wir nur, wenn es um Hierarchien geht. Es gibt in einem Rudel Alpha-Tiere, Beta-Tiere und irgendwo ganz am Ende auch Omega-Tiere. Macht hat also sehr viel mit der Organisationsform von sozialen Tieren / Wesen zu tun.

Im Zweifelsfalle ist das Alphatier jenes, welches am stärksten und am klügsten ist (das könnte man auch durch ruchlosesten oder hinterhältigsten ersetzen). Das Alphatier kann sich also durchsetzen, damit es das beste Futter bekommt und die attraktivsten Partner.

Das ist jedoch nur die oberste Schicht der Begründung. Das Wichtigste ist darüber hinaus, dass man auch die Macht hat, seinen eigenen Nachwuchs auf die gleiche Stufe zu heben. Egal, was die lieben Kleinen anstellen, sogar bei Mord ist die schützende Hand über ihnen und wenn man selbst abtreten muss, dann steht der eigene Nachwuchs schon in den Startlöchern. Dies ist die Begründung, warum es den sogenannten Adel überhaupt gibt.

Einschub: In der Industrie werden Nachwuchs-Führungskräfte sehr oft in sogenannten Assessment-Centern ausgefiltert. Dieses Auswahlverfahren wurde übrigens in Deutschland erfunden und nach dem Ersten Weltkrieg beim Militär eingeführt, denn man zog die Konsequenz aus dem Scheitern. Zuvor war es so, dass Offiziere, insbesondere höhere Offiziere, nur nach ihrem Adelstitel bestimmt wurden.

Angehäufte Ignoranz und Arroganz hatte zu so vielen Fehlentscheidungen geführt, dass man einsah, dass eine moderne Armee so nicht geführt werden kann. Also wurde der Offiziersnachwuchs durch rigorose Auswahlverfahren bestimmt. Kurze Zeit später wurde dann der vorher so wichtige Adelstitel durch das NSDAP-Parteibuch ersetzt. Ob dies letztendlich zum Wohl oder Schaden der Welt oder der Menschheit geschah, lasse ich mal offen. **Ende Einschub.**

Macht kann völlig offensichtlich sein oder sie kann sich mehr oder weniger verstecken und sie arbeitet auf allen Ebenen. Eltern unterstützen ihre Kinder, damit sich 50% ihres Erbguts weiter verbreiten kann. Großeltern setzen sich für ihre Enkel ein, damit ihre 25% vom Erbgut weiter bestehen. Je mehr Macht man angesammelt hat, um so effektiver kann man das machen und diese Macht geht auf die Nachfolger über! Macht ist also ein Multiplikator bei der Genweitergabe.

Die anderen Störgefühle sind eigentlich jedem mehr oder weniger präsent, Machthunger ist es nicht. Auf der anderen Seite verursacht er tausendfach mehr Leid auf der Erde (alle Kriege gehen auf den Willen zur Macht/Geld zurück!). Die Chancen, das zu ändern, liegen sehr dicht bei Null! Sorry, keine besseren Nachrichten auf der Liste.

Grundnatur

Im tibetischen Buddhismus wird bisweilen der Begriff Grundnatur verwendet und der wird jetzt für uns sehr wichtig. Die zugrundeliegende Behauptung ist, dass zwei Dinge, die nicht die gleiche Grundnatur haben, auch nicht miteinander in Wechselwirkung treten können.

Aufgrund von Einstein wissen wir, dass alles in unserem Universum die Grundnatur von Masse / Energie hat (soweit wir wissen). Um ein gut verständliches Beispiel in Bezug auf die Wechselwirkung zu geben, schalten wir Einstein mal kurz ab.

Wir haben ein Segelschiff aus Holz in Küstennähe auf dem Meer und an der Küste steht eine Radarstation, die den Schiffsverkehr überwachen soll. Wenn es ein ganz normales Segelschiff ist, dann hat es natürlich metallische Beschläge, Stahlwanten und einen Motor aus Metall. Die Strahlung der Radarstation wird von diesen Metallen reflektiert und kann auf dem Bildschirm dargestellt werden. Metall und Radarwellen haben also die gleiche Grundnatur, denn sie interagieren. Wenn wir jetzt alle metallischen Beschläge und auch alles andere Metall vom Schiff entfernen, dann wird von diesem Segelschiff kein Radarecho mehr erzeugt. Radarwellen und Holz hätten in diesem Sinne nicht die gleiche Grundnatur, denn sie können nicht interagieren! Wir können Einstein jetzt wieder einschalten.

Praktisch jeder über 18, der nicht in einer sehr streng religiösen Gruppe lebt, wird schon einmal Alkohol getrunken haben und zumindest beschwipst gewesen sein, manche wohl auch mal heftig betrunken. Wer diese Erfahrung zumindest einmal gemacht hat, weiß also aus eigener Erfahrung, dass der Alkohol eine Wirkung auf den eigenen Geist hatte. Folglich müssen Alkohol und Geist die gleiche Grundnatur haben, denn sonst hätte es die Interaktion überhaupt nicht geben können.

Alkohol entsteht bei der Fermentation von Zucker (Zucker ist chemisch gesehen Poli-Alkohol). Chitin, woraus das äußere Skelett von Insekten besteht, besteht aus Polizucker. Also können Geist und Insekten nicht völlig verschieden von einander sein. Auch Lignin, das Holzige in Pflanzen und Bäumen, ist Polizucker! Viele Insekten fressen Pflanzen, also haben Pflanzen und Insekten auch die gleiche Grundnatur, ebenso wie unser Geist. Pflanzen beziehen ihre Nahrung aus dem Boden, also müssen Boden und Pflanzen die gleiche Grundnatur haben, denn sonst könnten sie nicht interagieren.

Dieses logische Spielchen könnten wir jetzt beliebig weiter treiben und kämen zwangsweise zu dem Ergebnis, dass Geist und Materie exakt die gleiche Grundnatur haben müssen. Dem schließt sich logischerweise die Frage an, ob es denn überhaupt einen Unterschied zwischen Geist und Materie gibt oder geben könnte.

Wir sind jetzt, wenn man so will, im philosophischen Hochgebirge angekommen (es gibt viele Wege, die deutlich länger sind, aber sie führen nicht höher). Wenn also Geist und Materie nicht wirklich völlig verschieden voneinander sind, dann spitzt sich die Angelegenheit auf zwei mögliche Darstellungsweisen zu. Entweder ist Geist so etwas wie ein Computerprogramm, das auf den logischen Schaltkreisen des Rechners schwimmt (Programm und Computer interagieren, sind aber eindeutig nicht das Gleiche; beim Menschen wäre Geist die Interaktion der Neuronen in Gehirn und Körper). Die andere Interpretationsmöglichkeit wäre, dass das, was wir als Materie bezeichnen, letztlich nichts anderes als Geist ist; Materie wäre dann so etwas wie die Bilder im Traum, nämlich nicht verschieden vom Geist (die Frage, wer da träumt, lasse ich mal außen vor).

Als Ingenieur hatte ich natürlich lange Zeit die erste Variante bevorzugt, allerdings kommt irgendwann die nagende Frage, wie unter diesen Umständen zumindest bisweilen Dinge möglich werden, die unsere klassischen Vorstellungen von Physik nicht ermöglichen. Wenn in Indien von Wundern oder Zauber berichtet wird, dann ist sicherlich eine erhebliche Skepsis angebracht. Aber die Mönche und Rinpoches (vielleicht am besten übersetzt mit 'wertvoller Lehrer') haben Gelübde abgelegt, die unter anderem beinhalten, nicht zu lügen. Wenn die also über solche Ereignisse berichten, dann steht da ganz sicher kein Selbstdarstellungstrieb dahinter. Trotzdem existieren bergeweise Überlieferungen von Ereignissen, die rein physikalisch nicht möglich sein können / dürfen.

An diesem Punkt muss man für sich selbst entscheiden, was man für plausibel hält: Lügende Rinpoches oder die 'Schulphysik'! Ich für meinen Teil sah mich gezwungen, etwas von der Schulphysik abzurücken. Nicht dass ich selber etwas bewirkt hätte, was der Schulphysik widerspricht (zumindest nicht wissentlich), sondern ich war Zeuge von etwas, was nicht hätte sein dürfen, aber das haben sie ja schon gelesen. Sie haben natürlich das Recht, mich für jemanden zu halten, der nicht alle Tassen im Schrank hat (oder alle Latten am Zaun), aber meine Erinnerung wird das nicht ändern können.

Aber noch ein Wort zu Magie. Auf meiner Weltreise machte ich auch Station im KIBI, dem Karmapa International Buddhist Institut in Neu Delhi, in dem auf für Universitäten international akzeptiertem Niveau buddhistische Studien angeboten werden. Dort erfuhr ich folgende Geschichte (natürlich von Sabine): Ein Rinpoche und einige Mönche sahen sich im indischen Fernsehen einen Bericht über den Illusionisten David Copperfield an. In diesem Fernsehbeitrag wurde gezeigt, wie Copperfield durch die Chinesische Mauer hindurch ging. Alle im Raum waren völlig verblüfft und der Rinpoche sagte „Ich glaube, das war wirklich Magie!" und einen Moment später sagte er „Aber das ist gar nicht so schwierig!"

Beweise, Experimente & Logik

Die absolute Basis aller Belehrungen und Darstellungen im tibetischen Buddhismus ist, dass alles aufgrund von Ursache und Wirkung geschieht. Im Buddhismus wird dies als 'Entstehung in gegenseitiger Abhängigkeit' bezeichnet. In dieser Hinsicht sind Buddhismus und Naturwissenschaft quasi Zwillingsbrüder. Es gibt also nichts, was ohne eine Ursache entstanden sein könnte. Das ist exakt auch die Grundlage jeder wissenschaftlichen Betrachtung.

Als ich noch recht neu im Buddhismus war, nahm ich an einem mehrtägigen Kursus teil, der von Tsültrim Gyamtso Rinpoche gegeben wurde. Da mir als Elektrotechniker im Buddhismus viel zu oft von Magie und gar Wundern gesprochen wurde, fragte ich, ob denn auch alle Handlungen eines Buddha Teil von Ursache und Wirkung seien (wobei ich im Hinterkopf hatte, dass ja auch der historische Buddha einiges gemacht haben soll, was nicht mit der Schulphysik in Übereinstimmung wäre). Die Antwort, die mir nicht so recht gefiel, war: „Ja, auch die Handlungen eines Buddha sind vollständig Teil des Entstehens in gegenseitiger Abhängigkeit!" Ich komme auf dieses Teilthema am Ende des Buches wieder zurück, aber in der Zwischenzeit wäre es eine gute Idee, wenn sie in der Zwischenzeit schon mal darüber nachdenken, was das bedeutet!

Beweise

Jetzt mache ich einen kurzen Ausflug in die Philosophie der letzten Jahrhunderte. Im Mittelalter und auch in der Zeit zuvor hatten viele Denker versucht zu beweisen, dass es den christlichen Schöpfergott gibt. Ich muss jetzt in meinem geistigen Ausflug zunächst noch eine Ebene tiefer gehen, denn es muss zunächst erörtert werden, was denn überhaupt ein Beweis ist.

Viele von Ihnen werden sich aus der Schulzeit noch daran erinnern, dass es den mathematischen Beweis gibt, dass bei einem rechtwinkeligen Dreieck die Summe der Kathetenquadrate gleich dem Hypotenusenquadrat ist (das berühmte $a^2 + b^2 = c^2$). Der Beweis zeigte, dass diese Aussage nicht oft, meistens, sehr oft, sondern **immer** gilt und es überhaupt **keine Ausnahme** geben kann. Der Beweis beinhaltet also die Aussage, dass jedes andere Ergebnis definitiv und komplett ausgeschlossen ist, für alle Zeiten, für alle Kombinationen, die man sich ausdenken könnte, und auch für alle Kontinente, Planeten und Universen (natürlich nur, wenn man sich auf die Ebenengeometrie beschränkt)!

Aufbauend auf solchen Beweisen begann in den letzten Jahrhunderten in Europa eine echte Revolution. Es galten nicht mehr Glaubensbekenntnisse, sondern es wurde ein kausaler Zusammenhang postuliert und hinterfragt. Als ein Beispiel kann Newton gelten. Er hatte die abstrakte Idee, dass sich Massen gegenseitig anziehen; es ist also nicht nur die Erde, die den Apfel anzieht, sondern der Apfel zieht auch die Erde an. Er behauptete, dass ihm diese Idee gekommen war, als ihm ein Apfel auf den Kopf fiel; ich halte diese Geschichte für einen Marketing-Gag.

Diese geniale Idee führte nicht nur dazu, dass man die Bewegungen der Planeten exakt berechnen konnte, sondern die zwangsläufige Weiterentwicklung führte zur Infinitesimal-Rechnung, also der Bestimmung, wie sich Veränderungen auswirken, wenn die betrachteten Zeitintervalle gegen Null gehen (nur um die Worte erwähnt zu haben, es geht dabei um die Differenzialrechnung und die Integralrechnung). Diese Betrachtungsweise war etwas, das es in den Jahrtausenden zuvor nicht gegeben hatte und sie ermöglichte es, verschiedenste Dinge exakt zu berechnen. Aus einem „das funktioniert irgendwie" wurde ein „das funktioniert exakt so". Wissen wurde eindeutig prüfbar!

Es gab auch einen Durchbruch in der Philosophie und zwar bei den Versuchen, einen Gottesbeweis zu erbringen. Der Ansatzpunkt, um diese Versuche komplett zu kippen, lag in der Mathematik. In der Mathematik gibt es etwas, das sich Axiom nennt. Ein Axiom ist eine nicht beweisbare Grundlagenbehauptung, auf der man anschließend aufbaut. Das hört sich jetzt ziemlich abgehoben an, ist aber ganz einfach. Ein Axiom ist etwa, dass es natürliche Zahlen gibt, also 1, 2, 3….; das ist plausibel, aber nicht beweisbar! Anschließend kann man beweisen, dass es auch die Null und die negativen Zahlen geben muss, dann kommen die rationalen Zahlen sowie die irrationalen Zahlen und ein Mathematikprofessor kommt innerhalb einer einzigen dreistündigen Vorlesung problemlos von den natürlichen Zahlen bis zur Integralrechnung, wobei er jeden einzelnen Zwischenschritt auch noch bewiesen hat.

Was für uns jetzt wichtig ist, ist, dass man mit Hilfe von Axiomen ein 'Modell' aufbauen kann und man innerhalb von diesem Modell prüfen kann, ob es logisch in sich geschlossen ist.

„Cogito, ergo sum" (Ich denke, also bin ich!) war eine Aussage des Philosophen Descartes. Diese Aussage kann unter der gerade hergeleiteten 'mathematischen' Betrachtungsweise keinen Bestand haben. „**Ich** denke" impliziert schon einmal, dass es ein Ich gibt; es wurde also das, was es zu beweisen gilt, als Axiom eingebracht („Es gibt ein Ich!"), um dann die Schlussfolgerung zu ziehen, dass dieses Ich existiert.

Hätte Descartes gesagt, es gibt das Axiom „Es gibt Denken", dann müsste man ihm, egal wie man sich die Welt vorstellt, zustimmen. Um diese abstrakten Ideen mal wieder auf den Boden zurück zu ziehen, erstelle ich eine hypothetische Situation. Descartes sagt: „Cogito ergo sum" und ein zufällig vorbei kommender Sufi (vereinfacht gesagt sind Sufis eine Sekte aus dem nahen Osten) sagt: "Ein Dämon, was auch immer das sein mag, denkt du seist. Folglich bist du nicht!"

Die Idee, dass wir nicht einmal selber denken, gefällt uns natürlich überhaupt nicht. Dass wir darüber hinaus noch nicht einmal existieren sollen, gefällt uns noch viel weniger. Also werden wir Descarte glauben wollen (das stimmt ja mit unserer Weltsicht überein!) und die Darstellung des Sufi werden wir ablehnen. Rein aus emotionalen Gründen, denn beweisen können wir keine der Darstellungen. Was wir machen ist schlicht, dass wir die Ausführung von Descarte für plausibel halten! Dieser logische Fehler, Plausibilität mit Beweis zu verwechseln, wurde übrigens in vielen klassischen buddhistischen Texten gemacht, weil man den Unterschied noch nicht kannte (und natürlich auch in vielen westlichen Texten, denn wahre Erkenntnis verbreitet sich extrem langsam).

Stellen Sie sich für einen Moment vor, es sei tatsächlich so, dass ein Dämon Sie erdenkt. Hätten Sie irgendeine Möglichkeit heraus zu finden, ob es tatsächlich so ist, egal wie sehr Ihnen die Sichtweise missfällt? Die Antwort ist ein schlichtes Nein. Beweise kann man nur innerhalb von einem logisch zusammen hängenden Gedankengebäude führen, das durch Axiome aufgespannt wird. In den Naturwissenschaften werden diese Gedankengebäude natürlich so konstruiert, dass sie die Realität möglichst widerspruchsfrei beschreiben, ob sie *wahr* sind, ist eine ganz andere Frage.

Vielleicht erinnern Sie sich noch an den Geometrieunterricht in der Schule. Dort gab es die Behauptung, dass man durch einen Punkt außerhalb einer Geraden exakt nur eine Parallele ziehen kann. Das erscheint uns plausibel. Jetzt gibt es aber eine komplette Geometrie, bei der vorausgesetzt wird, dass sich durch diesen Punkt exakt zwei Parallelen ziehen lassen. Das erscheint uns nicht plausibel, aber auch dieses Gedankengebäude ist vollkommen frei von Widersprüchen. Es geht sogar noch weiter, denn eine zusätzliche Geometrie geht davon aus, dass man durch diesen Punkt eine beliebige Anzahl von Parallelen ziehen kann und auch dieses Gedankengebäude ist frei von Widersprüchen. Das 'witzige' an der ganzen Sache ist, dass alle drei Geometrien einen sinnvollen Nutzen haben, etwa in der Atomphysik! Die Frage danach, was denn richtig ist, macht keinen Sinn mehr! Die wirkliche Wahrheit muss also irgendetwas sein, das sich oberhalb dieser Ebene befindet, und die Naturwissenschaften arbeiten noch daran heraus zu finden, was das bedeutet und wie man es erklären könnte.

Das war jetzt ein längerer Ausflug in die formale Logik und jetzt wollen wir den Nutzen haben. Wir können weder die Existenz von etwas beweisen noch seine Nichtexistenz. Wir können Dinge für wahrscheinlich halten, etwa, dass ein Hammer, wenn wir ihn loslassen, in Richtung Fußboden fallen wird, aber wir können es nicht beweisen! Genau das war der Schwachpunkt aller Gottesbeweise. Sie krankten daran, dass irgendwo, ganz klammheimlich, ein Axiom eingeführt wurde, mit dessen Hilfe dann der Beweis funktionierte.

Nehmen wir etwa die Kreationalisten in den USA. Diese sagen beispielsweise, dass alleine schon die Existenz des menschlichen Auges den Beweis für einen Schöpfergott darstellt, denn wie könnte etwas derartig perfektes nur aufgrund von Ursache und Wirkung entstehen? Da muss gezielte Planung dahinter stecken! Schwupps und wir haben das Axiom, dass Gott existiert und gezielte Planung betreibt, in der Argumentation. Sie bekommen in der späteren Diskussion auf logischer Basis kein Bein mehr an Deck, denn es kann plötzlich bewiesen werden, dass alle ihre Argumente falsch sein müssen.

Beweise dafür, dass der Islam richtig ist oder das Christentum oder der Buddhismus oder welche Religion auch immer, kann es rein formal logisch nicht geben! Aber diese Erkenntnis ist noch gar nicht so alt und fand ihre Entsprechung in einem schönen Klospruch.

    Gott ist tot!
        Nietzsche

    Nietzsche ist tot!
        Gott

Der Umstand, dass man nicht beweisen kann, dass es einen Gott gibt, heißt jedoch im Umkehrschluss, dass man auch seine Nichtexistenz nicht beweisen kann. Dies wird sehr schön in diesem englischen Spruch dargestellt:

    „The absence of evidence is not the evidence of absence!"

Aber ich bin noch nicht ganz fertig mit den Beweisen. Wenn man die philosophischen Ideen aus dem tibetischen Buddhismus mit den Ideen vergleicht, die vor über 2.000 Jahren im alten Griechenland diskutiert wurden, dann findet man sehr viele Parallelen. Nehmen wir zwei Beispiele.

Die Idee des Atoms ist, dass es etwas sehr kleines und unzerstörbares gibt (so klein, dass man es nicht mehr sehen kann) und dass aus diesen 'Atomen' alles aufgebaut ist, was wir wahrnehmen können. Dass es Atome gibt, ist auch die Ansicht der aktuellen Schulweisheit und extrem gut belegt, war es jedoch früher nicht. Diese Idee wurde von den damaligen Denkern (und auch im Buddhismus) durch folgende Vorstellung widerlegt: Wenn man ein Teilchen hat, dann muss dieses ein Vorne, Hinten, Rechts, Links sowie ein Oben und ein Unten haben. Wenn das gegeben ist, dann muss sich dieses Teilchen auch teilen lassen und es entsteht wieder etwas kleineres mit 6 Seiten. Da man dieses Spiel unendlich lange weiter machen kann, kann es logischerweise kein kleinstes Teilchen geben.

Der Energieerhaltungssatz aus der Physik besagt, dass keine Energie erzeugt oder vernichtet werden kann, sie kann lediglich in verschiedene 'Daseinsformen' gewandelt werden. Einstein lieferte mit seiner genialen Formel $E = m * c^2$ den Nachweis, dass Masse in Energie umgesetzt werden kann und dass Energie auch als Materie 'kondensieren' kann. Masse und Energie sind also zwei Sichtweisen auf die gleiche Wahrheit, die wir allerdings noch nicht im vollen Umfang begreifen (um es vorsichtig auszudrücken).

Die Natur hat die merkwürdige Eigenschaft, sich nicht immer an die menschliche Logik zu halten. Sogar wenn man ein Atom spaltet in Elektronen, Protonen und Neutronen und die weiter spalten könnte, dann passiert irgendwann folgendes: Das Teilchen widersetzt sich dem Spaltungsversuch, verwandelt sich in reine Energie und verschwindet, um irgendwo anders wieder zu kondensieren (dass so etwas bei Elektronen sogar technisch ausgenutzt wird, werde ich in ein paar Seiten beschreiben). Damit konnte man vor über 2.000 Jahren natürlich nicht rechnen, allerdings hatte man auch übersehen, dass sich etwas Unteilbares wie ein Atom eben prinzipiell nicht teilen lässt! Man hatte also das Axiom eingeschmuggelt, dass es eben doch geht. Taschenspielertricks!

Das andere Beispiel ist das Paradoxon von Achilles. Dieser macht ein Wettrennen gegen eine Schildkröte, der ein Vorsprung von sagen wir mal 100 Metern gegeben wird und Achilles rennt zehnmal schneller als die Schildkröte (das ist nur ein Beispiel!). Wenn Achilles die 100 Meter gelaufen ist, dann ist die Schildkröte 10 Meter weiter. Wenn Achilles diese 10 Meter gelaufen ist, dann ist die Schildkröte aber schon wieder einen

Meter weiter. Da man dieses Spielchen beliebig weiter treiben kann, wäre bewiesen, dass Achilles die Schildkröte nie überholen kann.

Es stellt sich also die Frage, wer hat recht? Unsere Alltagserfahrung, die sagt, dass Achilles natürlich die Schildkröte überholen kann? Die logische Schlussfolgerung scheint aber auch begründet zu sein. Was stimmt denn bloß?

Auch in diesem Beispiel haben wir die Situation, dass das notwendige Handwerkszeug für die Beantwortung der zugrundeliegenden Frage nicht bekannt war. Im antiken Griechenland gab es keine Möglichkeit einer halbwegs exakten Zeitmessung. Folglich gab es keine Definition von Geschwindigkeit, weshalb man auch nicht ausrechnen konnte, wann exakt Achilles die Schildkröte überholt haben würde.

So, das war jetzt eine Menge Stoff, nur um eine einzige Nachricht rüber zu bringen: Im tibetischen Buddhismus werden 'plausibel' und 'bewiesen' synonym verwendet. Eine andere Form, die im tibetischen Buddhismus als Beweis akzeptiert wird, ist das Zitieren von Lehrern, die als 'religiöse Instanz' allgemein akzeptiert sind. Was sie sagten oder geschrieben haben, ist wahr! Punkt!

Auf der anderen Seite haben buddhistische Verwirklicher Kenntnisse über den Geist und wie er arbeitet, von denen können wir noch nicht einmal träumen, denn wir wissen nicht einmal, dass es diese Kenntnisse überhaupt geben könnte! Was den Geist angeht, schürft die Wissenschaft also immer noch an der Oberfläche, machte aber in den letzten Jahrzehnten riesige Fortschritte und schickt sich so langsam an, den Buddhismus auf der Innenkurve zu überholen. Dazu später mehr.

Experimente

Jetzt zum Thema Experimente. Die Naturwissenschaften kommen nicht ohne Experimente aus und wir sehen uns das mal näher an, denn es gibt ein paar weit verbreitete Missverständnisse. Das was Sie vielleicht noch aus der Schulzeit an physikalischen Experimenten erinnern, das waren streng genommen keine Experimente, sondern Demonstrationen oder Vorführungen. Der Grund ist, dass man bei einem Experiment eine Frage an die Natur stellt, man jedoch die Antwort noch nicht kennt.

Man hat eine Hypothese, also eine Vorstellung von einem bestimmten Sachzusammenhang und entwirft anschließend ein Experiment und hofft, dass man seine Frage an die Natur so gestellt hat, dass man eine eindeutige Antwort bekommt. Je nachdem, wie die Antwort ausfällt, wird man dann nach weiteren Hypothesen suchen und auch diese dann experimentell überprüfen. Diese Vorgehensweise ist die Dampfwalze der Naturwissenschaften, denn irgendwann, fast egal wie lange das dauert, hat man die richtige Frage gestellt. Man darf nur nicht aufgeben beim Ersinnen weiterer Hypothesen (in diesem Zusammenhang kann ich Ihnen die Lektüre von „Zen und die Kunst ein Motorrad zu warten" wärmstens empfehlen; dieses Buch beschäftigt sich sehr unterhaltsam mit dieser Thematik, aber auch sehr viel mit Philosophie; salopp gesagt ist der rote Faden durch das Buch, dass eine Philosophie ziemlich wenig taugt, wenn man sie nicht auch auf ein Motorrad anwenden kann).

Mit den Antworten der Natur baut man dann Lehrgebäude auf. Einen nicht unwesentlichen Teil ihrer Zeit verwenden die Wissenschaftler dann darauf, die Lehrgebäude ihrer Kollegen nach Widersprüchlichkeiten abzuklopfen. Natürlich spielen dabei auch Eitelkeiten eine Rolle, aber das ganze System funktioniert sehr zufriedenstellend. An dieser Stelle möchte ich noch ein weit verbreitetes Missverständnis ausräumen: Naturwissenschaftler kleben nicht verzweifelt an Thesen (es sei denn, sie haben sie selbst aufgestellt); wenn etwas, das vorher allgemeiner Konsens war, eindeutig widerlegt wird, dann gibt es Standing Ovations, denn es geht den Wissenschaftlern um Erkenntnis und nicht um Rechthaberei (von extrem vielen Ausnahmen mal abgesehen).

Was die meisten Menschen nicht wissen ist, dass sich Wissenschaftler eine Selbstbeschränkung auferlegt haben: Sie kümmern sich ausschließlich um das, was messtechnisch erfassbar ist und von anderen Wissenschaftlern auch exakt so wiederholt werden kann (weshalb meine persönlichen esoterischen Erfahrungen auch keinerlei wissenschaftliche Relevanz haben können). Wenn sich also jemand über die Arroganz der Wissenschaftler beschwert, weil die sich etwa nicht mit Wahrsagerei beschäftigen wollen, dann ist die Antwort aus den Naturwissenschaften: „Zeige uns auf, wie man das messen kann und wir kümmern uns drum!" Wenn jemand eine geeignete Untersuchungsmethode vorschlägt, aber keine signifikanten Ergebnisse zu finden sind, dann lassen die Wissenschaftler das Thema auch wieder fallen. Viele Wissenschaftler würden allerdings noch nicht einmal den Versuch so einer Untersuchung machen, weil die Beschäftigung mit so einem Thema fast sicher zu einer Schädigung ihres wissenschaftlichen Rufes führen würde. Davon könnte die nächste Beförderung abhängen, also muss man da Verständnis haben (es ist also Gier und nicht Arroganz).

Wenn man sich nur um die Dinge kümmert, die man messen kann, dann braucht man nicht zu glauben! Nur so als kleine Spitze: Demnach sind die

Religionswissenschaften ein kompletter Widerspruch in sich, denn sie messen nichts und sie wissen nichts! Wissenschaftlich kann der ganze Bereich nur bestehen, wenn er sich ausschließlich um Textvergleiche und historische Entwicklungen kümmert, doch dann ist der gesamte Bereich letztlich recht witzlos, denn wirklich ´neue´ Erkenntnisse wird man so nicht gewinnen können.

Eine Variante eines echten Experiments ist das Gedankenexperiment. Ein Gedankenexperiment ist beispielsweise eine Frage wie: „Was passiert eigentlich, wenn ich dieses mit jenem verknüpfe und dann dieses und jenes mache?" Aus so einem Gedankenexperiment könnte sich natürlich ergeben, dass ein echtes Experiment durchgeführt werden muss, oftmals ist es jedoch hinreichend, wenn man sein als abgesichert geltendes Wissen nimmt und mit Formeln und / oder logischen Ableitungen bestimmt, was passieren müsste. Einstein war übrigens ein Meister in dieser Disziplin.

Gedankenexperimente sind zudem ein sehr gutes Mittel, um esoterische Gedanken daraufhin abzuklopfen, ob sie denn überhaupt eine Berechtigung haben könnten! Als Beispiel nenne ich mal die Hopi-Indianer. Sprachwissenschaftler berichteten vor vielen Jahren, dass die Hopis kein Wort für Krieg kennen. Da sich viele Menschen für friedfertiger halten, als sie wirklich sind, waren bei Rebirthing-Sitzungen unheimlich viele Leute der Überzeugung, dass sie in einem früheren Leben ein Hopi-Indianer gewesen sein müssen.

Das übersehene Problem war, die Hopi-Indianer hatten zwar kein Wort für Krieg, das hielt sie aber in keiner Weise davon ab, welche zu führen! Das zweite Problem ist, dass es auch über Jahrhunderte hinweg nicht so viele Hopis gab, wie jetzt Leute, die meinten einer gewesen zu sein. Irgend etwas kann da also nicht stimmen. Ähnliche Gedanken zur Astrologie will ich jetzt nicht weiter ausführen.

Um noch ein wenig auf Rebirthing herum zu hacken noch folgende kurze Geschichte. Auf meinem Weg in einen Spanienurlaub nahm ich vor etlichen Jahren eine Arbeitskollegin von Kiel bis nach Dortmund mit, wo sie im Sommer zuvor ihr Motorrad bei Freunden hatte stehen lassen, weil das Wetter viel zu mies war (sie fuhr dann mit der Bahn weiter). Ich war dort noch zum Essen eingeladen und kurz bevor wir ankamen sagte mir die Kollegin, dass ihre Freunde Rebirthing gemacht hätten und dass deren Tochter in einem früheren Leben eine Prinzessin war und dass ihre Freunde Wert darauf legen würden, dass man das entsprechend würdigt und respektiert. Ich lachte spontan laut los und erklärte dann meiner verdutzt schauenden Kollegin: „Die Leute denken immer nur vorwärts, prüfen aber nie den Umkehrschluss. Deine Freunde sehen sich geehrt, weil eine Prinzessin bei ihnen Wiedergeburt annahm. Auf die Idee, dass die ein ziemliches Luder gewesen sein muss, damit sie dort wiedergeboren wird (karmischer Abstieg), darauf kommen sie nicht!"

Buddhismus und Naturwissenschaften haben also zumindest eine Basis gemeinsam, nämlich dass alles, aber auch wirklich alles, nur aufgrund von Ursache und Wirkung geschieht. Hierbei sollte man bei beiden immer im Hinterkopf behalten, dass es nicht **eine** Ursache ist die **eine** Wirkung hat, sondern dass sich alles und ständig gegenseitig beeinflusst.

In den Naturwissenschaften führt man viele Experimente durch. Das aufwändigste Experiment das es je gab, findet man aktuell im Cern und das ist der große Hadronenzerschmetterer (LHC, Large Hadron Collider), wo man im Juli 2012 das sogenannte Higgs-Boson nachweisen konnte. Vorher hatte man nur vermutet, dass es existieren könnte, aber jetzt konnte das mathematische Modell über subatomare Teilchen, abgesichert durch Experimente, so erweitert werden, dass erklärt werden kann, wie und warum Gravitation überhaupt existiert. Ob die Realität tatsächlich so ist, können wir außen vor lassen, denn es ist nur ein Modell, das die 'Wirklichkeit' so beschreibt, dass es keine Unterschiede zwischen Modell und Messungen gibt. Deshalb behauptet auch kein Naturwissenschaftler, er würde **die Wahrheit** kennen, er sagt nur, er habe die beste **Beschreibung** der Wahrheit, die bisher veröffentlicht wurde.

Die Experimente der Buddhisten finden alle in ihren Köpfen (oder ihrem Geist) statt, es sind also, im wahrsten aller möglichen Sinne, Gedankenexperimente. Es wird kontempliert oder meditiert und anschließend wird sortiert, was 'ist' und was 'nicht ist', was ist möglich und was ist es ganz sicher nicht. Was ist anzustreben und wie viel davon habe ich schon erreicht? Jede Meditation hat allerdings auch ein wenig den Charakter eines echten Experimentes, denn man stellt Fragen an den Geist, die jedes mal ein klein wenig anders formuliert sind (man hat ja zwischendurch weiter nachgedacht) und schaut sich dann an, ob das Langzeit-Ergebnis das ist, was man erwartet hatte (Geistesruhe, größere Gelassenheit, verschwundene Charakterfehler etc.).

Allerdings hat die Meditation im wissenschaftlichen Sinne einen kleinen Makel: Die Experimente sind nicht von anderen nachvollziehbar (es sei denn, man bekehrt sich zum Buddhismus, meditiert viele Jahre und hat das Glück, zumindest Realisation zu erlangen). Aber eine direkte Wiederholung ist nicht möglich; ein triftiger Grund, weshalb sich viele Wissenschaftler nicht (offiziell) mit diesem Thema befassen wollen, sogar wenn es sie persönlich sehr interessiert.

Logik

Die Logik war im alten Griechenland ein Anhängsel der Rhetorik, also der Redekunst und wurde auch nur dort eingesetzt. Aus dieser Ecke wurde die Logik durch die Mathematik heraus geholt und nannte sich anschließend „formale Logik". Nur zur Erinnerung: Durch Axiome wird ein ′logischer Raum′ aufgespannt, innerhalb dessen man Behauptungen aufstellen kann und mit Hilfe der Logik wird dann geprüft, ob es eine logische Unverträglichkeit zwischen den Axiomen und der Behauptung gibt. Das hat, wie schon gesagt, keine direkte Verbindung zur ′Realität′ (ein Beweis innerhalb dieses logischen Denkraumes kann natürlich nicht die Realität ändern, die man beschreiben möchte), aber man legt die Modelle so an, dass sie möglichst alle Aspekte der Realität korrekt wiedergeben, denn sonst würde ja auch der geistige Nährwert fehlen.

Wissenschaftlicher Einschub: Ein Herr Euler hat irgendwann bewiesen, dass es einen Zusammenhang zwischen Pi und den Primzahlen gibt. Wenn man alle Faktoren der Art $1 / (1 - (1 / p^2))$, wobei p bei 2 beginnend jeweils für die nächst größere Primzahl steht, miteinander multipliziert, dann nähert sich das Ergebnis dem Ausdruck Pi * Pi / 6. Man hätte also eine Verwandtschaft zwischen den Primzahlen und der Natur. Man hat allerdings noch nicht heraus finden können, wo genau diese Verwandtschaft steckt. Die Aussage, dass Modelle nicht auf die Natur übertragbar sind, ist also nur vorläufig. Ich vermute, dass es bei den Superstrings Verwendung finden könnte, denn nur Schwingungen bei denen die Anzahl der Wellen einer Primzahl entspricht, können ohne Selbstauslöschung existieren, ich kann aber auch völlig falsch liegen. **Ende Einschub.**

Was den meisten Menschen überhaupt nicht bewusst ist, ist die Tatsache, dass Logik auf einer strikten Ursache-Wirkungs-Beziehung basiert. Es gibt eine Ausgangsposition, dann folgt eine Aktion und man gelangt zur nächsten Position, die wiederum Ausgangsposition für die nächste Aktion sein wird. Der Knackpunkt ist jetzt die Frage, ob bei gleicher Ausgangsposition eine exakt gleiche Aktion immer das gleiche Ergebnis liefern wird. Wenn man unterstellt, dass es jederzeit einen ′göttlichen Einfluss′ (was auch immer das sein mag) geben könnte, dann würde man zu unterschiedlichen Ergebnissen kommen können.

Gäbe es also keine strikte Kopplung zwischen Ausgangssituation, Aktion und nächster Situation, dann würde jegliche Grundlage für eine logische Herleitung entfallen und folglich könnte es keine Regeln darüber geben, welcher spätere Zustand sich aus einem vorhergehenden Zustand ergeben muss. Man kann dies auch humorig in die Frage verpacken: „Wenn Gott allmächtig ist, kann er dann eine Torte auch in drei gleiche Hälften teilen?" Ja! Wenn es ihn denn gäbe, dann könnte er!

Der interessante Punkt bei dieser Überlegung ist nun, dass eigentlich alle Religionen, die einen Schöpfergott voraussetzen, zwar intensiv mit Logik arbeiten (warum ist Verhütung mit chemischen Mitteln eine Sünde und was auch immer man meint aus der Bibel oder dem Koran ableiten zu können), aber die absolute Grundlage der Logik negieren, nämlich Ursache und Wirkung!

Doch schauen wir erst mal, welche Unterarten von Logik wir aktuell im Westen unterscheiden.

Wir fangen ganz einfach an. Sie erinnern sich sicherlich noch an die Gleichungen im Mathematik-Unterricht. Diese kann man sich in etwa so wie eine Balkenwippe vorstellen. Das Gleichheitszeichen ist der Drehpunkt und die Wippe soll immer im Gleichgewicht sein. Wenn ich auf die linke Seite der Wippe zwei Äpfel lege, dann muss ich auch auf die rechte Seite zwei Äpfel legen (die sind natürlich alle gleich schwer), denn sonst haben wir ein Ungleichgewicht.

$$2 \text{ Äpfel} = 2 \text{ Äpfel}$$

Es wird ja immer behauptet, man dürfe Äpfel nicht mit Birnen vergleichen, doch das stimmt so nicht. Wenn ein Apfel so viel wiegt wie zwei Birnen, dann haben wir:

1 Apfel = 2 Birnen
2 Äpfel = 2 Äpfel   =>   2 Äpfel = 4 Birnen

Gleichungen sind das grundlegende Werkzeug von Physikern. Wenn ein Physiker eine Beobachtung in der Natur macht und diese in eine Formel umsetzt, dann darf addiert, subtrahiert, multipliziert und dividiert werden und Formeln nach irgendeiner Größe aufgelöst werden und in andere Formeln eingesetzt werden. Handwerkszeug halt, aber eine Form der reinen Logik. Das, was sich Physiker an Gleichungen ausdenken, das nehmen die Techniker und Ingenieure als Basis, um etwa neue Geräte zu entwickeln, einen Tunnel oder ein Haus zu bauen. Alles, was auch nur ein wenig mit Technik zu tun hat, beruht auf diesen Formeln; folglich werden die Beobachtungen der Physiker, die sie in Formeln umgesetzt haben, jeden Tag millionenfach geprüft.

Zusätzlich haben wir aus der Mathematik auch die Aussagenlogik. Hier geht es um Aussagen wie: Wenn A wahr ist und B wahr ist, dann muss auch C wahr sein! Machen wir ein einfaches Beispiel:
    Alle Schimmel sind Pferde!
    Alle Schimmel sind weiß!
Sind alle Pferde weiß?
Ist alles, was weiß ist, demnach ein Pferd?

Diese Logik lässt sich mathematisch mit der Mengenlehre abhandeln (nur falls Sie sich noch daran erinnern). Dies ist die Logik, mit der im tibetischen Buddhismus gearbeitet wird. Während meines Aufenthaltes im KIBI wollte ich die Zeit für ein wenig Fortbildung nutzen und Sabine gab mir ein Buch über tibetisch buddhistische Erkenntnistheorie, Tsemma genannt.

Dieses Buch hat mich dann ziemlich irritiert, denn ich hatte den Eindruck, dass es sich an Kinder unter 10 Jahren wendet und dass man es mit der Logik auch nicht allzu genau nahm. Mir ist noch eine Argumentation im Gedächtnis, wo mit dem Umstand, dass es keine gehörnten Hasen gäbe, irgendetwas bewiesen werden sollte. Ich legte das Buch dann weg, weil der Umstand, dass noch niemand einen gehörnten Hasen gesehen hat, ja nicht bedeutet, dass es ihn nicht doch geben könnte, es ihn irgendwann einmal gegeben hat oder er in der Zukunft entstehen wird. Das war ganz sicher keine trennscharfe Logik in diesem Buch und ich sah keinerlei Grund, weshalb ich mich auf so ein Niveau herunter denken sollte (eine Anleihe bei „Per Anhalter durch die Galaxis" und dem depressiven und superintelligenten Roboter Marvin).

Eine weitere Form der Logik finden wir in der booleschen Logik. Diese wurde sehr viel in der Elektronik bei Schaltungsentwicklungen eingesetzt. Grundsätzlich hat man ein paar Grundschaltungen, nämlich die logische Umkehrung, auch Invertierung genannt. Dann gibt es Und-Gatter mit zwei Eingängen, Oder-Gatter mit zwei Eingängen sowie Exklusiv-Oder-Gatter, gleichfalls mit zwei Eingängen (die Wahrheitstabellen für die Funktionen erspare ich Ihnen). Das schöne daran ist, dass mathematisch bewiesen ist, dass man mit diesen paar Gattertypen jede logische Schaltung aufbauen kann, die beliebig viele Eingänge und Ausgänge hat. Es gibt sogar Computer-Programme, denen man nur die gewünschte Wahrheitstabelle geben muss (bei welchen Eingangszuständen soll sich welcher Ausgangszustand einstellen) und man bekommt das kleinste logische

Netzwerk geliefert, das diese Funktion exakt realisiert. Völlig egal, wie groß die gesamte Schaltung wird.

Zusätzlich gibt es noch die Kombination aus Gleichungen und boolscher Logik und die findet man in der Programmierung von Computern. Programmierer (ich meine jetzt nicht die Skript-Kiddies, die irgendwelche Sachen zusammenklicken, aber letztlich keine Ahnung davon haben, was sie da machen) sind Logikspezialisten, die ein jahrelanges Training hinter sich haben. Wenn die auf den tibetischen Buddhismus treffen, dann haben sie ein riesiges Handicap, denn kaum ein buddhistischer ´Beweis´ hält ihrer Überprüfung stand. Es geht unter anderem darum, dass auch immer der Umkehrschluss geprüft werden muss. Wenn man also die Behauptung hat, dass aus A ein B folgt und man irgendwo auf ein B stößt, lag diesem B dann unbedingt ein A zugrunde? Kann auf ein A auch etwas anderes als ein B folgen oder ist dies definitiv ausgeschlossen? Wenn ja, wie?

Mein Handicap war besonders groß, denn ich habe nicht nur ein Ingenieurstudium hinter mir, sondern ich habe auch jahrelang programmiert, von hardwarenah bis abgehoben war alles dabei. Fragen Sie nicht, wie oft ich buddhistische Bücher, auch von höchsten Lehrern, wieder ins Regal gestellt habe, weil die Herleitungen oder angeblichen Beweise nicht annähernd meinem Standard, was Logik anbelangt, entsprachen. Da kann man einerseits sagen, dass das ja wohl persönliches Pech sei, man kann aber auch feststellen, dass der tibetische Buddhismus wohl einen deutlichen Nachbesserungsbedarf hat. Auf dieser Ecke haben die Naturwissenschaften die Nase sehr weit vorne.

Determinismus, Chaostheorie und freier Wille

In Europa waren über sehr lange Zeiträume die Kirchen die Wahrer des Status Quo, sie passten also darauf auf, dass niemand außer ihnen zu viel Macht ansammelte. In der Zeit von Galileo Galilei fing diese Macht an zu bröckeln und seither ist die 'Macht' der Wissenschaften unaufhörlich gewachsen. 'Macht' in dem Sinne, dass sich Wissenschaftler eigentlich von niemandem mehr vorschreiben lassen, was ihnen zu denken erlaubt ist. Allerdings gibt es einige Länder, in denen sie es bisweilen vorziehen, das so Gedachte zumindest nicht zu publizieren. Zudem gibt es in verschiedenen Bereichen einen Ethikrat, der entscheidet, ob bestimmte Forschungen vertretbar sind oder schlicht nicht in Frage kommen; dieses Seitenthema interessiert uns hier jedoch nicht.

Seit Galilieo Galilei unterstellt die Wissenschaft in ihren Teilgebieten immer, dass es durch die Naturgesetze vorgegebene Ursache-Wirkungs-Beziehungen gibt. Mit Naturgesetzen sind hier die Formeln gemeint, die aus der Beobachtung der Natur abgeleitet wurden. Allerdings war der Anteil gläubiger Wissenschaftler früher sehr hoch, aber auch heutzutage gibt es noch ziemlich viele christlich religiöse Wissenschaftler. Man könte flapsig sagen, dass für sie während der Arbeit der Energieerhaltungssatz gilt, aber am Sonntag eher nicht.

Es entwickelte sich der Determinismus (Vorausberechenbarkeit, da Ursache und Wirkung gelten) und diesen gibt es mittlerweile in sehr vielen Ausprägungen. Es gibt Ausprägungen, die noch eine Ecke für Gott freihalten, und in anderen Ausprägungen wird das sehr viel enger gesehen. Man kann es letztlich herunter brechen auf die Frage, ob es einen freien Willen gibt oder nicht, denn das ist direkt verkoppelt mit der Frage, ob es einen Schöpfergott gibt oder nicht. Wir sehen uns das näher an.

Wenn es keinen freien Willen gibt, dann bricht bei allen Religionen, die einen Schöpfergott voraus setzen, das Fundament weg (dem gesamten Strafrecht übrigens auch). Im Christentum und im Islam gab Gott den Menschen die Gebote und trug den Menschen auf, sich daran zu halten. Zugleich ist dieser Gott allmächtig und allwissend. Damit dieses Arrangement logisch funktionieren kann, muss es einen freien Willen geben, denn sonst wäre ja die Androhung von Strafe bei einem Fehlverhalten ziemlich sinnfrei. Wenn das Individuum überhaupt keine Wahlfreiheit hat und Gott allmächtig ist, dann hätte ja Gott selbst die direkte Verantwortung für das Fehlverhalten und würde jemand anderen dafür bestrafen. Die Kirche sagt also: Es gilt das Axiom, dass jedes Individuum einen freien Willen hat! Es kann also selbstständig entscheiden und ist daher auch für alle Konsequenzen verantwortlich und Gott hat ihm diesen freien Willen gegeben (die eigentlich extrem wichtige Frage, WARUM er das gemacht haben sollte, wird jedoch nicht angeschnitten, denn die Wege des Herrn sind unergründlich)!

Vor einigen Jahren sah ich im Fernsehen eine Podiumsdiskussion zum Thema „Freier Wille". Zu den Diskussionsteilnehmern gehörten unter anderem ein Kirchenvertreter und ein Neurologe. Wie nicht anders zu erwarten, verteidigte der Kirchenvertreter das Konzept eines freien Willens eindringlich. Als der Neurologe Redezeit bekam, meinte er zu dem Kirchenvertreter: „Es gibt verschiedenste Experimente, bei denen eine Elektrode ins Gehirn eingeführt und dann ein elektrischer Reiz ausgelöst wird. In einem dieser Experimente hob der Proband während der Reizung seinen rechten Arm, stritt aber vehement ab, dass er den Arm angehoben habe. Erfolgte die Reizung ein kleines Stückchen daneben, dann hob der Proband wiederum den Arm, er war aber der absoluten Überzeugung, dass er es gemacht habe, weil er es machen wollte. Wenn Sie auch das als freien Willen bezeichnen, ja, dann gebe ich Ihnen recht, es gibt einen freien Willen!"

Irgendwie muss ich mal wieder an Decartes und den Sufi denken! Wenn mein Verhalten von außen (o.k., es laufen nicht viele Leute mit Elektroden im Gehirn herum, aber es geht ja um eine Grundsatzfrage) direkt gesteuert werden kann, ich selbst es aber für meine eigene Entscheidung halte, kann es dann einen freien Willen geben? Wohl eher nicht. Wenn ich jetzt die Elektroden durch gezielte Sinnesreize (Einflüsterungen, Propaganda) ersetze, ändert sich dann irgendetwas? Wohl eher nicht. Diese Frage ist also noch offen, aber ich habe hoffentlich Zweifel gesät. Wir sind bei weitem nicht so unabhängig, wie wir gerne von uns glauben wollen.

In diesem Zusammenhang gibt es noch ein anderes interessantes Experiment. Ein Proband wurde in einen Tomographen geschoben und hatte sowohl in der linken als auch in der rechten Hand einen Druckschalter. Wenn er einen Signalton hören würde, dann sollte er völlig spontan einen der beiden Schalter drücken. Das Spannende an diesem Experiment war nun, dass die Wissenschaftler an ihren Monitoren bis zu 2 Sekunden vor dem Signalton schon wussten, wie sich der Proband völlig spontan entscheiden würde! Freier Wille? Vom Körper unabhängiger Geist?

Wenn derartiges möglich ist, dann kann man mit absoluter Sicherheit schlussfolgern, dass der Geist zumindest nicht unabhängig vom Gehirn agieren kann (welcher Art die Wechselbeziehung ist, lasse ich offen). Wäre es anders, dann hätte man die Entscheidung nicht vorhersehen können. Natürlich könnte man einen ständigen Informationsaustausch zwischen Gehirn und Geist postulieren, aber die Luft wird da schon mehr als dünn! Der Grund liegt im Energieerhaltungssatz, denn nichts Materielles lässt sich ohne Einsatz von Energie beeinflussen und das müsste man messen können. Entweder auf dem Weg vom Gehirn zum Geist hin oder auf dem Rückweg; die bisherige Ausbeute ist exakt Null.

Zusammengefasst kann man zum Thema Determinismus sagen, dass wir noch nicht genügend wissen, um die Frage mit hinreichender Sicherheit abschließend entscheiden zu können. Letztlich haben wir die gleiche Situation, wie schon beim Gottesbeweis. Wir können weder beweisen, dass zumindest Teile des Geistes unabhängig vom Körper existieren, noch können wir seine Nichtexistenz beweisen. Vielleicht ist es ein guter Ansatz, die Sache zunächst auf sich beruhen zu lassen und anzunehmen, dass ein kleiner Teil des Geistes ohne Körper auskommen könnte (die Theorie, die das plausibel und in Verbindung mit wissenschaftlichen Datenerhebungen darlegt, würde ich gerne sehen, aber das ist wieder ein anderes Thema).

Jetzt kommen wir zum Schmetterlingseffekt. 1963 schrieb der Meteorologe Edward N. Lorenz ein Programm für die Wettervorhersage. Da der Rechner, mit dem er arbeitete, nicht der potenteste war, gab es die Möglichkeit, Gleitkommazahlen (also etwa 3,1415) mit geringer oder mit hoher Genauigkeit zu nutzen. Er schrieb also sein Programm und ließ es mit einfacher Genauigkeit übersetzen und als er es ausgetestet hatte und es für fehlerfrei hielt, ließ er den Compiler das Programm mit doppelter Genauigkeit compilieren.

Die Überraschung war groß, denn die Ergebnisse der beiden Rechendurchläufe unterschieden sich völlig. Nach viel Sucharbeit und Testläufen war die Erkenntnis wie betoniert: Der Flügelschlag eines Schmetterlings irgendwo in Brasilien könnte ausschlaggebend dafür sein, dass sich später ein Tornado über Texas bildet! Diese Erkenntnis veröffentlichte er 1972 auf einem Kongress und brachte viele Deterministen gegen sich auf, die das Weltgeschehen eher wie ein Getriebe sahen (das vorhergesagte Ergebnis tritt ihrer Meinung nach mit Robustheit ein; in der ersten Version der Veröffentlichung war es übrigens der Flügelschlag eines Vogels, aber Schmetterling hört sich natürlich deutlich besser an: „There is no business like show business!").

Kurze Zeit später befasste sich das Wissenschaftsmagazin „Bild der Wissenschaften" mit dieser Thematik und sie brachten ein sehr schönes

Beispiel (leider sah sich der Verlag aus technischen Gründen nicht in der Lage, den Artikel noch einmal für mich auszugraben; vielen Dank für die Mühen beim Versuch; die gleich gemachten Zahlenangaben sind also nur nach bestem Wissen und Erinnerung, stimmen jedoch auf jeden Fall in der Größenordnung).

Wir nehmen an, wir hätten einen idealen Billardtisch. Es gibt keinen Rollwiderstand und die Banden geben exakt die Energie wieder ab, die sie beim Aufprall einer Billardkugel zuvor aufgenommen haben. Auch die Kugeln sind ideal und es gibt keinen Reibungswiderstand mit der Luft (wir haben also überhaupt keinen Energieverlust im System). Wenn man jetzt einer der drei Kugeln einen absolut exakt bekannten Impuls gibt, dann müsste man in der Lage sein, für jeden beliebigen Zeitpunkt in der Zukunft anzugeben, welche Kugel sich gerade wo, in welche Richtung und mit welcher Geschwindigkeit bewegt. Kommt man nicht dran vorbei, das wäre stimmig.

Da man selten alleine Billard spielen wird, nehmen wir noch einen Spielpartner mit in das Modell auf. Wir wissen, dass er 75 Kilogramm wiegt, aber wir wissen nicht, wo im Umkreis von 10 Metern er sich befindet. Er beeinflusst jetzt die Billardkugeln ausschließlich mit seiner Gravitationskraft. Die Gravitationskraft nimmt mit dem Quadrat der Entfernung ab; nehmen wir an, unser Spielpartner steht direkt rechts neben dem Tisch. Wenn wir eine Kugel auf der linken Seite parallel zur Bande spielen, dann wird sie leicht nach rechts abgelenkt; spielen wir die Kugel über die Mitte des Tisches, dann wird sie deutlich stärker abgelenkt werden. Als das Ergebnis der Berechnungen kam, war die Überraschung groß, denn man konnte nur vier bis sechs Karambolagen sicher vorhersagen, dann gingen die Vorhersagen langsam im Rauschen verloren.

Also nahm man sich die kleinste Kraft, die man sich vorstellen kann und positionierte ein einzelnes Elektron irgendwo zwischen dem Billardtisch und dem Rande des bekannten Universums (der Rest vom Universum wurde als leer definiert). Auch dieses Elektron wirkte nur über seine Schwerkraft auf das Modell ein. Die Überraschung war jetzt noch sehr viel größer, denn man konnte nur rund zehn Karambolagen sicher vorhersagen. Das hatte kein einziger Anhänger des Determinismus erwartet: Die Natur verhielt sich nicht wie ein solides Getriebe, sondern eher wie ein guter Zufallsgenerator!

Wenn man die Zukunft vorhersagen will, dann muss man von allen Teilchen im Universum wissen, wo sie sich gerade befinden und in welche Richtung und mit welcher Geschwindigkeit sie sich bewegen. Sogar wenn man einen Rechner hätte, der alle diese Informationen aufnehmen und verarbeiten könnte, es würde einem nichts nützen, denn alleine schon durch die Gravitation der Elektronen, die sich in seinen Schaltkreisen bewegen müssten, würde der Computer das zu bestimmende System so stark stören, dass eine Berechnung völlig unmöglich wäre.

Die einzig Lösung wäre ein masseloser Dämon, was auch immer das sein mag, der wahnsinnig schnell rechnen kann!

Ein Herr Heisenberg macht uns da allerdings wieder einen Strich durch die Rechnung. Er formulierte die nach ihm benannte Unschärferelation. Diese besagt ganz einfach, dass es unmöglich ist, irgendeine Beobachtung zu machen, die das zu messende Objekt nicht beeinflusst. Entweder kann man mit großer Genauigkeit wissen, wo sich ein Teilchen zu einem bestimmten Zeitpunkt befand; dann weiß man aber nicht genau, wie sich die Messung auf die Zukunft auswirkt. Oder man weiß ungefähr, wo ein Teilchen war, zum Ausgleich weiß man auch nur ungefähr, wo es später sein könnte. Die Sache mit dem masselosen Dämon können wir uns also auch schenken, denn wir können die notwendigen Start-Informationen überhaupt nicht besorgen. Absolut unmöglich!

Die Liste der Grausamkeiten ist noch nicht abgearbeitet. Wenn man anfängt, sich mit ganz ganz kleinen Teilchen zu beschäftigen, dann spielt auch noch die Quantenphysik eine Rolle. Ich möchte ihnen nur mal ein Beispiel geben. In einem elektronischen Bauteil stehen ein paar Elektronen vor einer Barriere in Form einer isolierenden Schicht. Die klassische Physik sagt, da kommen die Elektronen nicht durch. Wenn die Barriere sehr dünn ist, dann gelingt es den Elektronen dennoch, sie zu überwinden. Sie verwandeln sich kurzfristig in etwas anderes, tunneln durch die Barriere und erscheinen auf der anderen Seite wieder als Elektronen.

Diese Effekte sind absolut keine Seltenheit und sie spielen sich etwa in jedem Handy oder MP3-Player ab. Überall dort, wo sogenannter Flash-Speicher benutzt wird und auch noch in vielen anderen Geräten, dort finden gezielt quantenmechanische Effekte statt. Bisher gibt es keine akzeptierte Theorie, wie die Elektronen das exakt machen (ganz genau betrachtet hat man auch keine Ahnung, was ein Elektron letztlich ist; man weiß viel über seine Art sich zu verhalten und kann vieles auch berechnen, mehr aber auch nicht); man kann etwa berechnen, mit welcher Wahrscheinlichkeit die Elektronen durch die Barriere tunneln werden, aber nicht genau wann oder exakt wo ein einzelnes Elektron das machen wird. Man kann also nur statistische Aussagen zu großen Anzahlen von Elektronen machen.

Eine Möglichkeit einzelne Elektronen in so einer Situation zu messen / detektieren fehlt vollständig und viele Physiker gehen davon aus, dass einzelne Quanteneffekte völlig zufällig stattfinden. Ein Grund, weshalb ihnen diese Idee gefällt, liegt in der Ungleichverteilung der Materie kurz nach dem Urknall; wenn quantenmechanische Prozesse, die damals natürlich stattgefunden haben müssen, völlig zufällig sind, dann wäre das auch eine Erklärung für die ungleichmäßigen Verteilungen.

Ein Herr Schrödinger hat das noch ein wenig auf die Spitze getrieben. Vielleicht erinnern sie sich aus der Schulzeit noch an den radioaktiven Zerfall. Man weiß von den verschiedenen radioaktiven Materialien, wie lange es dauert, bis die Hälfte von ihren Atomen zerfallen sind, die sogenannte Halbwertszeit (die zerfallenen Atome sind dann nicht mehr radioaktiv, denn sie sind in einen stabilen Grundzustand gefallen), nur hat man keinerlei Ahnung, welche individuellen Atome das sein werden. Schrödinger machte also folgendes Gedankenexperiment: Man packt in eine Kiste ein radioaktives Atom mit einer Halbwertszeit von beispielsweise einer Stunde und einen Geigerzähler, der beim Nachweis eines radioaktiven Zerfallsprodukts einen Schalter schließt. Der Schalter wiederum öffnet eine Giftgaskapsel. Dann setzte er auch noch eine kleine niedliche Katze mit in die Kiste und machte sie zu.

Seine Aussage war nun, dass man nach Ablauf der Stunde nicht wissen könne, ob die Katze tot sei oder nicht, sie wäre also in einem logischen Zwischenzustand und würde sowohl leben als auch tot sein und beides mit einer Wahrscheinlichkeit von 50%. Wenn man die Kiste öffnet, dann würde die Katze den (un-)logischen Zwischenzustand verlassen und wäre entweder tot oder noch am Leben. Ich persönlich halte es für etwas übertrieben, nur weil man etwas nicht weiß, gleich eine neue Logik erfinden zu wollen. Unwissenheit und Dummheit als Grundlage wissenschaftlicher Betrachtungen einzuführen, geht meiner Meinung nach deutlich zu weit; aber ich bin ja auch kein echter Physiker.

Aus wissenschaftlicher Sicht und dort aus vielerlei Gründen heraus, kann es also nie echte Vorhersagen geben! Egal, ob es die Zigeunerin mit der Glaskugel ist oder ein Derwisch mit Tarotkarten oder ob es ein buddhistischer Mönch ist, der ein Mo macht (eine Ja / Nein-Aussage für die Zukunft) oder das Staatsorakel des Dalai Lama. Die Vorhersage der Zukunft kann nicht möglich sein, so denn die klassische Physik auch nur ein bisschen recht hat!

Der Grund für diese lange Ausführung liegt in buddhistischen Wahrsagungen. Eine dieser Vorhersagen betrifft das Tibetische Totenbuch, mit dem wir uns später noch genauer beschäftigen werden. Im 8. Jahrhundert versteckte ein gewisser Padmasambhava sehr viele Belehrungen und Ritualgegenstände auf eine Art und Weise, so dass sie zum Teil Jahrhunderte später gefunden werden sollten. Und über alle diese versteckten Schriften und Gegenstände machte er eine Vorhersage, wer sie wann finden würde.

Einer dieser Schatzfinder war Karma Lingpa, der im 14. Jahrhundert lebte, von dem Padmasambhava weissagte, dass er 108 solcher Gegenstände / Schriften finden würde. Allerdings hat Karma Lingpa nur 32 solcher ′Schätze′ gefunden (und ob das wirklich stimmt, wissen wir auch nicht). Jetzt bin ich mal wieder genau am Punkt. Einerseits haben wir die Unmöglichkeit, überhaupt detailgenaue Vorhersagen für die Zukunft zu machen und andererseits sollen Vorhersagen über 6 Jahrhunderte möglich sein? Nicht sehr wahrscheinlich, denn dann müssten sämtliche Erkenntnisse der klassischen Physik falsch sein. Waren ein paar Jahrhunderte der Befragung der Natur völlig unsinnig?

Wir könnten unterstellen, dass es eine übergeordnete Ebene gibt, die der klassischen Physik (zumindest bisher) nicht zugänglich ist. Da beißt sich jedoch die tibetische Katze selber in den Schwanz! Der Gag ist nämlich die Begründung, weshalb Karma Lingpa nur 32 ′Schätze′ gefunden hat: Widrige Umstände verhinderten das Auffinden der anderen ′Schätze′ (eine bestimmte Frau hatte ihn beispielsweise nicht heiraten wollen)! Ja was denn nun? Entweder gilt Ursache und Wirkung, aber dann kann es keine widrigen Umstände geben, die die Vorhersage entwerten. Oder es gibt widrige Umstände, doch dann kann nicht Ursache und Wirkung gelten (Erinnerung: Wir betrachten das als Axiom! Eine einzige Ausnahme und das ganze Gedankengebäude rauscht die Klospülung runter!).

Entweder haben wir es hier mit dreisten Lügen und Betrug zu tun oder es gibt etwas, das weit über die bekannte Physik hinaus geht. Natürlich könnte es auch eine Mischung aus beidem sein. Wie üblich, ich komme darauf zurück.

Meditation, die Grundlagen

Meditation ist über sehr lange Phasen nichts anderes als eine Konzentrationsübung und darauf werde ich mich beschränken. Um verstehen zu können, warum wir unsere Konzentration schulen sollten, müssen wir zunächst etwas mehr über unseren Geist wissen.

In unserem Geist spielt sich, zumindest wenn wir nicht in einer Tiefschlafphase sind, eine ganze Menge ab und dies nennt sich diskursives Denken. Man redet also mit sich selbst, etwa darüber, dass man eine unschöne Unterhaltung mit seinem Chef hatte. Man geht die ganze Unterhaltung immer und immer wieder durch und macht Variationen, wie sich die Unterhaltung anders hätte entwickeln können, wenn man etwas anderes entgegnet hätte. Dann zwickt einen irgendetwas am Bein und man kratzt sich; hierbei kommt man gegen das Portemonnaie und es fällt einem ein, dass man noch zur Bank muss, weshalb man überlegt, wie viel Geld man abheben muss. Ach ja, wir müssen ja noch ein Geschenk für den Sohn kaufen. Dann erinnert man sich daran, wann man das letzte mal mit ihm gespielt hat. Und so weiter und so fort. Es ist der Normalzustand, dass man vier bis sieben solcher 'Gespräche' quasi-gleichzeitig führt und der Geist ständig von Thema zu Thema und wieder zurück hüpft.

Alle diese Gedanken werden zusätzlich von unseren Störgefühlen befeuert, die sich in diesen Diskursen richtig austoben können. Bei manchen Leuten sind diese inneren Dialoge derartig intensiv, dass sie abends Schwierigkeiten haben einzuschlafen und morgens gerädert aufwachen. Mit einem Geist, der derartig aktiv ist, kann man nicht wirklich meditieren, vom Erreichen einer meditativen Versenkung ist man also noch sehr weit entfernt. Also muss der Geist erst einmal etwas beruhigt werden und das macht man am besten in der Art eines täglichen Rituals. Man sperrt, soweit möglich, störende Geräusche aus, sorgt für eine angenehme Beleuchtung, zündet ein Räucherstäbchen an (nicht wirklich notwendig) und setzt sich immer an die gleiche Stelle. Anschließend macht man für eine Zeitspanne, die einem angenehm ist, eine einfache Meditation.

Jede Meditation hat ein Objekt, auf das man sich konzentriert (eine Ausnahme bildet die Zen-Übung 'Nur Sitzen', bei der man nur sitzt; nicht diskursiv denkt, sondern nur sitzt). Dieses Objekt kann etwas Dingliches sein, also etwa ein kleiner Stein oder ein ganzer Berg oder eine Buddhastatue oder eine innere Visualisierung / Vergegenwärtigung eines Buddhaaspektes oder der Atem, der an der Nasenspitze kommt und geht. Man grübelt nicht über die verschiedenen Aspekte, sondern man betrachtet nur. Es ist absolut normal, dass sich Gedanken einstellen und sich mal wieder ein Diskurs entwickelt; Gedanken zu erzeugen gehört zur Natur des Geistes, weshalb man nicht versuchen sollte, die Gedanken zu unterdrücken. Wenn wir in der Meditation Gedanken bemerken, dann versuchen wir nicht, diese Gedankenkette abzubrechen, sondern bringen sie sanft und zielstrebig zu einem (vorläufigen) Ende und legen die Gedankenkette dann erst einmal beiseite; falls sie wirklich wichtig war, wird man sich später sicherlich an sie erinnern und wenn sie nicht wichtig war, dann war der Gedankengang sowieso nur sinnloser Aktionismus. Dann wendet man sich wieder dem Objekt der Betrachtung zu.

Wenn man mit solchen Meditationen beginnt, dann stellt sich meist sehr schnell das Gefühl ein, dass man plötzlich sehr viel mehr Gedanken hat, als in der Zeit, bevor man anfing zu meditieren. Das ist eine Täuschung, denn es ist einem vorher nur nie aufgefallen, wie viele Gedanken einem ständig durch den Kopf gehen. Schon so eine Meditation hat eine psychologische Auswirkung, doch um die erklären zu können, muss ich mal wieder recht weit ausholen.

Ich fange hierzu mal mit meiner Großmutter an (ich könnte auch in die psychologische Forschung eintauchen, aber dieser Ansatz gefällt mir besser, weil ihn jeder sofort nachvollziehen kann). Zu der Zeit, als ich noch ein Jugendlicher war, fuhr sie mit einer Freundin nach Rømø (erste dänische Insel nördlich von Sylt) in den Urlaub. Nach ein paar Tagen bekamen wir eine Benachrichtigung, dass meine Großmutter im Krankenhaus sei. Also die ganze Familie ins Auto und hingefahren. Omi lag mit einem Gipsbein im Krankenhausbett und erzählte, dass sie auf dem Weg zum Strand einen Plattenweg entlang gegangen sei und eine der Platten anscheinend unterspült war. Als sie drauf trat schlug die Platte um und brach ihr das Schienbein. Und sie erzählte, wie schlimm das alles war und wie schwierig es war, alles zu organisieren und so weiter.

Eine Woche später waren wir wieder dort und sie erzählte wieder ihre Geschichte und ich bemerkte, dass sich in der Zwischenzeit etliche Kleinigkeiten verändert hatten. Noch eine Woche später erzählte sie, dass sie auf dem Strandweg die ganze Zeit über die volle Kontrolle gehabt hätte und auch den Einsatzkräften Anweisungen gegeben habe, was diese zu tun hätten. Ich war verwundert.

Viele Jahre später fiel mir diese Geschichte wieder ein und ich verstand plötzlich, was da geschehen war, welcher Mechanismus bewirkt hatte, dass sich die Erinnerung derartig verändert hatte. In der Psychologie wird ja häufig die Unterteilung in das Bewusste, das Unterbewusste und das Unbewusste gemacht und im Un- oder Unterbewussten werden all die schlimmen Erinnerungen weggesperrt, um das arme, arme Ich vor ihnen zu schützen. Was, wenn das überhaupt nicht stimmt und mir meine Großmutter unwissentlich einen Tipp gegeben hatte? Wir sehen uns das mal an.

Nehmen wir mal an, wir hätten vor ein paar Jahrhunderten im afrikanischen Busch gelebt und hätten gerade mit sehr viel Glück die Begegnung mit einem Löwen heil überlebt. Wenn wir aus dieser Begegnung lernen, dass es eine sehr gute Idee ist, sich schon umgedreht zu haben und zu sprinten, bevor wir den vollständigen Löwen erkannt haben, dann kann das extrem lebensverlängernd wirken.

Jetzt kommen wir zu der Hauptrolle, die unser Ego zu spielen hat. Das Ego ist der Chefverkäufer unserer Gene und ein Verkäufer kann nur so gut sein, wie seine Motivation (ich hörte bei einem Managementtraining mal einen Verkäufer von Philips Medical System sagen, er sei produktmäßig vollständig durchmotiviert; ich dachte nur „Oh, Seele verkauft!"). Damit unser Ego eine gute Motivation hat, muss es wirklich davon überzeugt sein, dass wir (also unsere Gene) ein Superprodukt sind!

Was macht also das Ego? Es schönt die Erinnerung! Schon nach kurzer Zeit sagt die Erinnerung, man habe sich mutig dem Löwen entgegen gestellt und der habe es vorgezogen, sich lieber zu trollen. Noch eine Weile später hat man den Löwen, wie ein mit Zaubertrank abgefüllter Asterix, am Schwanz gepackt und gegen den nächsten Baum geklatscht (ich übertreibe jetzt etwas).

Jetzt kommt die Eintausend-Dollar-Frage: Mit welcher Erinnerung hat man eine höhere Chance, die nächste Begegnung mit einem Löwen unbeschadet zu überleben? Es ist also nicht so, dass das arme, arme Ich vor den bösen, bösen Erinnerungen geschützt werden muss, sondern es ist genau anders herum. Die Erinnerung muss vor den Veränderungen geschützt werden, die das Ego machen würde! Genweitergabe ist wichtig, aber Überleben ist noch viel wichtiger, weil es die Genweitergabe überhaupt ermöglicht! Folglich muss alles, was mit der Warnung vor Gefahren zu tun hat, vor Modifikationen geschützt werden und möglichst sehr diffus wirken, denn es macht sehr wenig Sinn sich einen Löwen als Gefahrenquelle zu merken, wenn er direkt von links kommt; schon die typische Farbe muss reichen!

Unser Denken ist ein assoziativer Vorgang, ganz so wie beim Kaffeeklatsch: „Wo Sie gerade die Geranien erwähnen, da fällt mir ein, also diese Frau Puhvogel...." (ich erkläre später ausführlicher, was ein assoziativer Speicher überhaupt ist). Der aktuelle Gedanke macht Verweise auf alles, was irgendwie zum Thema passt. Dann wird die entsprechende Erinnerung abgerufen und im nächsten Augenblick wird die Bewertung dieser Erinnerung abgerufen. Wenn die Erinnerung etwas aus der 'roten Zone' ist (also vor Veränderungen geschützt sein soll), dann wird diese Erinnerung sofort aus der Liste der Nebengedanken gestrichen, die man noch weiter verfolgen möchte. Das heißt, das Ego kommt gar nicht an diesen Nebengedanken heran und kann folglich auch nicht an der Erinnerung herum pfuschen. Wir haben, wenn man so will, ein Ego-Protect-Bit in allen unseren Erinnerungen, die vor Gefahren warnen.

Wir halten bei der Meditation den bewussten Geist und somit die Kontrollfunktion unseres Geistes auf dem Objekt der Konzentration fest. Das hindert uns aber nicht, so wie sonst auch, viele andere Gedanken nebenher zu haben, die jetzt aber nicht mehr unter ständiger Überwachung sind. Diese Gedanken können jetzt munter auch durch die mentalen Minenfelder wandern. Anfangs gehen sie nicht weit in die Sperrbezirke und mancher Gedanke wird auch auf verbotenem Terrain erwischt und sofort gelöscht (man denkt also in diese Richtung zumindest zunächst nicht weiter).

Irgendwann kommt es zwangsläufig dazu, dass so ein Gedanke 'meint', dass in einem bestimmten Bereich überhaupt nichts Gefährliches vorhanden ist und einfach die Warnschilder wegwirft. Viele Dinge, die einem kleinen Kind absolut bedrohlich erscheinen, haben auf einen erwachsenen Geist überhaupt keinen Einfluss mehr oder nur einen sehr minimalen. Ganz langsam und völlig unbemerkt vom Ego wird ausgemistet. Das führt dann bisweilen zu Situationen, wo man mit einmal aufmerkt und sich denkt, dass man vor einem halben Jahr noch völlig anders auf die gerade erlebte Situation reagiert hätte. Irgendwas ist da passiert, aber was und wann? Unsere Erinnerung sagt: „Keine Ahnung, aber ICH war das nicht!"

Bei den Meditationen mit einem Buddhaaspekt gibt es eine Verschmelzungsphase. In ihr löst sich der Aspekt auf und verschmilzt mit einem selber. Hierdurch wird eine verstärkte Identifikation und Inspiration erzeugt. Um Ole zu zitieren: „Man versucht sich dann wie ein Buddha zu benehmen, bis man einer geworden ist!" Dies hat hinter den Kulissen den Effekt, dass man dieses Erforschen von unerlaubtem Gelände zumindest dulden will, denn dadurch werden wir ja etwas Großartiges. Frei nach Ole sagt das Ego dann: „Früher war ICH ja schon Klasse, aber jetzt bin ICH auch noch spirituell voll drauf! Das baue ICH sofort in mein Genetik-Werbeprogramm ein!"

Aufbau des Geistes
(buddhistisch und wissenschaftlich)

Laut den klassischen buddhistischen Belehrungen haben wir die fünf Sinnesorgane und mit jedem dieser Sinnesorgane ist ein Bewusstsein verbunden. Jedes von ihnen liefert seine Erkenntnisse an etwas, das meist als Mentalbewusstsein bezeichnet wird. Dieses Bewusstsein erkennt jetzt die Dinge und gibt ihnen einen Namen (das wäre etwa die Einordnung in Kategorien: Das ist ein Stuhl!).

Dem folgt dann das verschleierte Bewusstsein und dieses macht direkt im Anschluss eine Bewertung, meist in der Art: „Will ich!" „Ist mir egal!" oder „Will ich nicht!". Mit dem Bewerten ist dann natürlich meist eine Handlung verknüpft. Dem schließt sich dann noch das Speicherbewusstsein an, in dem unsere jeweiligen Motivationen gespeichert werden, mit denen wir etwas gemacht haben. Ohne so ein Speicherbewusstsein ließe sich Karma letztlich nicht oder nur sehr schlecht erklären, deshalb muss es vorhanden sein. Auf das Lernen selbst wird in keiner mir bekannten tibetischen Schrift eingegangen (was aber nichts bedeuten muss, denn mein Wissen ist arg begrenzt).

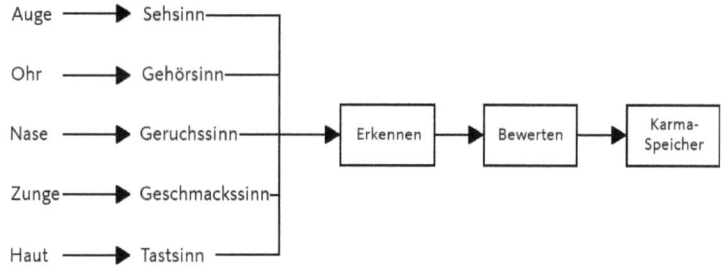

Diese Aussagen vergleichen wir jetzt mal mit der wissenschaftlichen Sichtweise. Auch hier haben wir, wenn wir etwa einen gesunden Menschen vor uns haben, die fünf Sinne. Dass es Hirnareale gibt, die die Informationen, die von den Sinnesorganen kommen, bearbeiten und aufbereiten, sehen wir als selbstverständlich an. An diesem Punkt können wir sogar einen Schritt weiter gehen und den genauen Hirnbereich benennen, der jeweils dafür verantwortlich ist.

In früheren Jahrzehnten erarbeitete man sich dieses Wissen, indem man untersuchte, welche Funktionen nach Schädigungen bestimmter Areale nicht mehr oder nicht mehr korrekt arbeiteten. Heutzutage ist die Arbeit wesentlich einfacher, denn man kann Tomographen benutzen. Mit so einem Gerät kann man scheibchenweise die inneren Organe, also auch das Gehirn, darstellen. Mit bestimmten Programmen kann man diese Scheiben sogar in dreidimensionale Abbildungen überführen, die sich auch über die Zeit betrachten lassen (vorwärts, rückwärts, hoch, runter, alles ist da möglich).

Bei einer Art der Tomographen kann man sogar direkt die chemische Aktivität ermitteln (also den Stoffumsatz; das sind dann funktionale Tomographen). Wenn man also einer Person im Tomographen eine Aufgabe stellt, dann kann man millimetergenau sehen, wo diese Aufgabe bearbeitet wird oder in welcher Reihenfolge verschiedene Gehirnareale aktiviert werden. Folglich weiß man, egal wie man jetzt Geist definiert, dass zumindest das Denken zu einem (wahrscheinlich nicht unerheblichen) Teil im Gehirn stattfinden muss. Wozu sonst der Energieumsatz?

Wenn einer Testperson im Tomographen zunächst eine Reihe von sinnlosen Worten vorgelesen wird und etwas später eine Reihe mit Worten, die Sinn machen, dann kann man die Unterschiede direkt sehen und hat gute Indikatoren dafür, was da im Einzelnen passieren könnte (eine Messung und ein Ergebnis sind nicht signifikant; hundert Messungen und weitgehende Übereinstimmung sind signifikant).

Wir wissen (noch) nicht, ob es darüber hinaus noch etwas gibt (also einen unabhängigen Geist), denn es kann noch nicht bewiesen werden, dass die nachgewiesenen Aktivitäten nicht nur notwendig sondern auch hinreichend für eine wissenschaftliche Erklärung der Denkvorgänge sind. Es geht hierbei letztlich um den Energieerhaltungssatz. Wenn der Geist nicht identisch mit den Aktionen des Gehirns ist, dann muss es einen energetischen Austausch zwischen Geist und Gehirn geben. Egal wie klein, den müsste man messen können, konnte man aber bisher nicht.

Man kann also schon mal festhalten, dass von den Funktionen her, die Sicht der Sache fast identisch ist, nur kommt in der wissenschaftlichen Betrachtung kein Karma-Speicher wie in der buddhistischen Betrachtungsweise vor; der Umstand, dass eigene Handlungen und Erlebnisse definitiv einen Einfluss auf den eigenen Geist haben, muss wohl nicht betont werden, nur gibt es wissenschaftlich gesehen kein nächstes Leben (zumindest noch nicht).

Lernen

Wir machen mal wieder einen riesigen Schwenk, der uns zunächst wieder sehr weit vom Buddhismus wegführt. In Asien unterscheidet man drei Stufen des Lernens:

- Wissen
    Man hat eine Information aufgenommen, also etwa eine Belehrung gehört, und kann sie wiedergeben.

- Verstehen
    Man hat die Information nicht nur aufgenommen, sondern man kann auch ihren Inhalt erklären, kennt also weitgehend die Bedeutung.

- Begreifen
    Man sieht die Information mit ihrer vollen Bedeutung im gesamten Kontext und hat begriffen, dass es überhaupt nicht anders sein kann.

Im Westen begnügen wir uns meistens mit den ersten beiden Stufen und mit denen will ich mich jetzt beschäftigen.

Wir gehen wieder in die tiefste Vergangenheit, und zwar fast so weit, wie beim letzten mal. Wir haben also immer noch Algen, die im Wasser herum schweben und solche, die sich als schleimige Matten auf Steinen und Felsen nieder lassen und wir haben Tiere, die sich bewegen können. Wenn jetzt die Urururgroßmutter vom Decretum beschloss, dass sich das Tierchen in irgendeine Richtung bewegen solle, dann wurde das fast sicher irgendwie als chemischer Reiz verarbeitet. Wenn sich so eine Zelle teilte, dann wurde das Erbgut und alles andere dupliziert und es schnürte sich die Hälfte der Zelle ab. Beide Zellen hatten anschließend die gleichen Fähigkeiten und das gleiche 'Wissen'. Die Steuerung über chemische Reize konnte also direkt weiter gegeben werden.

Durch Mutationen und durch aktiven Austausch von Genmaterial stellten sich langsam kleine Veränderungen ein. Wenn sich die Veränderung positiv auf die Reproduktion auswirkte, wurde diese Veränderung schneller verbreitet. Wenn sich die Mutation negativ auswirkte, dann mendelte sich das ´behindernde´ Erbgut mehr oder weniger schnell wieder weg. Da jede Zelle nach der Zellteilung genau 'weiß', was sie zu tun hat, kann man hier von einem genetischen Lernen sprechen. Wie sich aus dem Ablauf ergibt, ist das genetische Lernen nicht besonders schnell; man muss schon in

Jahrmillionen denken, um Lernerfolge sehen zu können. Man kann mit Recht behaupten, dass alle Tiere, denen wir eine reine Steuerung über Instinkte nachsagen, sich aufgrund dieses genetischen Lernprozesses verhalten.

Lernen, wie wir es verstehen, setzt also ein recht komplexes Nervensystem voraus (also weit entfernt vom Einzeller). Einen Speicher, um Erlebtes erinnern zu können, braucht etwa eine Schlange nicht, denn sie weiß instinktiv, was bekömmlich für sie ist und was nicht. Aber oberhalb dieser Ebene wird es spannend. Das sehen wir uns mal an zwei Beispielen an: Ameisen und Bienen (obwohl man intuitiv der Meinung wäre, dass diese evolutionär tiefer angesiedelt sind als Schlangen, aber auch Insekten entwickeln sich weiter und es ist nicht die Größe, die ausschlaggebend ist).

Ameisen

Wir fangen mit den Ameisen an. Lange Zeit war es ein absolutes Rätsel, wie so ein Ameisenhaufen organisiert ist. Die wichtigste Funktion bei der Organisation kommt den Pheromonen zu. Dies sind extrem spezielle Duftstoffe, die durch individuell unterschiedliche Mischungsverhältnisse sogar von Ameise zu Ameise variieren. Wenn sich eine Ameise auf der Futtersuche vom Nest entfernt, dann hinterlässt sie eine Pheromonspur auf dem Boden. Diese garantiert ihr, dass sie auch wieder zum Nest zurück findet. Hätte die Ameise keinen persönlichen Duft, dann könnte sie unter den vielen verschiedenen Spuren nicht ihren eigenen bestimmen, würde also die Orientierung verlieren.

Findet die Ameise Nahrung, etwa einen toten Käfer, der für sie alleine zu groß zum Tragen ist, dann läuft sie auf der eigenen Spur zurück, verstärkt ihren Eigengeruch auf dem Boden und signalisiert zusätzlich „Beute, Beute, Beute!". Andere Ameisen, die auf diese Geruchsspur stoßen, wissen dann genau, was sie zu tun haben. Der Umstand, dass die Ameisen es dann irgendwie schaffen, sogar größere Beute zum Nest zu schaffen, wird damit erklärt, dass mehr Ameisen vom Nest her kommen als von der anderen Seite, also letztlich auf der dem Nest zugewandten Seite mehr Ameisen ziehen. Ich habe keine Ahnung, ob das wirklich stimmt, man kann es aber als Arbeitshypothese so stehen lassen.

Das Ganze kann natürlich nur funktionieren, wenn sich die Pheromone relativ schnell wieder abbauen. Wenn der Abbau zu schnell geht, dann findet eine Futter suchende Ameise nicht mehr zum Bau zurück. Geht er zu langsam, dann geht die Organisation des Ameisenvolkes in einer Pheromonpampe unter.

Zudem fand man heraus, dass die Arbeitsteilung im Nest, also Brutpflege, Futtersuche, Nestausbau und so weiter letztlich gar nicht hierarchisch organisiert wird. Welchen Aufgaben sich eine einzelne Ameise widmet ist schlicht von ihrem Alter abhängig. Und die Ameise macht immer das, was vor ihrer ´Nase´ liegt. Die Pheromone sowie diverse Klopf- und Schabgeräusche scheinen völlig hinreichend für die gesamte Organisation eines Ameisenvolkes zu sein und die Königin hat nur wenig damit zu tun.

Wichtig ist, dass alle Ameisen aus einem Nest den gleichen Nestgeruch haben, der wahrscheinlich aus vielen Komponenten besteht. Trifft eine Ameise außerhalb des Nestes auf eine andere Ameise, die diesen Nestgeruch nicht hat, dann schlägt das sofort in Aggression um.

Es gibt Berichte, denen zufolge schon auf dieser Ebene echtes Lernen stattfindet (http://www.ameisenforum.de/vbseiten.php?id=25; Beitrag von Frank Mattheis).

Zumindest bei den Gigantiops ist visuelle Kommunikation zu beobachten. Sich begegnende Tiere sehen und erkennen sich auf Distanz von bis zu 30 cm, beginnen dann einen arttypischen "Tanz", erkennen so die Artzugehörigkeit des Gegenübers. Beide Tiere fixieren sich, bewegen sich nun hin und her, nähern sich nun langsam und vorsichtig einander an. Findet das Ganze im Geäst von Pflanzen statt, springen sie nun sogar auf andere Zweige, um sich näherzukommen. Erst bei Berührung können die Tiere jedoch sicher sein, dass der erkannte Artangehörige der heimischen Kolonie angehört, nun findet der Austausch von Futter und die intensive Berührung mit den "Mundteilen" statt. Koloniefremde Gigantiops verhalten sich feindlich zueinander, die Angehörige der revierinhabenden Kolonie vertreibt die Fremde nachdrücklich und energisch.

Diese Art der visuellen Kommunikation ähnelt der Kommunikation von Springspinnen oder Fruchtfliegen. Wie bei diesen gibt es bei den Gigantiops einen arttypischen ritualisierten Bewegungsablauf, an dem sich die Tiere als Artangehörige erkennen. Tiere, die sich einmal "begrüsst" haben, wissen offenbar, dass sie den Gegenüber bereits beschnuppert haben. Begegnen sich beide Tiere kurz darauf wieder, verzichten sie auf das Ritual und gehen ihren Geschäften nach. Begegnen sie nun einer weiteren Artangehörigen, kommt es mit dieser neuen, noch nicht Begrüßten jedoch wieder zu diesem Begrüßungsritual.

Es gibt also schon auf diesem Niveau **echtes** Lernen!

Bienen

Jetzt kommen wir zu den Bienchen und Blümchen (nicht, was Sie jetzt vielleicht denken). Die Erkenntnisse über die Ameisen sind relativ neu, aber dass Bienen ein ausgeklügeltes System haben, um miteinander zu kommunizieren, ist seit Jahrzehnten bekannt: Der Schwänzeltanz! Auch bei den Bienen ist es so, dass ein zunehmendes Alter dafür sorgt, dass unterschiedliche Aufgaben wahrgenommen werden. Alte Bienen, auf die der Stock auch ohne Probleme verzichten könnte, werden etwa zu Kundschafterinnen.

Bienen orientieren sich (sie können ja keine Pheromonspur in der Luft legen) am Sonnenstand und an den Gerüchen, die der Wind mit sich bringt (die Bienen können die Abdrift über Grund recht gut messen und wissen daher, aus welcher Richtung der Wind weht und wie stark); folglich können sie auch einer Geruchslandkarte folgen. Hat eine Kundschafterin eine Futterquelle entdeckt, dann fliegt sie zum Stock zurück und beginnt mit dem Schwänzeltanz. Die Richtung der Gravitation gibt hierbei den aktuellen Sonnenstand wieder und die Strecke, die schwänzelnd zurück gelegt wird, gibt folglich die Richtung und die Entfernung wieder. Zusätzlich werden ´Proben´ der Nahrungsquelle erbrochen und die Nestgenossinnen wissen, wo sie wonach suchen müssen. Ein paar Bienen fliegen los und kommen mit der gleichen Information zurück und machen gleichfalls ihren Tanz. Die Anzahl der Bienen, die die Futterquelle ausbeuten, wächst dann exponentiell.

Zudem ist bekannt, dass Bienen einfache geometrische Muster erfassen können, wobei sie auch die Farbe unterscheiden. Markiert man einen ergiebigen Futterplatz etwa mit einem roten und auf der Spitze stehendem Dreieck, dann dauert es nicht lange, bis rote auf der Spitze stehende Dreiecke sofort angeflogen werden, um dort nach Nahrung zu suchen.
(Auch Bienen lernen im Schlaf; http://www.swr.de/swr2/wissen/bienen-schlaf/-/id=661224/did=16692664/nid=661224/u1d58f/)

Die Grundlage dieser Art zu lernen ist, dass alle Beobachtungen vor dem Zeitpunkt des Fundes bewertet werden. Das Gehirn prüft, ob irgendetwas, was etwa in der letzten Minute wahrgenommen wurde, sich von dem unterscheidet, was man normalerweise so wahrnimmt. Ein rotes Dreieck mit Spitze nach unten hatte es noch nie vor dem Fund einer guten Futterquelle gegeben. Also wandert die Hypothese ins Gedächtnis, dass diese Art von Futterquelle in der Nähe von roten Dreiecken gefunden werden könnte (das ist mal wieder männliche Intuition meinerseits). Wenn dann noch so eine Futterquelle in der Nähe von einem roten Dreieck mit Spitze nach unten gefunden wird, wird diese Verknüpfung zur Gewissheit. Wenn diese Gewissheit allzu oft enttäuscht wird, dann entsorgt man sie halt wieder. Worauf ich hinaus will ist, dass dies eine riesige intellektuelle Leistung ist für so ein kleines Tier.

Grundlage des aktiven Lernens

Wieder kann man sich fragen, was das denn bitte mit Buddhismus zu tun hat. Die Antwort ist zweiteilig.

> 1. Alles, was aktiv gelernt wird, kann auch 'aktiv' wieder vergessen werden, folglich auch Erinnerungen, die uns belasten; ich komme später darauf zurück!

> 2. Schon hier haben wir den Vorläufer für die Überzeugung, dass alles eine Ursache-Wirkungs-Beziehung hat. Wenn rotes Dreieck, dann gutes Futter. Oder anders herum: Wenn du diese Art Futter suchst, dann achte auf rote Dreiecke!

Lernen bedeutet also in weiten Teilen, dass Hypothesen darüber aufgestellt werden, wie A und B zusammen hängen könnten. Das Wichtige an dieser Sache ist, dass sich unser eigenes Lernen zumindest im Prinzip nicht von dem Lernen der Bienen unterscheidet. Mal wieder schöne Grüße an Ihr Ego. Das, was das Ego für etwas besonderes hält, nämlich Unterscheidung und Schlussfolgerung, das können sogar normale Bienen. Krone der Schöpfung? Man darf zweifeln.

Man kann fast sicher sein, dass das echte Lernen mit der Nahrungssuche eines Tieres begann. Beim Herumstöbern wurde Nahrung gefunden, also macht es Sinn, sich den Ort einzuprägen. Wenn es das nächste mal auf Futtersuche ging, dann wurden alle Orte nacheinander besucht, wo man schon einmal erfolgreich war. Zeitgleich mit diesem Lernen wurde auch das Vergessen erfunden, denn wenn man einen Ort, der einmal für Futtererfolg stand, mehrfach aufsucht und dort keinen Erfolg mehr hat, dann geht man dort besser nicht mehr hin, denn das ist Verschwendung von Energie. Hier haben wir also die Stufe erreicht, ab der das genetische Lernen keinen Vorteil mehr bringt, denn je nachdem, wo sich das Tier aufhält, werden die Futterplätze andere sein. Aktives Lernen bringt jetzt den Erfolg! Diese Art zu lernen bringt einen deutlichen evolutionären Vorteil, weshalb sich Orientierungssinn und Gedächtnis immer weiter verbesserten.

Echtes Lernen und Umlernen

Die Natur hatte es also geschafft, genügend Hirn wachsen zu lassen, um überhaupt ein echtes Lernen zu ermöglichen und es gab mittlerweile eine hervorragend ausgeprägte Sensorik. Was lag also näher, als durch Beobachtung zu lernen? Wenn also Raubtierbabys ihren Eltern zusehen, wie sie Beute schlagen, dann haben sie zwar noch nicht die Fähigkeit erworben, das auch zu können, sie wissen aber ungefähr, wie es funktionieren sollte.

Es muss nicht alles selber ausprobiert werden, man bekommt eine Schablone geliefert. Der riesige Vorteil dieser Schablone ist, dass sie zu der jeweiligen Umgebung passt. Ein Eisbär wird also nie lernen müssen, wie man erfolgreich Pinguine jagen kann; wie man Robben jagt hingegen schon! Der langwierige Umweg über genetisches Lernen ist nicht mehr notwendig, das Lernprogramm kann sogar von Generation zu Generation und je nach Umgebung angepasst werden. Ein riesiger Vorteil!

Wie stark das Lernen uns und alle höheren Wirbeltiere durchdringt, machte ein Versuch klar, der vor etlichen Jahren mit jungen Katzen gemacht wurde. Nach der Geburt wurden sie in einer dunklen Umgebung gehalten, so als würden sie in einer Höhle großgezogen. Mehrmals am Tag nahm man sie dort heraus und setzte sie in eine Umgebung, die in schwarz und weiß gehalten war. Eine Gruppe der jungen Katzen setzte man für etwa eine halbe Stunde in eine Umgebung, in der es nur horizontale Streifen gab und die andere Gruppe hatte eine Umgebung mit lediglich vertikalen Streifen. Als man die fast ausgewachsenen Kätzchen später in eine natürliche Umgebung brachte, bekam man ein interessantes Ergebnis. Die Katzen, die in einer Umgebung groß geworden waren, wo es nur horizontale Streifen gab, konnten keine Bäume wahrnehmen. Die Katzen verhielten sich so, als wären diese komplett unsichtbar. Die andere Gruppe war völlig unfähig, eine Treppen hinauf oder hinunter zu gehen oder auf einen kleinen Karton zu klettern. Dies war der Beweis, dass höhere Wirbeltiere sogar das Sehen lernen müssen!

In die gleiche Kerbe geht eine andere Beobachtung. Manchmal wird bei neugeborenen Kindern festgestellt, dass eine Operation an einem der Augen notwendig ist. Früher führte man diese Operation durch, sobald dies medizinisch verantwortbar war. Nach der OP wurde das operierte Auge natürlich mit einer Augenklappe geschützt. Waren diese Babys erwachsen geworden, stellte sich bei ihnen heraus, dass sie absolut unfähig waren, räumlich zu sehen. Im Alter zwischen vier und sieben Monaten lernen Babys diese Fähigkeit und hier gilt ganz eindeutig: Was Hänschen nicht lernt, lernt Hans nimmer mehr! Ab etwa dem siebten Monat beginnen Babys Dinge zu erkennen und nach etwa einem Jahr beginnt das Benennen. Wenn sie in dieser Zeitspanne nicht das Unterscheiden gelernt haben, dann ist es zu spät! Der ganze Bereich unterliegt also mit extrem großer Sicherheit der reinen Biologie und ein unabhängiger Geist spielt bestenfalls die zweite Geige.

Lernen ist ein sehr viel umfangreicherer Vorgang, als man meistens meint. In diesem Absatz geht es um einen Mann, der 1906 geboren wurde und seit seinem zehnten Lebensmonat blind war. Als er 52 Jahre alt war, führte man eine Hornhautverpflanzung durch und er konnte wieder sehen. Er hatte trotz Blindheit als Schuster gearbeitet und eine der Maschinen, mit denen er gearbeitet hatte, diente dem Drehen / Herstellen von Schrauben. Seine Betreuer, die seine Lernversuche wissenschaftlich dokumentierten, hatten irgendwann die Idee, mit ihm in ein Maschinenmuseum zu gehen, wo exakt so eine Maschine stand, wie er sie benutzt hatte. Als er die Maschine betrachtete, hatte er keine Ahnung, was das sein könnte. Seine Betreuer baten den Museumswärter, die Glasvitrine zu öffnen und besorgten einen Stuhl. Der ehemals Blinde setzte sich und als er die Maschine mit seinen Händen berührte, schloss er die Augen und seine Hände glitten sehr zielstrebig über die Maschine. Nach einigen Momenten öffnete er wieder die Augen und sagte: „Jetzt, wo ich sie gefühlt habe, kann ich sie tatsächlich auch sehen!"

Wir bleiben noch kurz bei den Blinden. Vor einigen Jahren kam jemand auf die Idee, dass es für jemanden, der vollkommen blind ist, doch schon eine sehr große Hilfe sein müsste, seine Umgebung zumindest ganz grob wahrzunehmen. Man nahm eine Kamera und erzeugte ein recht grobes Pixelbild. Dann nahm man kleine Summer / Resonatoren und ordnete diese den einzelnen Pixeln zu. Wenn das Pixel sehr hell war, dann schwang der Resonator mit einer hohen Frequenz, war der Pixel eher schwarz, dann war die Frequenz niedrig. Diese Resonatoren befestigte man auf einer Gummimatte, die man einem blinden Probanden auf den Rücken schnallte; zusätzlich bekam er die Kamera auf die Stirn. Die Überraschung war groß, als die Probanden innerhalb weniger Stunden gelernt hatten, mit ihrem Rücken zu sehen. Das Gehirn hatte also gelernt, die Vibrationen auf dem Rücken zum Sehzentrum (jedenfalls sehr wahrscheinlich) zu leiten, das diese Informationen in ein 'Bild' umwandeln konnte. Das Gehirn ist also extrem lernfähig und wahnsinnig flexibel! Wie flexibel es ist, ergab sich aus den Aussagen der Patienten. Ab dem Augenblick, wo es mit dem ´Sehen´ klappte, fühlten sie die Vibrationen auf dem Rücken nicht mehr. Wie hat Geist das gemacht, so es ihn denn gibt?

Wie weit die Flexibilität geht, erforschte man auch mit Hilfe von Prismenbrillen (das war allerdings schon deutlich früher). Forscher setzten sie sich auf, und das Bild wurde um 90° oder gar um 180° verdreht oder gespiegelt. Die ersten Tage waren natürlich grausam, denn wenn sich der Fußboden etwa links von Ihnen befindet, dann sagt Ihr Gleichgewichtssinn, dass Sie gerade dabei sind abzustürzen. In weniger als einer Woche hatte das Gehirn schon gelernt, das Bild zurück zu drehen. Die Leute konnten wieder lesen (Augenbewegung bei 90° Drehung natürlich auf und ab) und sogar Motorrad fahren. Ich bin mir absolut sicher, dass unsere 'Signalverarbeitung' noch sehr viele Überraschungen für die Forschung hat.

Nach einigen Tagen wurde die 'verdrehte' Wirklichkeit wie die frühere unverdrehte Wirklichkeit wahrgenommen. Es gab einen sehr interessanten Effekt in Bezug darauf, wie sich die Gegenstände 'zurückdrehten'. Sah der Forscher etwa, wie eine Kerze angezündet wurde, dann 'sprang' diese für die Wahrnehmung sofort in die aufrechte Position, obwohl das Auge nur 'verdrehte' Informationen angeboten bekam und der Rest des Bildes auch verdreht blieb. Die Schlussfolgerung hieraus ist, dass die Informationen die vom Auge kommen (irgendwo) bearbeitet werden und unser 'Geist' nur die Interpretation dieser Bearbeitung betrachten kann. Wir können also nie sicher sein, ob das, was wir mit dem Geist / Verstand wahrnehmen auch nur entfernt das ist, was da draußen tatsächlich vorhanden ist.

Traumkörper (nicht spirituell)

Themenwechsel! Für die folgende Behauptung habe ich keinen Beweis, sie ist aber plausibel (werde ich tibetisch?). Ich behaupte, dass unser gesamter Körper in mindestens zwei verschiedenen Modi arbeiten kann: Wach und aktiviert oder schlafend und dann oft in einem Simulationsmodus. Der Unterschied ist ein Schalter im Nervensystem mit zwei Zuständen. Im einen Modus steht er so, dass die Impulse der Nerven in voller Höhe zu den Muskeln gehen; das ist der Wachmodus. Im anderen Modus werden diese Impulse so stark abschwächt, dass die Muskeln bestenfalls leicht zucken; zugleich werden die Impulse von den Nerven in / an / bei den Muskeln zusätzlich verstärkt. Obwohl die Muskeln nur ganz leicht zucken, ist die Rückmeldung so, als hätte die Bewegung komplett stattgefunden. Jetzt kommt noch ein Kopfkino hinzu, das simulierte Bilder liefert.

Wir nehmen uns ein Löwenbaby, das zusah, wie seine Mutter eine Antilope geschlagen hat. Die Erinnerung wird nachts im Kopfkino sooft abgespielt bis das Löwenbaby seinen simulierten Körper so bewegt, bis es genau die gleichen Bewegungen machen würde, wie seine Mutter sie machte (es wird also die Rückkopplung von Bewegungsimpuls zu erinnerter Bewegungswahrnehmung aktiv verglichen). Das Kopfkino ist auch noch intelligent, denn es kann den Film (interaktives Kino!) beliebig variieren und immer und immer wieder abspielen, bis der Chefvorführer sagt: „Ok, die Szene ist komplett abgearbeitet, wir können abbrechen, hier gibt es nichts mehr zu lernen!"

So eine Simulation in einer Simulation wäre also nicht mehr normales Lernen, es wäre ein absolut effizientes Trainingslager. Natürlich hat man einen gewissen Energieverbrauch für die Gehirnaktivität, aber alle diese Versuche in der Realität zu machen (falls das überhaupt möglich wäre) hätte sehr viel mehr Energie gekostet.

Wenn Sie einmal gesehen haben, wie ein Hund träumt (ich kann nicht beweisen, dass er es tatsächlich macht, aber jeder Hundebesitzer wird ihnen versichern, dass diese Annahme sehr plausibel ist), kann es eigentlich keinen Zweifel geben. Die Pfoten zucken, als würde der Hund gerade träumen, dass er mit voller Geschwindigkeit etwas jagt und ab und an gibt es ein stark gedämpftes Wuff. Da läuft Kopfkino! Aber nicht wegen des Unterhaltungswerts, sondern als Trainingslager! Vielleicht sollten Sie mal Ihre eigenen Träume etwas anders betrachten!

Manche Leute können sich sehr lebhaft an ihre Träume erinnern (ich vermute, dass es sich dabei nicht um alle Träume handelt, sondern nur die vom frühen Morgen, kurz vor dem Aufwachen) und andere bemerken nur, dass sie träumen, wenn sie nachts aus einem Alptraum aufschrecken. Wenn es nicht jedes mal der gleiche / ähnliche Alptraum ist, werden die meisten auch diesen Traum vergessen haben, wenn sie morgens vom Wecker aus dem Schlaf gerissen werden.

Gerade bei Alpträumen bekommt man Herzrasen und man schwitzt, der ganze Körper träumt mit. Und diese Chance für Erkenntnisgewinn soll die Evolution nicht genutzt haben? Nicht sehr wahrscheinlich! Träume dienen also dem Lernen und nicht der Unterhaltung! Und dieses Lernen bezieht sich sowohl auf das jeweilige soziale Umfeld, als auch auf Bewegungsabläufe. Ich kann es mal wieder nicht beweisen, aber es wäre absurd, wenn die Evolution diese Chance nicht genutzt hätte und es gibt starke Hinweise (siehe sofort), dass diese Chance nicht ausgelassen wurde.

Botox und Mitgefühl

Botox ist ein Nervengift, das seit gut 20 Jahren in der Schönheitschirurgie verwendet wird. Wenn also beispielsweise eine Frau ständig missmutig mit einer Zornesfalte herumläuft, dann hinterlässt das natürlich Spuren in der Haut und auch wenn die Frau mal nicht zornig ist, dann sieht sie immer noch zornig aus (gilt genauso für Männer, nur die lassen sich seltener Botox spritzen). Wird jetzt Botox in den Muskel gespritzt, dann wird der Muskel für etliche Monate gelähmt und die Zornesfalte verschwindet.

Jetzt kommen wir zu einem Seiteneffekt, der eigentlich durch Zufall (mal wieder) entdeckt wurde. Jemand, bei dem Gesichtsmuskeln über Botox lahm gelegt wurden, konnte die Emotionen anderer Menschen nicht mehr richtig / so gut wahrnehmen. Lähmt Botox die Seele?

Anthropologen haben weltweit Untersuchungen gemacht, um heraus zu finden, welche Gefühle von verschiedenen Volksgruppen auf Fotos richtig erkannt wurden. Das eigentlich überraschende Ergebnis war, dass alle Menschen die Emotionen anderer, auch wenn die völlig anderen Volksgruppen angehören, richtig interpretieren. Das Gesicht eines Italieners, der sich vor etwas ekelt, zeigt so typische Veränderungen, dass der Ekel auch von Inuit oder Chinesen erkannt wird. Der Mensch hat also einen Satz an Emotionen und dieser ist anscheinend genetisch erlernt.

Bisher war man der Meinung, dass man die Gefühle anderer Menschen direkt optisch encodiert, doch dann könnte Botox keinen Einfluss auf die Emotionswahrnehmung haben, denn es wird ja nicht ins Auge oder das Gehirn gespritzt. Wir greifen auf die Idee mit dem gehirninternen Trainingscenter zurück.

Nehmen wir mal an, die Emotionswahrnehmung funktioniert über das, was wir in einem 'Trainingscenter' gelernt haben. Im Laufe unserer Kindheit haben wir alle Emotionen irgendwann erlebt; wir sind traurig oder wütend gewesen, wir haben uns gefreut, es waren alle Emotionen mit dabei. Folglich wissen wir, welche Muskeln wie stark angespannt werden müssen, um die entsprechende Emotion darzustellen, denn wir lernten die Rückmeldungen der Nerven.

Wenn wir jetzt die Emotion eines anderen Menschen wahrnehmen, dann schalten wir in den Simulationsmodus, wobei dieser auch der eigenen Emotionsdarstellung überlagert sein wird. Jetzt verändern unsere Gesichtsmuskel unser Aussehen minimal in die Richtung des Aussehens der Person, deren Emotion wir erfassen wollen. Hierzu wird die Rückmeldung der Gesichtsmuskeln deutlich verstärkt.

Als Ergebnis bekommen wir ein Muskel-Anspannungsprofil und erhalten nach wenigen Verarbeitungsschritten das Gefühl oder das Gefühlsgemisch (man kann ja zur gleichen Zeit etwa Ekel und Angst empfinden) als Ergebnis geliefert. Wir verfügen also, was das Erkennen von Emotionen anbelangt, über einen biomechanischen Rechner.

Es könnte natürlich auch andere Erklärungsmöglichkeiten geben. In den Naturwissenschaft wird oftmals der Ausdruck „Ockhams Rasiermesser" benutzt. Ockham lebte von 1288 bis 1347 und stellte folgende These in den Raum: Wenn es mehrere gleichwertige Möglichkeiten gibt etwas zu erklären, dann sollte man sich für die simpelste Erklärung entscheiden. Simpel bedeutet, möglichst wenige Grundvoraussetzungen und möglichst wenige Variablen. Alle anderen Vorstellungen werden dann von diesem Rasiermesser abgeschnitten. Die Anwendung dieses Rasiermessers führt uns also zu der Annahme, dass dies die einfachste mögliche Erklärung ist.

Die Mimik hat sich heraus gebildet, weil sie einen erheblichen evolutionären Vorteil lieferte, sie kann sich aber nur im Gleichschritt mit der Erkennung der Mimik entwickelt haben, weil sonst macht sie keinen Sinn. Die Muskeln für die Erzeugung der Mimik waren vorhanden und die Nerven zur Überwachung der Muskeln muss es auch gegeben haben. Ein Nachmachen der Mimik ist viel einfacher, als eine optische Auswertung, hat allerdings den Nachteil, dass es zu Missverständnissen kommen kann (wenn man jemanden sieht, der wütend ist und zum Erkennen der Emotion selber wütend aussieht, dann kann das schon Komplikationen hervor rufen). Also wird das gemacht, was die Evolution schon beim internen Trainingscenter gemacht hatte: Muskeltonus runter und Rückmeldung der Nerven rauf. Problem gelöst. Einen guten weiterführenden Artikel finden Sie hier: http://www.heise.de/tp/artikel/49/49482/1.html

Ende 2016 wurde berichtet, dass es Volksgruppen gibt, die von dieser ´Regel´ abweichen; es liegt noch zu wenig Information vor, um etwa Aussagen darüber machen zu können, ob hier ein aktives Umlernen stattfindet oder ein anderer Zweig des genetischen Lernens erkennbar wird.

Sprache

Wir hatten ja schon gesehen, dass grundsätzlich die Fähigkeit zu lernen einen gigantischen Vorteil in der Evolution bewirkt hatte. Der nächste riesige Vorteil ergab sich dann daraus, dass es möglich wurde, durch die Beobachtung anderer Individuen zu lernen; man sieht sich an, was sie machen, entscheidet, ob das Ergebnis erstrebenswert ist, und versucht dieses Verhalten zu imitieren. In der nächsten Stufe hatten wir das interne Trainingslager; man simuliert mögliche Verhaltensweisen mental / körperlich und sucht durch Vorwärts- und Rückwärts-Gehen in der Simulation zu optimierten Ergebnissen zu kommen. Das sind jetzt nicht nur bloße Vermutungen von mir. In wenigen Seiten kommen wir zu Berichten darüber, wie dies tatsächlich in der Informatik umgesetzt wurde und ich kann mir nicht vorstellen, dass derartig 'einfache' Methoden von der Evolution übersehen wurden.

Diese Strategien führen schon für sich zu erstaunlich effektiven Lernerfolgen, der Nachteil ist nur, man muss jemanden dabei beobachten können, wie er etwas macht. Man hat etwa bei Orcas beobachtet, dass ein Elternteil vorsätzlich so unter einer Eisscholle, auf der eine Robbe lag, hindurch schwamm, sodass die eigene Bugwelle die Scholle zum Kippen brachte und die Robbe ins Wasser fiel. Dann nahm der Orca die Robbe ins Maul und schmiss sie wieder auf die Scholle und Junior war dran. Das Lernen durch beobachten war vielleicht anfangs durch Zufall gesteuert, später war es das ganz sicher nicht mehr. Eltern und Verwandte bringen den Kindern gezielt bei, was sie alles wissen müssen.

Tiere, die einzeln leben, brauchen im Allgemeinen keine Kommunikation. Anders sieht es aus, wenn Tiere in Gruppen, also Schwärmen, Herden oder Rudeln leben. Ein ganzes Wolfsrudel kann Beute angreifen, bei der ein einzelner Wolf überhaupt keine Chance haben würde. Lernen durch Nachmachen reicht hier nicht mehr aus. Es muss Signalisierungen zwischen den Individuen geben.

Wir fangen mal mit ganz einfacher Kommunikation in dieser Richtung an. Hunde, die auf irgend etwas stoßen, das sie für interessant halten, heben den Schwanz an und es kommt zu mehr oder weniger intensivem Wedeln. Wedeln heißt nicht unbedingt, dass der Hund freundlich eingestellt ist oder sich über etwas freut, sondern er hat etwas gefunden, was ihn sehr interessiert. Wenn er etwa versucht, eine Wühlmaus aus ihrem Bau auszugraben, dann ist die Rute oben und wedelt, obwohl der Hund Mordgedanken hegt.

Wenn sich zwei Hunde begegnen, die sich kennen, dann gibt es ein schwaches Schwanzwedeln, wenn angezeigt werden soll, dass man den andren erkannt hat und grüßt. Wenn der andere Hund einer ist, mit dem man gerne zusammen spielt, dann wird das Wedeln sehr viel heftiger sein, denn es ist dann das Zeichen: Komm, lass uns toben!

Angenommen ein Hund A sieht einen anderen Hund B über eine Wiese laufen, Rute hoch gestreckt und von den Bewegungen her sehr konzentriert, dann weiß Hund A sofort, dass Hund B etwas verfolgt, das spannend sein könnte. Also ist die Wahrscheinlichkeit sehr hoch, dass er sich seinem Kumpel (falls sie zum gleichen Rudel gehören) anschließt, um am Spaß teilzuhaben.

Sieht Hund A jedoch den Hund B über die Wiese flitzen und der Schwanz ist zwischen den Hinterbeinen eingeklappt, dann weiß Hund A, dass Hund B vor irgendetwas flieht. Also ist klar, dass er sich besser nicht dort hin begibt, denn dort könnte Gefahr lauern. Wenn Hund B auch noch Paniklaute von sich gibt, dann weiß Hund A, dass es ganz sicher das Klügste ist, sich auch selber ganz schnell vom Acker zu machen.

Hier befinden wir uns noch im Grenzgebiet zwischen aktivem Lernen und genetischem Lernen. Sehr viele Hunde verstehen beispielsweise die zeigende Geste eines Menschen richtig (dort ist das Futter!). Wölfe, Affen und sogar Menschenaffen können mit dieser Geste hingegen überhaupt nichts anfangen. Es liegt also nahe zu vermuten, dass bei der Zucht die Hunde bevorzugt wurden, die das beste Einfühlungsvermögen in ihre Menschen hatten. Es wurde also so lange gemendelt, bis die Hunde automatisch wussten, was mit einer zeigenden Geste gemeint ist.

Wenn es allerdings anfängt, dass die Signale nicht vererbt, sondern aktiv gelernt werden, kommen wir mal wieder in einen spannenden Bereich. Beim Jagen in der Gruppe wird nicht nur angewendet, was man per Beobachtung gelernt hat, sondern es werden auch aktiv Signale gelernt, die dazu dienen, sich auf die aktuelle Jagdsituation einzustellen.

Einschub: Man weiß von Walen und Delphinen, dass sie eine recht umfangreiche Kommunikation haben. Delphine haben sogar ´Namen´, was sehr wahrscheinlich folgenden Grund hat. Delphine orten ihre Beute per Echolot und können daher sogar in völlig trübem Wasser jagen. Sie senden eine Tonfolge aus und warten auf das Echo; aus der verstrichenen Zeit, der Richtung, der Signalstärke und unterschiedlichen Abschwächungen verschiedener Frequenzen kann der Delphin dann berechnen, wo sich die Beute befindet und was es wahrscheinlich ist. Wenn alle Delphine mit der gleichen Klangfolge arbeiten würden, dann wäre eine Jagd im Rudel absolut unmöglich. Wenn aber jeder Delphin ein anderes Ortungssignal verwendet, dann kann man auch fremde Signale auswerten und die Ortung wird sehr viel besser / einfacher / genauer. Es wird sogar möglich, nur mit den Echosignalen der anderen Delphine zu jagen, man warnt also die Beute nicht vor dem geplanten Angriff. Mal wieder keine Lehrmeinung, sondern meine.

Auch die kognitiven Fähigkeiten von Hunden sind viel ausgeprägter, als man bis vor wenigen Jahren dachte. In einem Artikel wird ein Hund vorgestellt, der die Namen von über 200 Stofftieren kennt und sie auf ein Kommando hin etwa aus einem Nebenzimmer holen kann. Und er hatte eine ganz besondere Fähigkeit. Es wurde zu der Stofftiersammlung eine Giraffe hinzu gelegt und die kannte er noch nicht. Dann ging er auf das Kommando „Hol′ die Giraffe!" ins Nebenzimmer und schaute sich alle Spielzeuge nacheinander an und kam dann mit der Giraffe zurück. Er hatte geschlussfolgert, dass das Wort, das er nicht kannte, zu dem Kuscheltier gehören müsse, das er auch nicht kannte. Diese Versuche fanden unter wissenschaftlicher Aufsicht statt.
http://www.spiegel.de/wissenschaft/mensch/tierische-intelligenz-hund-rico-lernt-wie-ein-kind-a-303532.html
Ende Einschub.

Jungtiere lernen, dass bestimmte Signallaute eine bestimmte Bedeutung haben (von diesem Wissen ist also nichts im Erbgut fixiert) und es wird aktiv gelernt. Aus der Biologie ist bekannt, dass verschiedene Horden / Gruppierungen durchaus ihre eigenen Idiome habe. Es wird also von den Elterntieren an die Jungtiere weiter gegeben, welche Laute verwendet werden und welche Bedeutung sie haben. Dieses Konzept war, zumindest beim Menschen und seinen Vorgängern, derartig erfolgreich, dass sich eine Sprache bildete, mit der man sogar abstrakte Sachverhalte weitergeben konnte.

Wann und wie das geschah, davon hat man weitgehend überhaupt keine Ahnung. Was man genau weiß ist, dass vom Schwänzeltanz der Biene bis zu unseren aktuellen Sprachen, es bei jeder Weiterentwicklung der Sprachfähigkeit auch zu einem evolutionären Vorteil gekommen sein muss (wäre es anders, dann könnten Sie das hier jetzt nicht lesen).

Kleiner Exkurs mit einem alten Hund (sein Problem wurde beim Hundeprofi Rütter im Fernsehen gezeigt). Zur Küche des Hauses kam man entweder durch den Haupteingang und den Flur oder durch einen Nebeneingang und den Schuppen. In den Flur ging der Hund problemlos, aber er ging von dort aus nicht in die Küche, da konnte gerufen und gelockt werden, er ging da nicht rein. Wenn er durch den Schuppen in die Küche gekommen war, dann ging er auch ohne Probleme durch die Küche in den Flur, aber nicht zurück. Der Hundeprofi meinte, wahrscheinlich wäre es mal passiert, als der Hund vom Flur aus in die Küche ging und ihm plötzlich irgendetwas weh getan hatte. Sofort war die Verbindung da: Vom Flur in die Küche gehen bedeutet Schmerzen und das muss ich mir nicht antun! Lernen kann also auch ziemlich fehlerhaft sein, wenn die Ursache-Wirkung-Beziehung keine echte, sondern nur eine vermeintliche ist.

Das Verhalten dieses Hundes beruhte auf seiner eigenen sehr individuellen Erfahrung. Wenn man aber Sprache hat, dann kann so eine Erfahrung von Mund zu Ohr weiter gegeben werden. Wenn also Eltern in der Savanne ihren Kindern beibringen, wie sie sich in verschiedenen Situationen verhalten müssen, dann ist es bei Vorhandensein von Sprache nicht mehr notwendig, dass man sich in entsprechende Situationen begibt. Man kann gefahrlos einfach davon erzählen.

Jetzt ist es so, dass das episodische Gedächtnis beim Menschen zumindest im Prinzip sehr gut ausgeprägt ist. Man kann sich extrem gut merken, was nacheinander geschah oder was nacheinander gesagt wurde (als die Fähigkeit zu lesen und zu schreiben noch nicht sehr verbreitet war, konnte ein Kirchgänger anschließend noch Wort für Wort die gesamte Predigt wiedergeben). Eine der ältesten Kulturen auf dieser Erde, die Aborigines in Australien, haben ganze Landkarten des Landes in Gesängen festgehalten. Ein Kind ´erbt´ in seiner Jugend einen Streckenabschnitt und ist dafür verantwortlich, dass dieser Abschnitt nicht in Vergessenheit gerät. Wenn man diese Gesänge (und somit die Landkarte) kannte, dann konnte man sich kreuz und quer durch Australien bewegen. Sicherlich ein extremer Vorteil, wenn man beim Wandern weiß, wo und wie man die nächste Wasserstelle finden kann!

Der Vorteil, in vielen Generationen zuvor gesammelte Erfahrungen direkt weiter zu geben, war enorm. Für ein Kind gab es überhaupt keinen Grund anzunehmen, dass irgendeine überlieferte Information nicht absolut korrekt und hilfreich sei. In den meisten Fällen war das sicherlich auch richtig, aber es war auf der anderen Seite auch der Beginn von Aberglaube.

Wenn jemand Erlebnisse hatte, die er sich nicht erklären konnte (dafür brauchte ich eben den alten Hund), dann waren eben Götter, Dämonen, Elfen und was es da sonst noch so gibt für die Ereignisse verantwortlich. Das Problem hierbei war nur, dass diese Erzählungen nicht hinterfragt wurden, weil sie nicht hinterfragt werden konnten! Es entstanden Heldenepen und Göttersagen und es ist ganz natürlich, dass man als kleines Kind seinen Eltern und den Stammesangehörigen Glauben schenkt, denn woher sollte man sonst überlebenswichtige Informationen bekommen?

Spätestens mit den alten Griechen kam etwas neues in die Debatten, das sich Ratio nennt, letztlich also das logische Denken. Ich sage es jetzt mal völlig platt, es ging um die Frage: „Kann das denn so sein?" Es wurde nicht mehr alles geglaubt (oftmals jedoch schon), was jemand als wahr behauptete, sondern man fing an zu prüfen, ob es eine Ursache / Wirkungs-Beziehung gab. Ich weiß nicht, wie es mit der Sprache vorher genau aussah, aber jetzt war sie so weit entwickelt, dass sich auch komplizierte Sachverhalte mit ihr ausdrücken ließen und auch ausgiebige Streitgespräche möglich wurden.

Die Sprache, zusammen mit der nun eingeführten Logik, war ganz sicher eine Idee, die unser heutiges Leben immer noch sehr stark prägt. Gedanken wurden kommuniziert und auch (heftig) diskutiert. An exakt dieser Stelle wurde ein Fehler angelegt, mit dem wir auch heutzutage noch zu kämpfen haben. Da mit Hilfe der Sprache diskutiert wurde, wurde angenommen, dass die Sprache die Krönung der Denkarbeit ist. Sie ist es aber nicht!

Ich habe mal wieder keine belastbaren Belege dafür, dass meine Meinung korrekt ist, ich kann es aber wieder ziemlich plausibel machen. Während ein paar hundert Millionen Jahren lebten alle Tiere so vor sich hin und machten ihre Entscheidungen, wodurch sie als Rasse oder Art überlebten. Bei Rudeln oder Schwärmen ergab sich dann eine zumindest rudimentäre Kommunikation. Lassen Sie uns annehmen, dass es vor 10 Millionen Jahren die ersten Ansätze zu echter Sprache gab. Die Folgerung wäre, dass alles Leben 690 Millionen Jahre völlig problemlos ohne jede Sprache zurecht kam und die Tiere trotzdem für ihr Überleben sorgen konnten.

Der Ansatz der Linguisten (natürlich wollen die sich wichtig machen), dass die Sprache unser ganzes Denken beherrscht, kann also nur falsch sein. Alles, was Entscheidungen trifft (siehe Decretum und Störgefühle), war vorher schon da und hat ganz sicher nicht die Zügel aus der Hand gegeben. Der 'Logos', also der logisch denkende Geist, war nie Herrscher, sondern bestenfalls Berater. Da das Ego alles, aber auch wirklich alles, für sein Produktplacement nutzt, wurde also das logische Denkvermögen als erstrebenswerte Genvariante dargestellt (da man anderen argumentativ deutlich überlegen war, konnte man also auch alle anderen davon überzeugen, dass das Sprachvermögen Überlebensvorteile bringt; wir haben ja schon gesehen, dass Lügen bei der Genweitergabe völlig normal sind).

Andererseits ist Kommunikation extrem wichtig! Also beginnen wir in frühester Jugend, uns mit Worten mitzuteilen. Wenn ein Baby „Gaga Brrr" sagt, dann ist ihm völlig klar, was es damit meint. Nur der ganze Rest der Welt weiß es nicht! Das Baby erwartet natürlich eine passende Reaktion auf seine Worte, wird aber sehr wahrscheinlich enttäuscht. Das intensive Gefühl, dass 'verbale' Kommunikation möglich sein sollte, ist vorhanden, also kann es nur daran liegen, dass man die falschen Worte / Laute benutzt hat, denn sonst wäre man sicherlich verstanden worden.

Da man über Sprache / Kommunikation fast alles sehr viel leichter bekommen kann, als über andere Wege, wird Sprache ein zentraler Faktor im Leben (wenn einem für die Kommunikation nur Schreien, Weinen und Lächeln zur Verfügung stehen, dann ist man ziemlich eingeschränkt; wenn man sagen kann „Hunger!", dann wird das Leben sehr viel einfacher). Deshalb wurde mal wieder ein Simulator entwickelt (und schon wieder habe ich keine Beweise, aber wenn es schon einen Simulator als Trainingslager für Bewegung und für das Erkennen von Emotionen gibt, dann ist es doch wahrscheinlich, dass dieses Konzept auch anderweitig eingesetzt wurde und wird), in dem ausprobiert werden kann, wie man sich äußern muss, damit man verstanden wird (diskursives Denken!).

Man hat eine Idee und formuliert sie sprachlich; dann tut man so, als hätte man diese Aussage gerade eben das erste mal gehört und prüft, ob man sie eindeutig verstanden hätte. Wenn man es nicht verstanden hätte, dann muss die Aussage also umgebaut werden (wir sind also wieder bei dem unangenehmen Gespräch mit unserem Chef!). Vorwärts und rückwärts durch alle Möglichkeiten, bis man das (aktuell erreichbare) Optimum gefunden hat. Wenn Sie schon einmal einem Zehnjährigen zugehört haben, wenn er erzählt, was in einem Zeichentrickfilm passierte, dann wissen Sie, dass es für ihn emotional sehr intensiv war, aber Sie haben überhaupt keine Ahnung, um was es eigentlich ging, denn Ihnen fehlt das (visuelle) Wissen was „Tak, Tak, Tak, Batsch, Hui!" bedeuten. Durch gefühlt unendlich viele „Langsam und in einem ganzen Satz!"-Mitteilungen bessert sich die Kommunikation über die Jahre.

Zur Bildung von Aussagen wird unter anderem eine Bibliothek mit Phrasen benutzt, etwa Aussagen von anderen Personen, die etwas wichtiges aussagten und die man sofort verstanden hatte. Zusätzlich wird man auch Satzschablonen haben, in die man nur noch die richtigen Worte einsetzen muss. Das Problem bei der Sache ist, dass Sprache nicht sauber am Reißbrett entwickelt wurde, sondern sich im Laufe der Jahrtausenden entwickelt hat. Es werden neue Worte und Konzepte in die Sprache eingebaut, etwa unterschiedliche Verbformen für Vergangenheit, Gegenwart und Zukunft; wenn man sich etwa die deutsche Sprache ansieht, dann stellt man fest, dass selten genutzte Verben alle regelmäßig sind und je häufiger sie genutzt werden, um so häufiger sind sie unregelmäßig (im Englischen gilt das übrigens auch).

Es gibt für manche Dinge mehrere Worte (Synonyme) und manche Worte stehen für mehrere Dinge. Nehmen wir als Beispiel mal das Wort Geist.

Aufgrund des Kontextes, in dem wir uns gerade befinden, wird ihnen wahrscheinlich sofort das (fast) Synonym Seele einfallen, es könnte aber auch ein Gespenst gemeint sein oder Alkohol (Spirituose = geistreiches Getränk). Soweit ich weiß, kann man in jeder Sprache die Reihenfolge von Worten ändern, insbesondere dann, wenn sie besonders betont werden sollen. Zusätzlich ist es auch noch möglich, mit Wortbedeutungen zu spielen und doppelsinnige Botschaften zu formulieren (etwa durch Ironie oder Sarkasmus; Kinder können diese nicht erkennen / unterscheiden, man muss diese Unterscheidung also aktiv irgendwann erlernen; das beginnt mit rund zehn Jahren, aber viele haben es auch mit 30 Jahren noch nicht begriffen).

Mit anderen Worten, Sprache ist ganz schön schwierig. Wir denken nicht mit Hilfe der Sprache, sondern wir plappern alles nach, was wir denken, um Sprache weiterhin aktiv zu lernen. Man weiß aus den Kampfkünsten, dass man nur dann wirklich effektiv kämpfen kann, wenn der Geist leer ist, der Geist also nicht plappert; am Ergebnis sieht man, dass man jedoch durchaus und sehr zielgerichtet gedacht hat. Eine Bestätigung meiner Vermutung, dass die Sprache nicht die Krone des Denkens trägt.

Ein nicht ganz unwesentlicher Teil unseres diskursiven Denkens ist also die Frage: „Was hätte ich anders formulieren sollen, damit ich verstanden worden wäre?" Diese Frage ist alles andere als trivial. Da dieses Konstruieren von Argumentationen sehr viel Energie verbraucht und man praktisch den ganzen Tag mit diesem inneren Ausprobieren verbringt, ist es kein Wunder, wenn man abends erschöpft ist. Unser Sprachzentrum hat den ganzen Tag lang Schwerstarbeit geleistet, denn Kommunikation ist viel zu wichtig, um unnötige Missverständnisse aufkommen zu lassen.

Das war jetzt mal wieder ein längerer Umweg und ich komme zum Buddhismus zurück. Für einen Buddha macht es nur dann Sinn sich zu manifestieren, wenn es eine ausgeklügelte Sprache gibt, mit deren Hilfe man unterschiedliche Konzepte darlegen kann. Wenn es in einer sprachlosen Zeit einen Buddha geben sollte, er könnte nicht lehren, denn niemand könnte ihn verstehen, nicht einmal ansatzweise! Völlig ausgeschlossen! Da ein Buddha nur erscheint, wenn er von Nutzen ist, wird er in einer Welt ohne Sprache keine Wiedergeburt annehmen.

Es ist zwar das Ziel des Buddhismus über Konzepte hinaus zu gehen, das Problem ist nur, man muss mit Konzepten anfangen, denn man muss die Konzepte, die einem die Evolution mitgegeben hat, zunächst durch andere Konzepte (etwa Mitgefühl) ersetzen. Alles das geht ohne Sprache nicht. Völlig unmöglich!

Anschließend versucht man dann, seine Erkenntnisse per Meditation vom Hirn ins Herz wandern zu lassen (ein Wortbild, das ich bei Ole geklaut habe). Irgendetwas logisch zu verstehen, bringt fast nichts, wenn es nicht auch vom (Bauch-) Gefühl verstanden und angenommen wird. Nur wenn das Ego einen guten Grund sieht, warum alte und hinderliche Konzepte gelöscht werden sollten, wird es diese Arbeit auch erledigen.

Bei einem der Vorträge von Ole fragte mal eine junge Frau, was sie machen könne, denn sie würde sehr stark unter ihren Störgefühlen und alten Erinnerungen leiden. „Stell dir einfach mal vor, man könnte Erinnerungen und Gefühle verkaufen. Dann gehst du herum und versuchst sie an Familienmitglieder, Freunde oder Bekannte zu verhökern; irgendwann merkst du, dass niemand sie haben will. In der Situation wird dann die Frage auftauchen, warum du unbedingt etwas behalten willst, was niemand sonst haben will. Dann betrachtest du nacheinander die Konzepte, Störgefühle und Erinnerungen und wirfst einfach eine nach der anderen weg."

Das ist genau die Schiene, auf die wir unser Ego locken. „Hey, Chefverkäufer, was macht denn dieses ganze Gerümpel hier? So sieht doch wohl kein anständiger Verkaufsraum aus!" Da das Ego merkt, dass man mit diesem Argument irgendwie recht hat, macht es sich (widerstrebend) an die Arbeit.

Ein Rinpoche im KIBI erzählte mal, dass er einen muslimischen Freund habe und dieser hatte das Gelübde abgelegt, nicht mehr zu lügen. Nach ein paar Wochen fragte er seinen Freund: „Mein Lieber, was ist los mit dir, du lügst ja jetzt noch viel mehr als je zuvor!" „Gib mir bitte mehr Zeit. Etwas zu wollen und es auch zu können, das sind leider sehr verschiedene Dinge."

Auch das Ego benötigt eine ganze Weile; es ist wie in diesem Shanty (bitte Hamburg durch Befreiung ersetzen):

> *Wir hatten keine Segel, wir hissten einen Sack,*
> *Und alle Welt bestaunte uns mit ihrem klugen Schnack.*
> *Man das ging langsam voran, wir kamen trotzdem voran,*
> *Ein Hurra für die Reise, komm' wir erst in Hamburg an.*

Genauso ist es mit allem, was wir aktiv erlernen. Wir müssen es immer und immer wieder überprüfen, bis wir absolut sicher sind, keine falschen Konzepte mehr zu haben (oder zumindest die schlimmsten falschen Konzepte los sind) und das dauert jede Menge Zeit. Wenn wir das erreicht haben, dann kann positives Handeln anfangen in unser Aktionen einzufließen. Alles andere ist Schauspielkunst (also Ego-Spiele). Es geht nämlich nicht darum, als guter Mensch zu erscheinen, sondern darum, ein guter Mensch zu sein, völlig egal, was andere über einen denken. Und dieser Ansatz hat nichts aber auch überhaupt nichts mit Moral zu tun. Im Buddhismus geht es nicht um Moral, sondern darum, nützlich zu sein. Das Ergebnis ist oftmals ähnlich, nur die jeweilige Grundlage ist es nicht. Bei Moral glaubt man, etwas Richtiges zu machen, im Buddhismus macht man es, weil man erkannt hat, dass es das Sinnvollste für alle ist. Also kein Glaube, sondern Wissen.

Die Idee, dass wir den ganzen Aufwand mit der Denkarbeit und dem Meditieren ja nur für alle anderen machen, ist nur eine Krücke auf dem Weg (wie soll sich das Ego sonst gestreichelt fühlen?). Eigentlich machen wir es für uns selbst, doch das klappt nur, wenn wir nicht alle anderen aus unserem Herzen aussperren. Mal wieder ein nettes buddhistisches Paradoxon: Wenn du nur an dich selbst denkst, dann kommst du nicht weiter. Wenn du zum Vorteil anderer arbeitest, dann beschleunigt Dich das mehr, als Dir (es deinem Ego) lieb ist! Normalerweise würde man sagen „Welt verkehrt!", aber es ist „Welt absolut richtig, weil anders kann es gar nicht sein!".

Wenn Ihr Ego sagt „Man bloß keine unspanische Hast!", dann hat es sehr gute Gründe, denn es hat unser ganzes Leben lang an seinen Verkaufsplänen gearbeitet und wird mit Zähnen und Klauen seine Arbeit verteidigen wollen. Folglich sind alle Methoden, die sehr schnell zum Erfolg führen, sehr gefährlich, denn das Ego könnte sagen: „Lieber in den Wahnsinn gehen, als entmachtet werden!" Also nimmt man besser Methoden, die so sanft sind, dass das Ego nicht in Panik gerät. Das sind die Methoden, die Sie in jedem buddhistischen Zentrum völlig frei von jeder Verpflichtung und absolut kostenfrei bekommen können (wenn Sie zwei Jahre lang regelmäßig zum Meditieren kommen, könnte es allerdings schon sein, dass jemand Sie fragt, ob Sie nicht endlich mal Vereinsmitglied werden wollen)!

Das Auge und der Sehsinn

Ich entführe Sie jetzt ein wenig in das Reich der Sinne, zeige Ihnen aber nur einen winzigen Ausschnitt, denn ich will Sie nicht überlasten oder gar langweilen. Deshalb lasse ich die vielen verschiedenen Interpretationen weitgehend weg, sondern konfrontiere Sie nur mit den Fakten, die allgemein und weitgehend akzeptiert sind (das stimmt nicht ganz, denn ich werde natürlich meinen Senf dazu geben).

Um völlig sicher zu sein, welche beobachtbaren Effekte eindeutig eine biologische Grundlage haben (man also keinen davon unabhängigen Geist postulieren muss, aber könnte), habe ich mich monatelang lang mit Neuropsychologie und Wahrnehmungspsychologie beschäftigt (das waren immer Uni-Lehrbücher mit etlichen hundert Seiten und kleiner Schrift). Es gibt eigentlich zu jedem Thema jede Menge verschiedene Lehrmeinungen, denn in der Wissenschaft wird jede Theorie so lange als möglicherweise wahr angesehen, bis sie eindeutig widerlegt wurde. Auf alles das einzugehen, würde erstens den Rahmen dieses Buches völlig sprengen und zweitens kaum etwas zum Thema Buddhismus beitragen. Ich habe deshalb das wahrscheinlich für viele interessanteste Teilgebiet heraus gegriffen: Sehen!

Reverend William Paley schrieb 1802: „Und gäbe es auf der Welt kein anderes Beispiel für den Erfindungsgeist als das Auge, so würde dieses allein genügen, um den Schluss zu rechtfertigen, den wir daraus ziehen, nämlich dass es notwendigerweise einen intelligenten Schöpfer geben muss!" Auch Darwin selbst hatte rund 50 Jahre später erhebliche Zweifel, denn das Auge erschien ihm einfach als zu komplex, um es über die Evolution erklären zu können. Ich umreiße das mal mit: Vielleicht ein ganz klein wenig göttliche Schöpfung!?

Wir wissen nicht, wann exakt der Sehsinn entwickelt wurde, aber es muss so rund 543 Millionen Jahre her sein. Hierfür gibt es zwei sichere Anhaltspunkte. Der eine Anhaltspunkt kommt aus der Paläontologie (Paläontologen sind die Leute, die Saurierknochen ausgraben und sich dann Gedanken darüber machen, wer denn damals mit wem verwandt gewesen sein könnte). Der andere Anhaltspunkt kommt aus der Genetik, doch dazu etwas später.

Sicherlich haben Sie davon gehört, dass es verschiedene Möglichkeiten der Altersbestimmung von Fundstücken gibt. Die erste Möglichkeit ergab sich über die Auswertung von Gesteinsschichten, wobei prinzipiell gilt: Je tiefer, um so älter!

Das stimmt so nicht ganz exakt, denn es gibt noch den Einfluss der Tektonik, bei der sich Landmassen unter einander schieben und es an den Spannungskanten zu Brüchen oder Aufwerfungen kommen kann. Es kann also vorkommen, dass Schichten, die sich eigentlich tief unter einem befinden sollten, direkt zugänglich sind. Für alle Fundstellen haben die Paläontologen und Geophysiker eine Art erdgeschichtlichen Kalender erstellt. Ich werde das mal am Beispiel der Altersbestimmung von Holz darstellen.

Wenn ein Baum wächst, dann gibt es Jahre, in denen es feucht, warm und sonnig ist. Dann wächst der Baum gut und wird schnell dicker. In Jahren, in denen es zu trocken oder zu kalt ist, wächst der Baum langsam. Durch Auswertung der Jahresringe kann man relativ schnell für eine bestimmte Baumart und eine bestimmte Region festlegen, wie die Dicken der Jahresringe sein müssen (mehr oder weniger).

Wir fällen uns also einen Baum und können anhand der Jahresringe auszählen, wie alt der Baum exakt ist. Dann nimmt man Holz der gleichen Art und der gleichen Region und schaut, wo die Ringdicken im Verhältnis zueinander übereinstimmen. Wenn man Jahresringe findet, die vor der Jugend des zuvor gefällten Baumes liegen, dann kann man seine Messlatte in die Vergangenheit verlängern. Das ist zwar eine Sisyphusarbeit, aber nach ein paar Jahrzehnten hat man für alle Baumarten und für alle Regionen so eine Messlatte.

Zieht man jetzt etwa ein kleines und uraltes Schiff aus dem Schlick der Ostsee, dann wird man aufgrund der Form ungefähr wissen, welchem Kulturkreis es entstammt und ungefähr wie alt es sein müsste. Dann nimmt man einen der Balken, sägt ihn durch, poliert die Schnittfläche und vergleicht die Ringe mit der Messlatte. Da Holz normalerweise nicht Jahrzehnte gelagert, sondern zeitnah verarbeitet wurde, kann man angeben, wann ungefähr das Schiff gebaut worden sein muss. Die Methode ist allerdings nicht absolut genau, denn man kann nicht genau wissen, wo aus dem Baumstamm der Balken damals heraus gesägt wurde (man kann auch zusätzlich die Radien der Jahresringe auswerten).

Mit exakt der gleichen Methode arbeiten die Paläontologen, nur haben die es nicht mit Holz zu tun, sondern mit Gesteinsschichten. Vulkanexplosionen verursachen bisweilen einen weltweiten Fallout, der dann für den gegenseitigen Abgleich benutzt werden kann; plus / minus ganz weniger Jahre muss sich das Ereignis überall auf der Welt zur gleichen Zeit verewigt haben. Man findet also einen uralten Knochen und bestimmt die Schichtenfolge des Erdreichs in der Nähe von diesem Knochen. Da es bei Zeiträumen von zig Millionen Jahren nicht auf ein paar tausend Jahre ankommt, hat man eine hinreichend sichere Datierung.

Die große Überraschung war, dass ab exakt einer Grenzlinie mit einem mal Augen vorhanden waren und davor nicht (man hatte allerdings keine versteinerten Augen gefunden, sondern nur versteinerte Augenhöhlen). Wie konnte es möglich sein, dass vorher kein einziges Tier Augen hatte und plötzlich zumindest alle größeren Tiere (obwohl, größere Tiere hatte es vorher auch nicht gegeben)?

1994 entwickelten Dan-Eric Nilsson und Susanne Pelger eine Computer-Simulation. Sie wollten wissen, wie schnell sich denn evolutionär ein Auge überhaupt hätte entwickeln können (sie machten einen Ansatz, den sie für extrem konservativ hielten). Die Vorgabesituation war ein für Licht empfindlicher Fleck auf der Haut und eine ′genetische′ Entwicklung, die mehr oder weniger zufallsgesteuert war; diese hatte eine Begrenzung, nämlich dass pro Generation maximal eine Verbesserung der Sehleistung von einem Prozent möglich war (die meisten Verbesserungen waren deutlich kleiner). Nur um das ganz klar zu stellen: Man wollte nicht nachberechnen, wie es damals abgelaufen ist, sondern man wollte nur **abschätzen**, wie schnell die Evolution überhaupt ein perfektes Linsenauge hätte hervor bringen könnte.

Das Ergebnis war ein Schock. Es wurden nur 1.829 Verbesserungen benötigt, um von dem lichtempfindlichen Fleck zu einem Linsenauge zu kommen. Hierzu waren rund 350.000 Generationen nötig. Die Schicht, ab der es plötzlich Linsenaugen gab, datiert mit rund 543 Millionen Jahren vor unserer Zeit (andere sagen, es seien 538 Millionen Jahre). Die Abgrenzung der Schichten ist so ungenau, dass man die Zeit ohne und mit Linsenauge überhaupt nicht genauer bestimmen kann und 350.000 Generationen von fischartigen Tieren (Lebensdauer von wahrscheinlich ein oder zwei Jahren) sind erdgeschichtlich nicht einmal ein Wimpernschlag.

Jetzt kommen wir zur zweiten Art der Datierung, die für uns wichtig ist (es gibt noch viele andere, doch die helfen uns hier nicht weiter, obwohl alle diese Methoden gegeneinander abgeglichen wurden). Es geht um Genetik. Ich hatte ja schon erklärt, dass genetische Mutationen wegen der kosmischen Strahlung unvermeidbar sind; also gibt es Reparaturmechanismen. Hier kommen zwei Dinge zusammen, denn einerseits können Reparaturmechanismen nie perfekt sein und andererseits ist es für das Überleben der Gattung auch nicht opportun, einen perfekten Reparaturmechanismus zu haben. Folglich gibt es eine optimale Mutationsrate, die nur wenige zusätzliche Tote hinterlässt, aber eine hinreichend schnelle Anpassungsfähigkeit an neue Bedingungen ermöglicht (Auffindung neuer ökologischer Nischen!).

Ich gebe mal ein nicht ganz appetitliches Beispiel. Da Menschen und Affen eine starke verwandtschaftliche Beziehung haben (aufgrund der Mutationsrate weiß man auch ziemlich genau, wann man sich trennte), weiß man auch, dass unsere frühen Vorfahren komplett behaart waren, aber das Fell später weitgehend verloren haben. Zwei der Parasiten, die den Menschen aktuell immer noch befallen können, sind die Kopfläuse und die Filzläuse (umgangssprachlich auch Sackratten genannt). Das Erbgut beider Lausarten ist ziemlich ähnlich.

Man konnte aufgrund der Mutationsrate zurückrechnen, wann der Mensch sein durchgängiges Fell verloren hat und nur noch auf dem Kopf und im Schambereich behaart war. Nicht, dass uns dieses Wissen jetzt wesentlich weiter bringt, ich habe es nur erwähnt, um aufzuzeigen, auf welch breiter Basis die Naturwissenschaften alle ihre Erkenntnisse gegeneinander abgleichen. Wenn einem die Konkretisierung von etwas Bekanntem gelingt, dann reicht es vielleicht für eine Veröffentlichung in einer Fachzeitschrift. Wenn man einen Widerspruch aufdeckt, dann könnte es sogar für einen Nobelpreis reichen. Also wird alles kreuz und quer untersucht (ein Wissenschaftler ist um so bedeutender, je mehr Veröffentlichungen er vorweisen kann, wie oft diese zitiert werden und ganz wesentlich ist, wie oft und heftig ihm widersprochen wird; viele sehen das als Hauptkriterium).

Wir kommen zum Auge zurück. Jedes uns aktuell bekannte Auge arbeitet mit dem Stoff Rhodopsin, um Licht zu detektieren. Jetzt könnte man natürlich der Meinung sein, dass sich dieser Stoff ja auch mehrfach hätte entwickeln können. Hat er aber zumindest seit der Zeit nicht, als Menschen und Fliegen einen gemeinsamen Vorfahren hatten, und das weiß man aus dem Vergleich von Erbgut. Wir wissen, dass es irgendwann einmal eine Urzelle gegeben haben muss, von der alles andere einzellige und mehrzellige Leben abstammt (mehrzellig ist natürlich bei einem Menschen eine dezente Untertreibung, wenn man ein paar Billionen Zellen hat); dieser Urahn muss vor mindestens 700 Millionen Jahren gelebt haben. Die Erkenntnis, dass es einen einzigen Urahn gab, geht jetzt nicht nur auf das Rhodopsin zurück, sondern auch auf eine riesige Anzahl anderer Stoffe.

Ähnlich wie mit den Jahresringen bei den Bäumen kann man über die typische Mutationsrate bestimmen, wann sich, mehr oder weniger, verwandte Arten getrennt haben. Für jeden im Körper hergestellten Stoff gibt es ein Gen, das für die Herstellung (mit-)verantwortlich ist (nicht nur, ob der Stoff produziert werden kann, sondern auch wann, wie lange und in welcher Menge) und es gibt tausende verschiedener Stoffe. Also gab und gibt es in diesem Gebiet eine Sisyphusarbeit, die zigtausendfach größer ist als der Aufwand, der betrieben wurde, um eine Messlatte für die Altersbestimmung von Holz zu erzeugen.

Für alle Arten auf dieser Erde kann man also zurück rechnen, wann ungefähr der letzte gemeinsame Vorfahre gelebt haben muss. Die Genetik fing also an, die Paläontologie zu ergänzen. Über jeden einzelnen Stoff (also den verantwortlichen Genen), den es im Körper unterschiedlicher Arten gibt, lässt sich also eine zeitliche Abschätzung über die Verästelung im Stammbaum bestimmen. Wenn man hunderte von weitgehend funktionsidentischen Genen etwa von Hunden und Menschen betrachtet, dann wird man sehr genau festlegen können, wann der letzte gemeinsame Vorfahr gelebt haben muss.

Zurück zum Rhodopsin (bei Bonanza hieß es immer: Back on the ranch!). Alle diese genetischen Untersuchungen ergaben, dass aller Voraussicht nach das Rhodopsin nur ein einziges mal erfunden wurde und alle Wesen, die auf dieser Erde eine Sehfähigkeit haben, einen gemeinsamen Vorfahren haben und der muss vor über 543 Millionen Jahren gelebt haben (Anmerkung: Es gab eine Zeitlang die Annahme, dass Quallen und Schwämme das Rhodopsin schon einmal erfunden hatten, mittlerweile ist man sicher, dass der Ursprung der Sehfähigkeit bei den Cyanobakterien lag; nette Verwandtschaft, die wir da haben).

Zurück zum Buddhismus. Wenn diese wissenschaftlichen Erkenntnisse auch nur halbwegs richtig sind, dann konnte Geist (auf unserer Erde) vor 544 Millionen Jahren nicht sehen und vor 543 Millionen Jahren soll er es gekonnt haben, denn er kann es ja heute immer noch. Nicht absolut unmöglich, aber wenig plausibel. Entweder stimmen Millionen von Einzelbefunden aus den Naturwissenschaften nicht, die untereinander absolut stimmig sind, oder die Buddhisten behaupten etwas, was so nicht stimmen kann! Ich bin gemein und wende die buddhistische Methodik auf die buddhistische Sichtweise an: Geist an sich ist unveränderlich, doch dann kann er nichts lernen, denn dann würde er sich ändern und müsste zusammengesetzt und somit vergänglich sein. Folglich kann Sehen nicht Teil vom Geist sein! Dies muss dann auch für Schmecken, Riechen, Fühlen und Hören gelten, denn alle diese Wahrnehmungen waren vor rund einer Milliarde Jahre nicht vorhanden, als es noch kein Leben auf der Erde gab. Evolution und die Ansicht, dass Geist unveränderlich ist, schließen sich also gegenseitig komplett aus. Ich lasse die Implikationen zunächst mal offen, denn ich will noch viel mehr über unseren Sehsinn berichten.

Zu Beginn der kambrischen Explosion gab es nur den Geschmacks- und den Gefühlssinn (vielleicht); über die Erfindung des Geschmacks hatte ich ja schon beim Entstehen des ersten Störgefühls geschrieben. Einen Geruchssinn kann es noch nicht gegeben haben, denn per Definition ist Riechen die Wahrnehmung von Stoffen in der Luft. Da zu der Zeit niemand an Land lebte, kann es also kein Riechen gegeben haben. Einen echten Sehsinn gab es auch noch nicht, denn das Auge wurde ja erst in der kambrischen Explosion erfunden, aber eine gewisse Lichtempfindlichkeit hat es sicherlich zuvor gegeben (wann die erste lichtempfindliche Cyanobakterie gelebt haben müsste, habe ich nicht heraus finden können).

Warum es auch kein Hören gegeben haben kann will ich noch schnell erklären. Wenn wir etwas hören, dann bewegt der Schall unser Trommelfell; diese Bewegung wird auf die Hörschnecke übertragen und bewegt in ihr kleine Härchen, die Nervenzellen aktivieren. Damals waren die Tiere aber sehr viel kleiner, als unser Trommelfell dick ist. Folglich schwangen sie selbst mit dem Schall hin und her, ohne die geringste Chance zu haben, ihn zu bemerken. Doch zurück zum Sehen.

Gerade im Bereich des Sehens (im Spannungsfeld zwischen Evolution und 'intelligentem Design'), wird oft von nicht reduzierbaren Systemen gesprochen. Hierbei geht es um Mechanismen, wie ich sie etwa bei der Entstehung des ersten Störgefühls beschrieben habe. Mehrere Veränderungen, die jeweils für sich überhaupt keinen Sinn machen, müssen zusammen kommen, um etwas Neues und Nützliches zu erzeugen. Dass alle diesen Veränderungen sich evolutionär in einer Abstammungslinie entwickeln, ist dann extremst unwahrscheinlich; dass sie irgendwann passend zusammen kommen, ist zumindest unwahrscheinlich. Beim Sehen müssen schon ganz zu Beginn der Entwicklung sehr viele Faktoren 'zufällig' zusammen gekommen sein und schon das Fehlen eines einzigen Faktors verhindert komplett, dass es zum Sehen kommen kann. Andererseits hatte die Evolution mindestens 200 Millionen Jahre Zeit, um per Genaustausch alle Faktoren zu vereinigen. Auf dieser Internet-Seite finden Sie weitere Einzelheiten zu dieser Thematik: http://www.si-journal.de/index2.php?artikel=jg13/heft1/sij131-1.html

Aktuell ist die am häufigsten vertretene These, dass es zunächst einen lichtempfindlichen Fleck auf der Haut gab. Um ihn vor Verletzungen zu schützen war es natürlich sinnvoll, dass dieser Bereich eingestülpt wurde.

Hierdurch entstand das Grubenauge. Der zusätzliche Vorteil dieser Konstruktion war, dass es möglich wurde, die Richtung, aus der Licht kam, besser abzuschätzen. Der Nachteil war, dass Dreck ins Auge eindringen und nur schwierig wieder entfernt werden konnte.

Also wurde das Grubenauge langsam mit einer durchsichtigen gallertartigen Masse aufgefüllt; das ermöglichte es, die Grube tiefer zu machen und die Öffnung weiter zu verkleinern. Dreck zu entfernen war ja nicht mehr nötig und mit einer kleineren Öffnung konnte die 'Zielgenauigkeit' deutlich erhöht werden. Es entstand also das Lochauge. Später wuchs dann ein Häutchen über das Loch und darunter konnte sich langsam eine Linse bilden. Das wahrgenommene Abbild konnte jetzt sogar scharf und mit höherer Lichtintensität wahrgenommen werden.

Oft kann man lesen, dass es mit einem Grubenauge möglich wurde festzustellen, wo sich etwas befindet. Das ist natürlich nicht völlig falsch, aber man kann nicht feststellen wo sich etwas befindet, sondern nur, in welcher Richtung. So schön das auch ist, es erklärt nicht, wo der evolutionäre Druck herkam, um den Sehsinn schnell zu entwickeln. Es gab da etwas, was sehr viel wichtiger war, nämlich die Frage: „Wie groß ist das Wahrgenommene?" Diese Frage ist essenziell, denn aus ihr ergibt sich, ob man Beute sein könnte oder ob man den Jäger heraus hängen lassen darf.

Die Entwicklung der Augen fing also nicht mit **einem** Auge an, sondern gleich mit **zwei** Augen, denn ein Auge, das gut sehen kann, machte damals ziemlich wenig Sinn, denn es konnte zu Beginn des Sehens noch keine Objekterkennung gegeben haben, denn die konnte sich erst entwickeln, nachdem das Problem gelöst war, wie man scharf sieht. Um den Effekt besser darstellen zu können, rücke ich gleich zum Lochauge vor und zeige auf, warum zwei Augen sofort sehr viel mehr Sinn machen.

Die folgenden beiden Bilder veranschaulichen diesen Gedanken. Unten in den Bildern sei die schwarz-graue Linie die Retina (das ist die Schicht mit den lichtempfindlichen Zellen). Mit ein bisschen Abstand darüber haben wird die beiden Löcher der Lochaugen. Die senkrechten Striche auf der Retina liegen direkt unter der Mitte vom Loch und sollen Ihnen eine bessere Orientierung ermöglichen. In beiden Bildern wurde jeweils als 'Sehstrahl' eingezeichnet, wo sich die Abbildung der linken beziehungsweise der rechten Kante von den Objekten auf der Retina befinden. Man sieht also auf der Retina, wie groß sich die Objekte darstellen (das sind die Zahlen unter der Retina). Der Abstand vom oberen Objekt zum Augenloch ist ungefähr doppelt so groß wie der Abstand vom nahen Objekt bis zur Lochmaske.

Im ersten Bild sind zwei kleinere Objekte eingetragen und im zweiten Bild sind die Objekte deutlich größer. Leider sind meine zeichnerischen Fähigkeiten auch auf einem Computer nicht besonders beeindruckend (das ist gar nicht so einfach, etwa von der linken Kante eines Objektes durch die Mitte eines 'Loches' auf die Retina zu zielen), weshalb die Objektgrößen auf der Retina nicht ganz stimmen. Aber man kann ganz deutlich sehen, um was es geht, nachdem ich es erklärt habe.

Die Objekte befinden sich links vom linken Augenloch, also befindet sich ihre Abbildungen rechts vom Augenloch. Wir unterstellen, dass jedes Pixel für eine Sehzelle steht und dass es nur ein Objekt gibt. Jetzt arbeiten wir uns in beiden Retinas von rechts nach links durch. Als erstes finden wir die Repräsentation der linken Objektkante auf der rechten Retina und danach finden wir sie auf der linken Retina.

Was jetzt erst einmal wichtig ist, ist der Abstand zwischen Augenmitte und dem Abbild der linken Objektkante. Beim Bild mit den kleinen Objekten finden wir die für das kleine Objekt im linken Auge bei 16 + 8 = 24; im rechten Auge finden wir sie bei 91 + 11 = 102. Für das große nahe Objekt bekommen wir im linken Auge das Resultat 15 + 13 = 28 und im rechten Auge 88 + 13 = 101.

Völlig egal, ob wir ein kleines oder großes Objekt sehen, wir können die Entfernung berechnen und zwar aufgrund der linken Objektkante. Aber das ist jetzt erst die halbe Miete. Jetzt fangen wir an, die Pixel zu zählen, die das Objekt auf der Retina beansprucht. Wenn das Objekt größer ist, dann werden es zwangsweise auch mehr Pixel (oder Sehzellen) sein. Jetzt musste das Sehzentrum nur noch eine 'Tabelle' bekommen und es konnte abschätzen, ob das, was sich da bewegte, größer war als man selbst (dann sollte man versuchen, sich ganz vorsichtig zu verkrümeln) oder wenn es kleiner war, dann sah man potentielle Nahrung!

Als der Sehsinn erfunden wurde, machte räumliche Wahrnehmung noch überhaupt keinen Sinn, aber zu wissen, ob man Beute oder Jäger ist, das war entscheidend. Wir haben also den evolutionären Druck gefunden, der dafür sorgte, dass sich der Sehsinn in extrem kurzer Zeit bis zur Perfektion entwickelte.

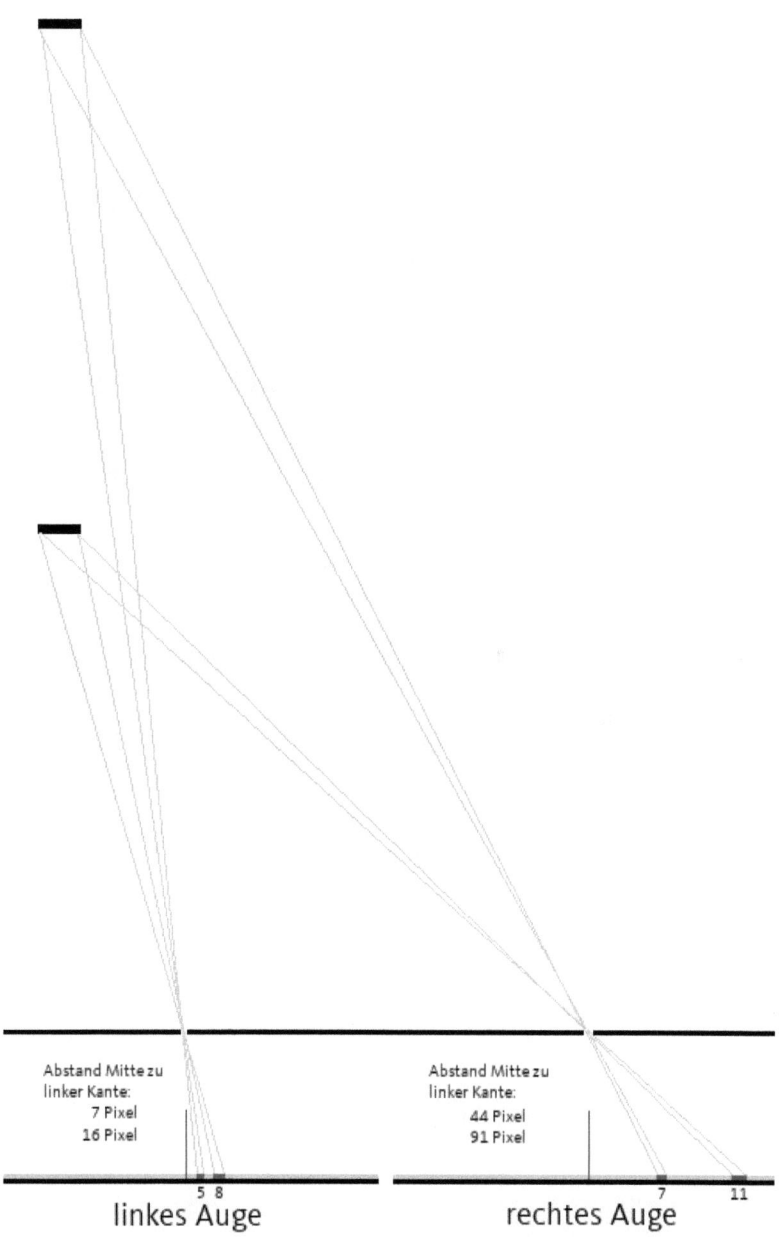

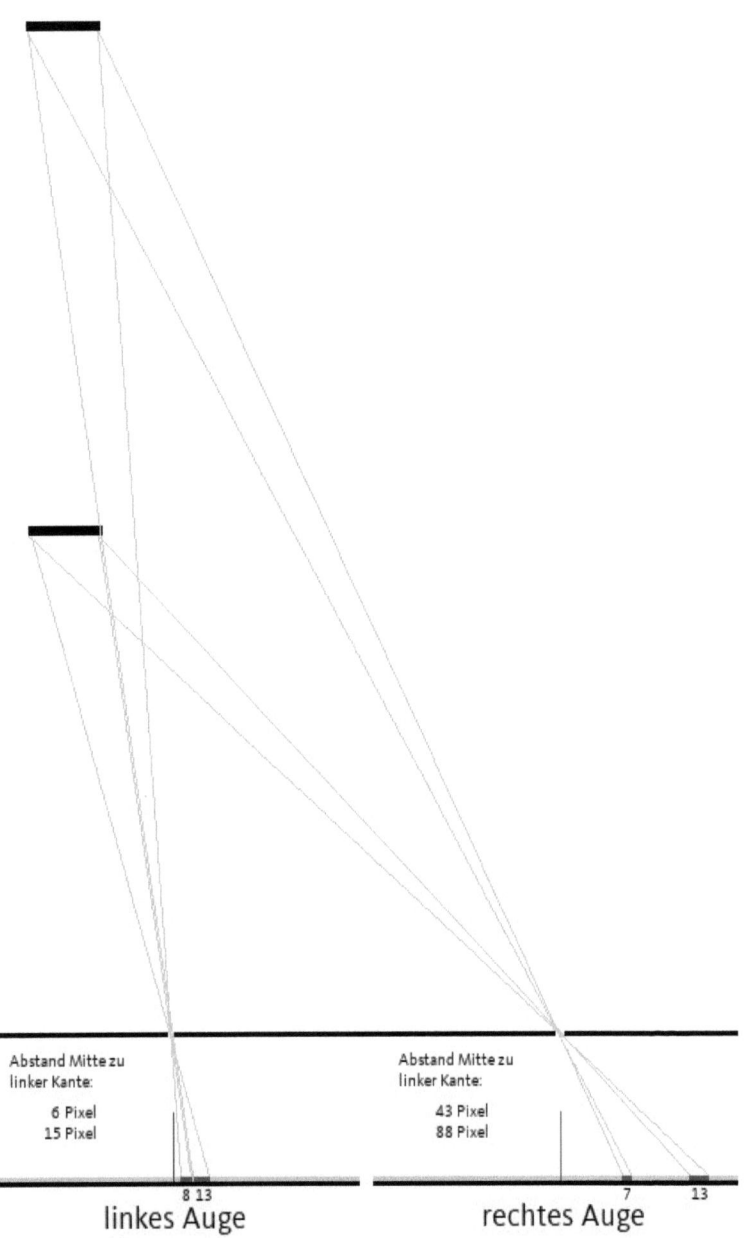

In den beiden Zeichnungen oben stellt der graue Strich die Retina dar. Die Bestimmung von Entfernung und Größe wird im Auge immer zeilenweise bearbeitet; der graue Strich steht also nicht für die gesamte Fläche der Retina, sondern nur für eine Höhenlinie. Zur Bestimmung der tatsächlichen Objektgröße muss man zusätzlich berücksichtigen, dass Objekte auch eine vertikale Ausdehnung haben; ich bezweifle, dass dies in den allerersten Grubenaugen schon ausgewertet wurde, allerdings kann es nicht lange gedauert haben, bis auch dies erfolgte.

So, jetzt will ich mal eine absolut steile These wagen. Niemand hat bisher eine Erklärung dafür, warum wir zwei Gehirnhälften haben. Ich habe eine sehr plausible Erklärung dafür, die sich direkt aus dem soeben dargestellten Sehsinn ableiten lässt!

Wenn man ein Objekt erkennen will, dann geht man also von außen nach innen auf einer Höhenlinie. In unserem Beispiel oben, wo das Objekt links vom linken Auge liegt, arbeitet man von rechts nach links durch den Sinneseindruck der Augen. Zuerst findet das rechte Auge eine Kontrastkante und etwas später das linke Auge. Also hat man die Entfernung. Dann wird in beiden Augen die Objektbreite bestimmt und über eine interne Tabelle bekommt man die Objektgröße. Fein so weit.

Was ist aber, wenn sich das Objekt rechts vom rechten Auge befindet? Ganz klar, dann muss man sich von links nach rechts durch die Informationen hindurch arbeiten. Soweit völlig logisch, nur was muss die Konsequenz sein? Nehmen wir einfach mal an, die internen Kalkulationen werden über einfache Verschiebeaktionen und Zähler realisiert (nur damit sie sich das besser vorstellen können).

Wenn sich das Objekt links von der Blickrichtung befindet, dann findet man alle Informationen über das Objekt in der rechten Augenhälfte; dementsprechend befinden sich alle Informationen über Objekte rechts von der Blickrichtung in den linken Augenhälften. Bei den links liegenden Objekten muss man die Information von rechts nach links abarbeiten und bei den rechts liegenden Objekten muss man die Information von links nach rechts abarbeiten.

Da ein Linksschieben (zumindest biologisch) etwas völlig anderes ist als ein Rechtsschieben, wurden also zwei verschiedene Gehirnteile gebraucht, um genau diese Informationsverarbeitung durchzuführen und das nicht nur für eine Höhenlinie, sondern für alle. Meine steile These ist jetzt, dass exakt dies dazu geführt hat, dass wir zwei Gehirnhälften haben.

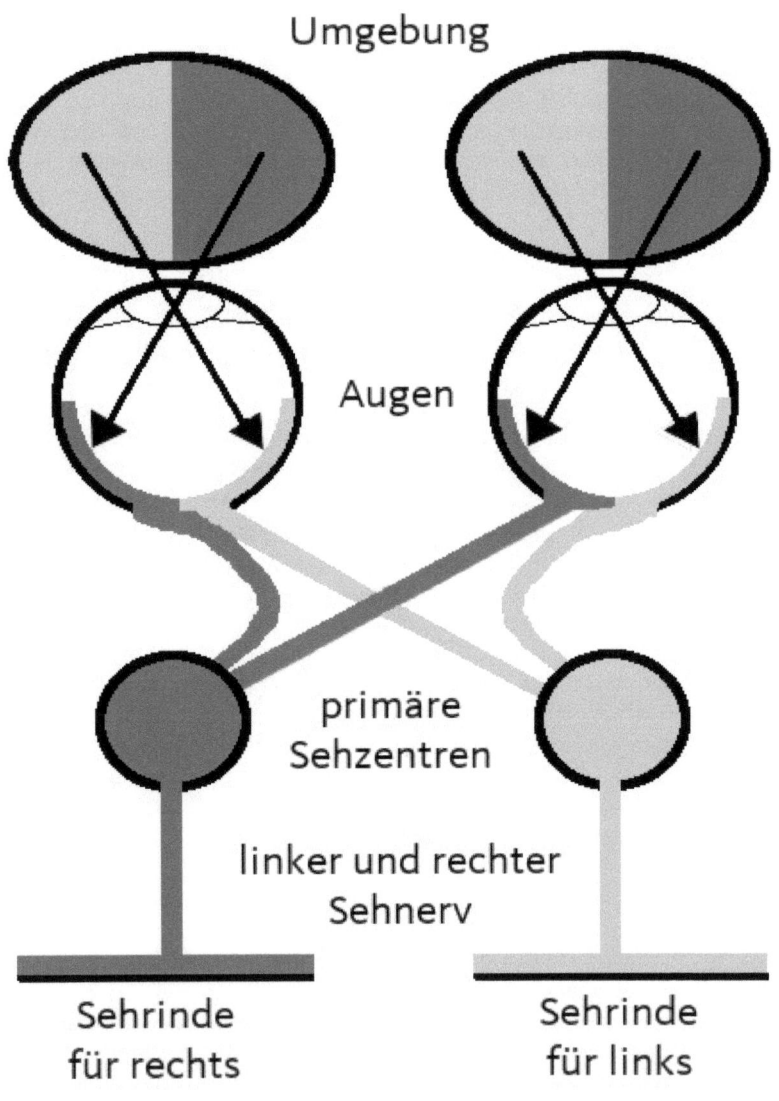

In diesem Bild sehen wir, dass alle Informationen aus der rechten Hemisphäre im linken primären Sehzentrum zusammen laufen und dann an die Sehrinde für rechts weiter geleitet werden. Wir haben daher eine Überkreuzung der Sehnerven für den nasalen Teil der Retina. Diese

Überkreuzung findet sich, soweit ich weiß, zumindest bei allen Wirbeltieren.

Jetzt könnte man sich natürlich fragen, warum es gerade diese Sehnerven sind, die sich kreuzen. Meine Antwort ist: Der Feldherr steht immer hinten! Wenn also auf der rechten Seite gekämpft wird, dann sollte die linke Gehirnhälfte die Auswertung machen und möglichst weit vom Geschehen entfernt sein. Kein riesiger Vorteil, aber er wird sich gelohnt haben.

Es gibt jetzt noch etwas anzumerken, nämlich dass das Decretum entwicklungsgeschichtlich extrem alt ist (um die 700 Millionen Jahre) und wir wissen jetzt, dass der Ursprung vom visuellen Cortex, der das ´Wie groß´ und das ´Wo´ bearbeitet, rund 550 Millionen Jahre alt ist. Man kann also schlussfolgern, dass alles von Gehirn und Nerven, was nicht doppelt vorhanden ist, vor der kambrischen Explosion entwickelt wurde und alles andere danach.

Jetzt muss ich noch eine Begründung geben, warum nach dem Verschieben und Zählen nicht alles wieder in einem zentralen Gehirnteil gesammelt wurde. Ich vermute, dass dies mit der Verarbeitungsgeschwindigkeit zusammen hängt. Für ein visuelles Erkennen müssen zunächst die Kontrastkanten heraus gearbeitet und dann muss die Form erkannt werden. Würde man das für beide Augen zentral machen, dann müsste dieser Gehirnteil doppelt so schnell arbeiten können, als es bei einer hemisphärisch getrennten Bearbeitung notwendig wäre. Durch die getrennte Bearbeitung wird erreichbar, dass nur noch sehr hoch verdichtete Informationen zwischen den Hemisphären ausgetauscht werden müssen.

Jetzt ist es so, dass es sehr energieaufwändig ist, wenn ein Wesen ständig das ganze Blickfeld auswertet (wenn Neuronen feuern, dann kostet das viel Energie; wenn die Zellen nur im Ruhezustand ernährt werden müssen, dann kostet das ziemlich wenig Energie). Wenn die Augen immer und immer wieder die gleiche Information anliefern, dann hat man einen hohen Energieverbrauch, aber fast keinen Erkenntnisgewinn. Was die Wesen aber wissen wollten und mussten war: Was bewegt sich in meiner Umgebung?

Anfangs wird es so gewesen sein, dass eine Sehzelle nur feuerte, wenn sich ein deutlicher Helligkeitsunterschied in relativ kurzer Zeit ergab. Wenn jetzt die Sehzellen in einem beschränkten Bereich schon miteinander vernetzt waren, dann konnten sie feststellen, ob sich eine Kontrastkante bewegt hatte. Wir haben dann im Energiesparmodus die Situation, dass eine Sehzelle ohne Veränderung kaum Energie verbraucht. Wenn eine Sehzelle eine Veränderung wahrnahm, dann signalisierte sie dies innerhalb von ihrem lokalen Netz, es verbrauchte also nur eine Zelle zusätzliche Energie. Wenn mehrere Sehzellen in der lokalen Vernetzung meinten, es habe eine signifikante Helligkeitsänderung gegeben, dann erst war das eine Information, die es wert war, weitergegeben zu werden. Anfangs hatte das Sehen also kaum etwas mit dem zu tun, was wir als Sehen bezeichnen; es wurde nur das gesehen, was sich bewegte, alles andere lag in absoluter Dunkelheit.

Im Buch „Neuropsychologie" findet sich ein extrem interessantes Fallbeispiel:

> *Die 43-jährige Patientin (L.M.) klagte über den Verlust jedweder Wahrnehmung visueller Bewegung. Wenn sie z.B. Kaffee in eine Tasse goss, erschien ihr die Flüssigkeit wie gefroren – regelmäßig brachte sie die Tasse zum Überlaufen, da sie das Steigen der Flüssigkeit nicht wahrnehmen konnte. Im Beisein anderer fühlte sie sich unsicher, da Personen unvermittelt an anderer Stelle auftauchten, als sie vorher waren: Die Bewegung der Person war ihr entgangen....Umfangreiche Untersuchungen bestätigten, dass die Patientin weitgehend blind für Bewegungen war, während andere Sehleistungen wie Sehschärfe, Farbensehen, Erkennen und Lokalisieren unbewegter Objekte oder zeitliche visuelle Auflösung erhalten waren.Ursache der Akinetopsie war eine 8 Monate zuvor erlittene zerebrale Durchblutungsstörung, die weite Teile das parietotemporalen Kortex beider Hemisphären zerstört hatte.*

Sinneswahrnehmungen können sich also nicht nur entwickeln, wie etwa unsere Fähigkeit auch unbewegte Objekte ständig zu sehen, es kann auch geschehen, dass wir durch eine Durchblutungsstörung bestimmte Fähigkeiten wieder verlieren. Das ist für die jeweils betroffene Person durchaus bitter, jedoch immer wieder ein Glücksfall für die medizinische Forschung. So wissen wir etwa in diesem Fall, dass die Erkennung von Bewegungen einen biologischen Ursprung haben muss, denn eine Durchblutungsstörung verursachte, dass diese Fähigkeit auf Dauer verloren ging. Wäre die Fähigkeit der Bewegungserkennung im Geist beheimatet, dann hätte man sie nicht verlieren können! Dass dies auch für alle anderen Fähigkeiten des Sehsinnes gilt, möchte ich kurz plausibel machen.

Es gibt in jedem menschlichen Auge rund 126 Millionen Photorezeptoren, aber die beiden Sehnerven, die zum visuellen Kortex laufen, haben lediglich eine Million Nervenfasern (die hat man nicht einzeln gezählt, sondern einen präparierten Sehnerv durchgeschnitten, das Foto extrem vergrößert und einzelne ′Testflächen′ tatsächlich ausgezählt und dann hochgerechnet). Es wird also nicht die gesamte Information von den Augen zum visuellen Kortex geschickt, der sich hinten in unserem Schädel befindet, sondern es findet eine deutliche Datenreduzierung statt und diese erfolgt sowohl direkt in den Augen als auch in den primären Sehzentren. Welche Aktionen genau erfolgen und wo sie ausgeführt werden, ist noch nicht hinreichend geklärt (das ist übrigens die übliche Ausdrucksweise von Wissenschaftlern, wenn sie ehrlicherweise sagen müssten, dass sie keine Ahnung haben).

Die oft verbreitete Meinung, dass unsere Fähigkeit die Augäpfel zu bewegen dazu da sei, um Entfernungen über Triangulation zu bestimmen, ist mit an Sicherheit grenzender Wahrscheinlichkeit völlig falsch (meine Meinung, die ich jetzt begründe). Die Fähigkeit der Augenbewegung hat zwei Hauptgründe. Der erste ist, dass wir nur in der Sehgrube richtig scharf sehen können; in der Sehgrube, dem Bereich des schärfsten Sehens, befinden sich 140.000 Zapfen (farbempfindliche Photorezeptoren) pro Quadratmillimeter. Wenn man also etwas scharf sehen will, dann muss man die Augen so ausrichten, dass das Bild des interessierenden Objektes in beiden Augen genau auf die Sehgrube fällt; das gelingt mit feststehenden Augen nur für extrem große Entfernungen. Der zweite Grund ist, dass es nicht sehr praktisch ist, den ganzen Kopf zu drehen, wenn man eine Beute beobachtet oder einen möglichen Angreifer; das wird viel zu leicht gesehen. Also bewegen sich nur die Augen und auch das noch ruckhaft (in Sakaden), um die Wahrscheinlichkeit einer Entdeckung zu minimieren.

Jetzt komme ich zu etwas, das meine Theorie der zwei Gehirnhälften recht gut stützt (Artikel vom Spiegel; 26.5.2007; „Blau wie die Neun"; siehe hierzu auch das Buch „Born on a Blue Day"). In dem Artikel ging es um den Briten Daniel Tammet, der ein paar ´Ausnahmebegabungen´ hat; er ist ein Synästhetiker. Bei diesen Menschen sind allem Anschein nach die Bereiche für unterschiedliche Bearbeitungen nicht so stark abgegrenzt, wie bei anderen Personen. Daniel empfindet die Zahl 9 eindeutig als blau. In seinem Buch schreibt er, es gäbe eine Studie, in der nachgewiesen wurde, dass Synästhesie bei künstlerisch begabten Menschen etwa sieben mal häufiger vorkommt, als in der durchschnittlichen Bevölkerung. Sehr interessant, aber nicht Thema dieses Buches, wenn man von der Frage absieht: Wie macht Geist das?

Er erzielte bei einer öffentlichen Vorführung einen Europarekord. Er wollte die Zahl Pi aufsagen, um damit ein Fundraising für die britische Gesellschaft der Epileptiker zu ermöglichen. Nach 5 Stunden und 9 Minuten verstummte er und hatte 22.514 Stellen ohne einen einzigen

Fehler aufgesagt. Aber er hat nicht nur ein phantastisches Gedächtnis, er kann auch rechnen, wie (fast) kein anderer Mensch (Zitat Spiegel):

> *Teilt er zum Beispiel eine Zahl durch eine andere, so setzen sich in seiner Vorstellung abwärtskreiselnde Spiralen in Gang, die mehr und mehr ausgreifen; die Ausgangszahlen formen sich dabei nach und nach zum Ergebnis um. Es ist, als ob das bildliche Rechnen Schaltkreise im Gehirn des Meisters aktivierte, die so blind und mühelos zum richtigen Ergebnis führen wie die Elektronik eines Taschenrechners.*

Zusätzlich ist er extrem sprachbegabt, er spricht zehn Sprachen fließend und wenn er eine neue Sprache lernen will, dann braucht er nach eigenen Angaben nur etwa eine Woche dazu. Die BBC drehte eine Doku über den „Brainman" und wollte es natürlich genau wissen. Also flogen sie mit ihm nach Island und über Isländisch kann man sagen, entweder man wächst damit auf oder man lernt es nie richtig. Nach einer Woche ging die Filmcrew mit ihm zu einem Fernsehstudio und er sollte mit zwei isländischen Reportern ein Interview machen. Anfangs war er sehr nervös, aber zum Schluss machte er sogar ein paar isländische Wortspiele. *„Die Isländer waren fassungslos".*

Vor dem Test in Island war man mit ihm in die USA geflogen, wo er sich mit Kim Peek traf, dem Großmeister der Inselbegabten. Jetzt bin ich genau an dem Punkt, wo ich wegen der Hirnhälften hin wollte. Kim Peek kennt um die 12.000 Fachbücher auswendig, unter anderem das gesamte Telephonbuch von New York. Wenn er lernt, dann liest er die linke Seite von dem Buch mit dem linken Auge und die rechte Seite mit dem rechten Auge. Völlig simultan! Das ist der eindeutige Beweis, dass beide Hirnhälften Objekte der Wahrnehmung erkennen können, ihre Bedeutung bestimmen können und in der Lage sind, sie sinnvoll zu speichern! Wie hinterher der Abgleich gemacht wird, damit beide Gehirnhälften auf das gesamte gespeicherte Wissen zugreifen können, ist noch völlig rätselhaft. Hat Kim Peek jetzt **zwei** ´Geist´, weil er zwei Aktionen gleichzeitig machen kann, für die normalerweise jeweils **ein** ´Geist´ zuständig ist?

Was die jeweilige Funktionalität der Gehirnhälften anbelangt, so gilt der alte Designerspruch: „Form follows function!" Wir haben also nicht eine Gehirnhälfte, die sich auf ein paar Dinge spezialisiert hat und die andere Gehirnhälfte macht den Rest (kleine Einschränkung: Direkt nach der Geburt sind beide Gehirnhälften praktisch identisch; danach gibt es Spezialisierungen und wie ausgeprägt die sind, ist eine andere Frage, denn fast alle Menschen haben eine bevorzugte Händigkeit). Auf der anderen

Seite ist unser Gehirn sehr plastisch und anpassungsfähig; ich las mal die Aussage, dass man bei einer Obduktion das Gehirn von einem Literaturprofessor eindeutig von dem eines Taxifahrers unterscheiden könne, denn im Leben wurden sehr unterschiedliche Bereiche trainiert und genutzt.

Ein anderes Beispiel sind Gehirnschnitte, die mit Tomographen gewonnen wurden, bei denen Jugendliche untersucht wurden, die regelmäßig ein Streichinstrument üben. Der Unterschied in einigen Bereichen zwischen den Gehirnhälften ist gravierend, denn eine Hand führt den Bogen und die andere Hand macht die komplizierten Bewegungen, um die verschiedenen Tonhöhen zu erzeugen. Die Unterschiede waren derartig deutlich, dass man kein Studium braucht, um sie eindeutig zu erkennen. Vor diesem Hintergrund dürfte die alte Behauptung, die eine Gehirnhälfte wäre für emotionale Reaktionen zuständig und die andere für rationale Entscheidungen, kaum noch haltbar sein. Es kommt einzig auf das Training an (und die Händigkeit)!

Wir wissen jetzt (ziemlich zuverlässig), dass das Auge sich entwickelte, um das Problem des „Wie groß?" zu lösen. Als Abfallprodukt wurde auch das Problem „Wo?" und „Wie weit entfernt?" gelöst. Jetzt können wir uns dem „Was?" widmen. Um es schon mal ziemlich klar zu sagen, die Hirnforschung hat hier noch keine eindeutige Antwort (es ist also noch nicht hinreichend geklärt). Was man hingegen genau weiß ist, dass es in beiden Gehirnhälften jeweils zwei größere Bereiche gibt, die sich mit den visuellen Eindrücken beschäftigen. Von dem einen Bereich weiß man, dass er sich mit dem Wo beschäftigt (wir wissen jetzt dank meinem Senf, dass auch das „Wie groß?" mit dabei ist). Dem anderen Bereich ordnete man das Was zu. Einige Hirnforscher meinen, dass man das „Was" durch ein „Wie" ersetzen sollte. Meine persönliche Meinung als ´Gedankenforscher´ ist, dass das „Was" berechtigt ist und das „Wie" anderswo stattfindet (Meinung ohne echte Evidenz, auch männliche Intuition genannt).

Oft hört man die Meinung, dass jemand, der ein Auge oder die Sehfähigkeit auf einem Auge verloren hat, nicht mehr räumlich sehen kann. Leute, die so etwas behaupten, haben nie wirklich über das Sehen nachgedacht, noch haben sie sich die Mühe gemacht, ihre Aussage auch mal praktisch zu überprüfen. Sie stimmt nämlich nicht!

Sicherlich kennen Sie, insbesondere auch aus Trickfilmen, folgende Situation: Eine Figur geht, sagen wir mal von rechts nach links, und die ´Kameraposition´ bewegt sich genauso schnell. Büsche und Sträucher direkt hinter der dargestellten Figur bewegen sich relativ schnell von links nach rechts. Bäume und andere Objekte, die weiter hinten liegen (sollen), bewegen sich langsamer von links nach rechts. Die Hügel dahinter bewegen sich ganz langsam von links nach rechts und der Himmel dahinter bewegt sich gar nicht. Das erzeugt völlig automatisch die Illusion von räumlicher Tiefe!

Wenn Sie gehen oder laufen, dann bewegt sich der Kopf nicht nur etliche Zentimeter nach links und nach rechts, sondern (insbesondere beim Laufen) auch auf und ab. Das Auge macht einen regelmäßigen Positionswechsel und die dadurch entstehenden Eindrücke liefern ganz eindeutige Tiefeninformationen. Sogar wenn man sich (ohne Gewackel, etwa im Auto) vorwärts bewegt, dann hat man vor sich den sogenannten Fluchtpunkt. Dieser ist insbesondere aus dem Bereich perspektivischer Zeichnungen bekannt. Wenn man sich auf diesen Fluchtpunkt hin bewegt, dann haben wir den Trickfilmeffekt nicht vor uns, sondern links und rechts neben uns. Je geringer die Entfernung von Objekten zu der Linie sind, die unsere Bewegungsrichtung definiert, um so schneller wandern sie. Wenn man wirklich mal wissen muss, wie weit entfernt ein Objekt ist, dass man direkt voraus sieht, so reicht eine Kopfbewegung von wenigen Zentimetern nach links und rechts und man hat die gewünschte Information!

Wenn Sie nicht sicher sind, ob sie meinen Worten glauben schenken dürfen, dann machen Sie doch einfach mal ein Experiment in einer sicheren Umgebung (also nicht auf dem Motorrad im dichten Berufsverkehr) mit sich selbst als Versuchsperson. Schließen Sie einfach ein Auge und gehen oder laufen Sie weiter und bei allen Objekten (Bäume, Mülleimer, Parkbänke egal was) schätzen Sie die Entfernung. Wenn Sie versuchen, die Entfernung in Metern und Zentimetern anzugeben, dann werden Sie heftige Fehler machen. Wenn Sie die Entfernung in Schritten oder Trippelschritten angeben, dann werden die Ergebnisse ziemlich exakt sein. Woran das liegt? Sie haben das ein ganzes Leben lang geübt!

Wenn es um das „Was" geht, wird es ganz schön schwierig, denn es geht hier um Farben und Formen. Im Kapitel über das Lernen war schon ziemlich klar geworden, dass alles, was mit Sehen zu tun hat, erlernt werden muss; da stellt sich natürlich die Frage, ob das auch für das Wo-Sehen gilt. Die Antwort ist ein klares Jain! Die Ursprünge des Wo-Sehens sind genetisch gelernt worden und zu der Zeit interessierte lediglich die vermutliche Größe (die darüber hinausgehende Auswertung der Wo-Information muss allerdings erlernt werden, vermute ich mal so einfach).

Wenn ein Baby einen Gegenstand in den Händchen hält, ihn ewig begrabbelt, ihn hierbei ansieht und in den Mund steckt, dann wird ein Abgleich gemacht. Was sagen mir meine Finger, was sagen mir meine Augen und was sagt mir meine Zunge und was meine Lippen. Man kann also nicht einfach so räumlich sehen, sondern man muss es erlernen, man muss alle vorkommenden Formen aktiv erlernen (hygienische Betrachtungen sind dem Baby hierbei völlig egal und sie sollten es auch den Eltern sein). Räumlich sehen üben und viele andere Dinge mehr macht ein Baby 24 Stunden am Tag. In den Wachphasen werden aktiv Erfahrungen gesammelt und beim Schlafen wird Statistik betrieben. Welche Eigenschaften von Dingen treten gemeinsam auf und wann treten sie nicht gemeinsam auf? Ein Baby hat eine komplette und extrem fähige Statistikbehörde in seinem kleinen Kopf.

Das Baby hat also mit seinen Sinnen geprüft, wie beispielsweise ein Würfel aussieht und wie er sich mit den Händen und mit der Zunge und den Lippen anfühlt. Dann wird der Würfel ein wenig gedreht und die Überprüfung erfolgt noch einmal. Was das Baby in dieser Zeit macht ist Grundformen lernen. Wenn man einen kleinen Ball hat (egal wie man ihn dreht, er hat immer die gleiche äußere Form), dann wird man auch einen großen Ball erkennen, wenn er über den Boden rollt. Es gibt Würfel und es gibt Stäbe, wie hängen die miteinander zusammen?

Nachdem wir jetzt abgehandelt haben, warum dieses Trainingsprogramm so wichtig ist, schauen wir uns an, was die Neurologen heraus gefunden haben. Es gab sehr viele Versuche, wo Katzenköpfe oder Affenköpfe in einer Halterung fixiert waren und man Elektroden ins Gehirn geschoben hatte, um die Aktivität der Neuronen abzuleiten (Elektroden im Gehirn verursachen keine Schmerzen, aber *nett* waren alle diese Versuche trotzdem nicht).

Anfangs war die Vermutung, dass es Bereiche im Gehirn geben müsste, die sensitiv für verschiedene Grundformen sind. Egal, was man wo und wie ableitete, die ganzen Daten ergaben überhaupt keinen Sinn. Wieder einmal half der Zufall und ein vorbereiteter Geist, ein Teilproblem zu lösen. Man hatte einem Affen diverse Grundformen gezeigt, aber es gab keine verwertbare Zuordnung. Irgendwann gab man auf und wollte nur noch die Dias aus dem Projektor entnehmen. Um an das zweite Dia zu kommen, musste der Schlitten auf die andere Seite geschoben werden und ein schwarzer Streifen bewegte sich über die Leinwand; plötzlich knatterte das aktuell beobachtete Neuron vernehmlich. Es war nicht für eine Form empfindlich, sondern, wie spätere Untersuchungen zeigten, sondern für eine Ausrichtung und Bewegung in eine bestimmte Richtung (nur die

Ausrichtung der Kontrastkante reichte nicht, denn dann hätte das Neuron schon vorher feuern müssen)!

Die anschließenden Forschungen wurden deutlich ausgeweitet und man fand sogenannte Hypersäulen. Doch der Reihe nach. Als erstes fand man heraus, dass es eine 1 zu 1 Beziehung zwischen der jeweiligen Retina und einem Bereich im visuellen Kortex gab. Da es im Sehnerv nur eine Million Nervenfasern gibt, haben wir also keine Pixel auf Neuron Beziehung, aber man kommt der Sache ziemlich nahe. Die x- und y-Koordinaten der Retina gehen also direkt in die x- und y-Koordinaten des visuellen Kortex ein.

Jetzt kommt die nächste große Überraschung, denn in diesen Hypersäulen befindet sich die Information aus der linksseitigen Retina vom linken Auge und der linksseitigen Retina vom rechten Auge direkt nebeneinander (Abstand vielleicht ein paar Millimeter). Die größte Überraschung kam, als man in die Tiefe ging. Hier sind Nervenzellen, die auf die Orientierung von Kontrastlinien ansprechen. Je tiefer, um so weiter ändert sich der Winkel, für den eine Empfindlichkeit besteht. Wir haben also nicht nur Nervenzellen auf der Oberfläche der Gehirnsubstanz, wie man früher glaubte, es geht auch in die Tiefe (die Fähigkeit zu sehen ist ja auch hinreichend alt, um Optimierungen wachsen zu lassen).

Ich hatte ja schon beschrieben, dass es eine ziemliche Verschwendung von Energie bedeutet, wenn die Photorezeptoren ständig eine Wahrnehmung haben. Der Mensch und viele andere Wirbeltiere leisten sich diesen Luxus. Doch wie hat man das heraus gefunden? Nun, es gibt immer wieder mutige Forscher, die aus Wissensdrang Dinge machen, die andere lieber bleiben lassen.

Jemand tröpfelte sich ein Betäubungsmittel ins Auge (ich glaube, es war Curare), um die Muskeln, die das Auge bewegen, still zu legen. Zunächst war die Sicht noch normal doch dann fing sie an zu verblassen. Schließlich wurde gar nichts mehr gesehen. Wenn jedoch jemand im Blickfeld seine Hand bewegte, dann erschien geisterhaft diese Hand ohne kompletten Arm und Körper im Blickfeld. Es war also so, dass jede Änderung im Blickfeld wahrgenommen werden konnte, alles andere aber nicht.

Einige Zeit später hatte man sich zusammen gereimt, wie das erklärbar sein könnte. Das Bild, das wir wahrnehmen, erzeugt ein Abbild auf der Retina. Überall dort, wo der über die Zeit gleiche Eindruck entstand, feuerten die Stäbchen und Zapfen nicht mehr. Erst wenn eine Änderung da war, dann feuerten sie wieder. Die unbewegte Hand ist unsichtbar, die bewegte Hand ist sichtbar. Daraus schloss man, und konnte es später auch nachweisen, dass unser Auge ständig in Bewegung ist. Dies sind jedoch nicht die Sakaden, sondern minimale Zitterbewegungen.

Ich gehe jetzt mal auf ein Subthema, dass sie hier wahrscheinlich nicht erwartet hätten: Tauben. Wenn Tauben laufen, dann schnellt ihr Kopf plötzlich vorwärts, dann wird er relativ langsam nach hinten bewegt, um dann wieder vorzuschnellen (einige andere Vögel machen das auch). Mit dem Wissen, dass man nichts sieht, wenn es keine Bewegung gibt, dröseln wir das Problem auf. Wenn der Kopf der Taube vorschnellt, dann bildet die Taube ihr 3D-Bild der Umwelt. Dann schreitet sie vor, und die Umwelt verschwindet, denn die Augen bleiben konstant über dem gleichen Punkt am Boden. Alles, was jetzt noch aufgrund von jeweils eigener Bewegung erkannt wird, sind also Feinde oder Futter!

Unsere Augen zittern also die ganze Zeit, damit wir einen stabilen Eindruck von unserer Umwelt haben können. Wie jetzt Richtungsinformationen aus den Hypersäulen verwendet werden können, um Objekte zu erkennen, ist weitgehend unbekannt. Dass es diese Hypersäulen gibt, ist definitiv messtechnisch erwiesen. Hinter diesen Punkt können wir also bei unseren Betrachtungen nicht zurück fallen! Die Vermutung, dass die Hypersäulen etwas mit der Objekterkennung zu tun haben, ist gut begründet; wir sehen uns das später beim Computersehen näher an.

Haben Sie sich schon einmal ernsthaft die Frage gestellt, weshalb Sie in der Lage sind, eine Karikatur von einem Politiker zu erkennen oder warum Sie in der Lage sind, in einer Bildergeschichte für kleine Kinder alles zu erkennen (alles ist extrem vereinfacht und oft hat alles noch einen schwarzen Rand, um die Kontur stärker hervorzuheben)? Es liegt sehr wahrscheinlich daran, dass Sie als Baby alles völlig vereinfacht haben. Ein Auto war: Zwei schwarze Kreise, darauf ein langes Rechteck und darauf ein deutlich kürzeres Rechteck. Fertig! Später wurden im oberen Kasten noch zwei Aussparungen gemacht für die Fenster und wenn Papa einen Diesel fuhr, dann gab es zusätzlich einen Auspuff, aus dem Rauch heraus kam. Aktuell würden Sie ein Auto völlig anders malen, aber Sie verstehen immer noch die Formensprache Ihrer frühen Kindheit. Diese Formensprache wurde erlernt und wurde in der Zeit danach immer weiter verfeinert.

Der Punkt, auf den ich hinaus will ist, dass das, was wir physikalisch sehen nicht das ist, was in unserem Bewusstsein ankommt. Letztlich, siehe das Beispiel mit den Katzenbabys und den horizontalen oder vertikalen Streifen, können wir nur das sehen und erkenne, was wir zuvor explizit gelernt haben. So wie die Kätzchen entweder keine Bäume oder keine Stufen sehen können, so ist für uns alles völlig unsichtbar, was wir nicht zuvor gelernt haben!

Das bedeutet jetzt nicht, dass ich als Flachlandtiroler keine Berge sehen kann. Natürlich kann ich die sehen, weil es keine völlig neuen Strukturen erfordert. Ich kann nur die Berglandschaft nicht 'lesen'. Jemand sagt mir, auf der anderen Seite vom Tal gäbe es eine Almhütte und da könnte ich bequem tagsüber hinüber gehen, um dort zu übernachten. Wenn es nicht einen tief ausgetretenen Pfad gibt, dann wird mich die Bergrettung suchen müssen, denn mir fehlt das Vorwissen, wo ich langgehen kann und wo es schwierig wird. Auch die Kätzchen, die mit vertikalen Streifen aufwuchsen, sehen die horizontalen Streifen einer Treppe, doch ihnen fehlt die Fähigkeit, diesen zusammenhängenden Pixeln eine Bedeutung zu geben. Rein physikalisch sehen wir alles, was uns vor die Linsen kommt; in dieser Beziehung gibt es überhaupt keinen Unterschied zwischen unseren Augen und etwa einer Fernsehkamera. Man sieht also die Bildpunkte, kann aber das Gesehene nicht mental wahrnehmen und verstehen!

Wir kommen wieder im Buddhismus an! Die buddhistische Lehrmeinung setzt voraus, dass unsere Welt und alle Lebewesen irgendwann und exakt so entstanden sind, wie man sie auch jetzt noch antreffen kann. Die Naturwissenschaften haben nachgewiesen, dass es so nicht gewesen sein kann, denn alles hat sich langsam entwickelt. Der Buddhismus sagt, dass alle Wesen seit anfangsloser Zeit einen Geist haben und dass dieser Geist ihre Handlungen steuert, wozu er natürlich Wissen über das Umfeld haben muss. Die Naturwissenschaften sagen, dass für die Steuerung des Körpers die neuronale Verarbeitung völlig hinreichend ist und man es in näherer Zukunft wird nachweisen können. Dies hat mit einem der beiden folgenden Forschungsprojekten zu tun.

Aktuell gibt es zwei europaweite Forschungsgebiete, die mit jeweils einer zusätzlichen Milliarde Euro gefördert werden sollen. Das eine ist die Forschung über Graphen; dies sind einlagige Matten aus Kohlenstoffatomen mit erstaunlichen Eigenschaften (das erste Graphen wurde hergestellt, indem jemand Tesafilm auf die Spitze eines Bleistifts klebte und es wieder abzog; ich vermute, das war mal wieder ein Fall von „Der Zufall trifft nur den Vorbereiteten!", auch wenn er sich gerade langweilt und herum spielt). Der elektrische Widerstand von Graphen ist extrem gering und sowohl die Wärmeleitfähigkeit als auch die mechanische Reißfestigkeit sind enorm (jeder Stahl würde sich schämen, wenn er davon wüsste). Man hat noch nicht einmal einen Schimmer einer

Ahnung, was man mit diesem Material alles machen kann, insbesondere wenn man in Richtung von Computerchips denkt.

In dem anderen Projektbereich geht es darum, eine komplette Simulation eines menschlichen Gehirns zu erstellen. Man geht also wirklich bei und nimmt zunächst einzelne Gehirnbereiche, erforscht, welche Synapsen mit welchen anderen verbunden sind und wie stark die jeweilige Kopplung ist. Wir werden (vielleicht) in nicht allzu ferner Zukunft wissen, ob das Gehirn für geistige Prozesse hinreichend ist, also nichts Zusätzliches benötigt wird. Falls dieser Ansatz erfolgreich wäre, dann müsste so einiges in der tibetischen Philosophie gekippt werden (bei allen anderen Religionen allerdings noch sehr viel mehr). Wir werden das abwarten müssen! Die Philosophen streiten ja erst seit ein paar Jahrtausenden, ob es eine Seele gibt, wie diese beschaffen sein müsste und wie viele Engel auf der Spitze einer Nähnadel tanzen können, da sollten ein paar Jahre (Jahrzehnte?) mehr oder weniger keinen großen Unterschied machen.

Dieser Versuch, sämtliche Gehirnreaktionen als ´mechanistisch´ zu beweisen, dürfte extrem spannend werden, denn es ist das erste mal, dass man wissenschaftlich weit in die Teilgebiete vorstößt, die früher exklusives Herrschaftsgebiet der Religionen war (egal ob Glaubensreligion oder Erfahrungsreligion). Angenommen der mechanistische Ansatz bringt tatsächlich den Beweis, dass die nachgewiesenen Funktionen hinreichend für die Erklärung von Geist sind, dann werden diese Ergebnisse sehr vielen Menschen überhaupt nicht gefallen.

Ich bin sicher, dass es für viele keinen größeren Schock geben könnte, als die Feststellung, dass kein Gott über ihn wacht, sondern dass diese Menschen selbst die volle Verantwortung für alles haben, was ihnen widerfährt. Da helfen keine Beschwörungsformeln oder heilende Halbedelsteine, man wird völlig auf Ursache und Wirkung zurück geworfen!

Ich bezweifele, dass weite Teile der buddhistischen Philosophie richtig sein können (an zig verschiedene Höllenbereiche könnte ich mich vielleicht noch gewöhnen, aber einen Geist, der ungeschaffen und unveränderlich ist, werde ich nie glauben können, wenn er denn auch lernen und vergessen kann). Exakt das ist mein Problem, denn lange Jahre sah ich im Buddhismus eine Lehre, in der kein Glaube erforderlich ist. Jetzt sehe ich, dass Ursache und Wirkung im wissenschaftlichen Sinn zu anderen Ergebnissen kommt, als die Belehrungen des Buddhismus. Ich bezweifele in keiner Weise, dass sich die persönlichen Erfahrungen von Praktizierenden im Laufe der Zeit positiv verändern (habe ich ja selber mitgemacht) und ich zweifele nicht an den Meditationserfahrungen, die viele gemacht haben. Nur die Philosophie ist nicht stimmig.

Der zentrale Punkt meiner Kritik ist, dass etliche zentrale Fähigkeiten, die man dem Geist zuspricht (Denken, Erinnern, Planen, Mitgefühl entwickeln etc.) vor ein paar hundert Millionen Jahren nicht existiert haben können, denn es gab keine physikalisch / biologische Grundlage für sie. Dann wirkte die Evolution und so langsam entwickelten sich die Fähigkeiten, die der Buddhismus dem Geist zuschreibt. Und 'plötzlich' haben wir einen Geist, der die buddhistischen Definitionen erfüllt? Kann absolut nicht sein!

Wenn ich außer dieser Kritik nichts zu bringen hätte, dann wäre dieses Buch nicht wirklich sinnvoll. Ich habe, wie schon zuvor erwähnt, keine Ahnung von Feinstofflichkeit, Energiebahnen oder gar Magie, aber ich habe etwas anderes zu bieten: Ich kann in 'westlichen Worten und Bildern' sehr viel von dem erklären, was sich so in unseren Köpfen abspielt. Deshalb sehen wir uns jetzt mal an, was die Computertechnik denn zu den Themen Erkennen, Denken und Intelligenz so zu sagen hat.

Ein bisschen off-topic:
Zum Abschluss dieses Kapitels über unseren Sehsinn möchte ich noch eine Spekulation bringen, die ich leider aufgrund des damit verbundenen Aufwands nicht selber prüfen kann und die mal wieder auf männlicher Intuition beruht. Es geht um die Muskelpaare, mit denen wir unser Auge bewegen. Wir haben ein Muskelpaar, das für die links-rechts-Bewegung zuständig ist und wir haben ein weiteres Muskelpaar, das den Augapfel auf und ab rotieren lässt. Jetzt bin ich auch schon am Punkt, denn es gibt ein weiteres Muskelpaar, mit dessen Hilfe das Auge um seine Längsachse gedreht werden kann. Bei meinen Recherchen habe ich keine Erklärung hierfür finden können, aber ich habe mal wieder eine Theorie.

Diese Theorie geht auf alte Kampfschiffe der Marine zurück. Damals gab es keine sinnvoll einsetzbaren Digitalrechner, also baute man sogenannte Analogrechner, die meistens mit Formkörpern aus Messing arbeiteten. Man wusste, wo das eigene Schiff ist und man wusste, wo der Gegner ist, aber man wusste nicht, wie man die Kanone ausrichten musste, um ihn zu treffen. Oftmals arbeitete man mit drei Schüssen. Man machte einen ersten Schuss in ungefähr die richtige Richtung und schaute sich an, wo das Geschoss einschlug. Dann machte man eine 'vermutlich richtige' Korrektur und schoss das zweite mal und schaute sich an, wo dieses Geschoss einschlug. Jetzt konnte man die Korrekturen berechnen, damit spätestens der dritte Schuss im Ziel war.

Das Problem war nur, dass das Schiff ja nicht ruhig auf dem Wasser schwimmt, sondern durchaus heftige Schlinger und Nickbewegungen machte. Auf Schnellbooten, in denen man natürlich nicht genügend Platz für große Rechner hatte, ging man einen anderen Weg und zwar hatte man einen Kreisel, durch den man einen künstlichen Horizont bekam. Sowohl die Radaranlage als auch das Geschütz wurde dann immer so geschwenkt, dass die jeweilige Basis immer parallel zum Horizont war. Das Problem mit den Schiffsbewegungen hatte man also eliminiert.

Jetzt übertragen wir mal dieses Funktionsprinzip auf unsere Augen. Wenn man ruhig geht, dann bewegt sich der Kopf etwas auf und ab, aber man kann ihn ziemlich ruhig halten. Jetzt machen Sie mal bei Gehen heftige Kipp-Bewegungen mit dem Kopf (also nicht drehen). Und wie sie sehen, sehen Sie nichts (besonderes), denn das Bild bleibt stabil. Jetzt bringen wir diese beiden Informationen zusammen.

Verkoppelt mit unserem Gehörsinn haben wir den Gleichgewichtssinn. Bei diesem haben wir im Innenohr drei in sich geschlossene Ringe (ein Ring für jede der drei Dimensionen, in denen wir leben). Wir können also jede Beschleunigung sehr genau messen, die unsere Orientierung, in diesem Falle also die unseres Kopfes, verändert. Meine These ist jetzt, dass hieran gekoppelt unsere Augen um die Längsachse rotieren, wir sie also an einem ´künstlichen´ Horizont ausrichten.

Der Effekt ist, dass wir nicht dauernd das Bild neu aufbauen müssen, sondern dass die korrespondierenden Höhenlinien immer parallel ausgerichtet bleiben. Für weit entfernte Objekte dürfte das schon hinreichend sein, denn ob das eine Auge ein, zwei Zentimeter höher über Grund ist als das andere Auge, spielt da keine Rolle.

Etwas anders sieht das bei Nahzielen aus, etwa wenn wir hinter einer Beute her sind. Hier würden die wenigen Zentimeter Höhenunterschied dafür sorgen, dass ständig gesucht werden müsste, welche Höhenlinie vom linken Auge denn mit welcher aus dem rechten Auge korrespondiert. Das wäre sehr aufwändig in der Berechnung. Was ist also die Lösung? Ganz einfach: In Abhängigkeit von der interessierenden Entfernung schaut das aktuell tiefer liegende Auge etwas aufwärts und das andere Auge schaut etwas abwärts.

Wir haben also in unseren Augen (zusammen mit dem Orientierungssinn), mal wieder einen biomechanischen Rechner. Statt aufwändige Berechnungen anzustellen hat man einen künstlichen Horizont, den man sowieso braucht, und für jedes Auge ein Muskelpaar, das den Augapfel um seine Längsachse rotieren lässt. Perfekte Lösung fertig!

Künstliche Intelligenz & Bewusstsein

Da ich nicht voraussetzen kann, dass jemand, der zu einem Buch über ein religiöses Thema greift, gute Vorkenntnisse im Bereich Computertechnik hat, gebe ich einen ganz kurzen Überblick über die Entwicklung der letzten Jahre und über die dahinter stehenden Konzepte. Sie werden sehen, dass da einiges an relevantem Wissen vorhanden ist.

Expertensysteme

Mitte der 80er Jahre verkündeten die Informatiker, sie würden jetzt an dem 'general problem solver' arbeiten, also einem Programm, das in der Lage wäre, alle logischen Probleme zu lösen. Später kam man von dem etwas zu hohen Ross herunter und entwickelte ein neues Produkt, das Expertensystem genannt wurde. So ein System besteht aus zwei Teilen, nämlich der Wissensbasis (hier wurde Wissen codiert und in Wenn-Dann-Beziehungen aufgedröselt) und es gab eine Inferenzmaschine, die das vom Wissen unabhängige Herz der Anlage darstellt; diese Inferenzmaschine kann beliebig große logische Suchbäume generieren und diese dann Stück für Stück abarbeiten. Sie kann also logische Beweise führen!

Für die Programmierung der Wissensbasis brauchte man speziell ausgebildetes Personal, das dann menschliche Fach-Experten, etwa Tropenmediziner, befragte. Aus dieser Arbeit ergaben sich dann die Fragen, die ein späterer Nutzer beantworten sollte (bei einem Expertensystem für Automatikgetriebe hätte die Eingangsfrage „Macht das Getriebe schnarrende Geräusche?" sein können). Aufgrund der Antworten wurde dann ein logischer Suchbaum angelegt, was gegebenenfalls zu weiteren Fragen führte. Die vielleicht interessanteste Komponente so eines Expertensystems war die Fähigkeit des Systems darzulegen, wie es zur abschließenden Schlussfolgerung gekommen war.

Das Problem bei Expertensystemen war, dass sich Wissen nur selten 'scharf' abbilden lässt. Was **exakt** ist ein 'schnarrendes Geräusch'? Das lässt sich schlicht nicht definieren. Das größte Problem bei Expertensystemen war, dass der Aufwand für die Datenpflege riesig war, wenn sich das Expertensystem nicht auf ein statisches Objekt bezog. Eines der bekanntesten Expertensystemen diente der Diagnose und Behandlung von eingeschleppten tropischen Krankheiten, denn viele dieser Krankheiten kommen in Deutschland derartig selten vor, dass es kaum Mediziner gibt, die die Symptome richtig deuten können. Immer, wenn es neue wissenschaftliche Erkenntnisse gab, musste das Expertensystem nachgeführt werden. Wäre es um knallharte Ja-Nein-Fakten gegangen, dann wäre das noch einfach gewesen. Es ging aber um Informationen wie

„In 35% aller Fälle bewirkt die Gabe von xyz eine deutliche Besserung, in 4% der Fälle wäre dies jedoch letal!". Das Endergebnis war: Formale Logik kann unscharfe Probleme nicht lösen! Das wusste man allerdings vorher nicht, zumindest nicht mit dieser Klarheit.

Schach

Früher war die Kritik an der künstlichen Intelligenz immer, dass die Programme ja direkt die Intelligenz der Programmierer in Form von Programmen oder Dateien mit Daten beinhalten würden. Das war zumindest bei Deep Blue noch der Fall. Dieser Computer von IBM bezwang 1996 den damals amtierenden Schachweltmeister Garri Kasparow. Dieser Computer enthielt eine ziemlich große Datenbank für Eröffnungen und Endspiele und ansonsten wurde mit brutaler Rechenkraft gearbeitet. Man kann den einzelnen Schachfiguren eine Wertigkeit geben und rechnet dann alle Bewegungsmöglichkeiten durch; nicht nur für die eigenen Figuren, sondern auch für die gegnerischen Figuren. Hierbei werden wirklich alle Handlungsmöglichkeiten berücksichtigt. Dann macht man den Zug, der nach 5-6 weiteren Spielzügen zur besten Differenz in der Bewertung zum Gegner führen wird. Das war, wenn man so will, schwache künstliche Intelligenz, denn da war nur rohe Rechenkraft und die Intelligenz der Programmierer eingebaut.

Evolutionäre Programmierung

Vor rund 15 Jahren (also etwa 5 Jahre nach Deep Blue) las ich einen Spiegel-Artikel über evolutionäre Programmierung. Die britische Luftwaffe hatte zwar Flugsimulatoren, mit denen der Luftkampf geübt werden konnte, aber die Variationsmöglichkeiten waren so mager, dass sich die Piloten immer recht schnell langweilten. Also musste etwas besseres her.

Man schrieb eine Simulation, die das Flugzeug hinreichend realistisch nachbildete, also ein 'physikalisches' Modell. Dann erfand man die Piloten und das waren zunächst recht einfache Programme, die das physikalische Modell ansteuern konnten. Diese speicherten in ihrem 'Erbgut' Datensätze ab, in denen beschrieben war, in welcher Situation sie wie reagiert sollten und das wurde später erweitert auf 'nach welcher Sequenz von Aktionen sollte wie gehandelt werden'. Man gab den 'Piloten' einen ersten Datensatzes ein, der von Pilot zu Pilot hinreichend variierte, und ließ sie loslegen. In jedem Durchgang wurden die 'Piloten' selektiert, die am längsten überlebt hatten und sie wurden für die ´Züchtung´ genommen, wobei ihr Wissen natürlich immer größer wurde. Von Generation zu Generation erfolgten zufällige Variationen des 'Erbguts' und man ließ alle nachgezüchteten 'Piloten' wieder auf ihre imaginären Maschinen los.

Etliche Wochen lang startete eine Simulation nach der anderen. Nach einer Weile beherrschten die 'Piloten' ihre Maschinen schon ziemlich gut und es wurde weiter und weiter gemendelt. Schon nach wenigen Monaten düsten die 'Piloten' wie die Teufelskerle durch die simulierten Lüfte und versuchten sich gegenseitig abzuschießen. Wir können dies fast als 'Beweis' nehmen, dass das genetische Lernen sich genauso abgespielt hat, wie ich es weiter oben beschrieben habe.

Durchbruch mit neuronalen Netzen

Ich gehe in ein paar Seiten näher auf künstliche neuronale Netze ein. Hier geht es jetzt nur um die Fähigkeiten, die sie mittlerweile haben.

Anfang 2016 geschah im Bereich der künstlicher Intelligenz etwas, womit selbst Experten erst in einigen Jahrzehnten (wenn überhaupt) gerechnet hatten (http://www.zeit.de/sport/2016-03/go-alphago-mensch-maschine-viertes-duell). Ein Computer hatte reihenweise Profis des japanischen Go-Spiels vom Brett geputzt, was man eigentlich für unmöglich hielt. Der Unterschied hier war, dass dieser Rechner nicht evolutionär lernte, sondern ein 'Kopfkino' bekommen hatte, man könnte auch sagen, eine Simulation für die Simulation (wie das im Prinzip funktioniert, habe ich ja schon für das biologische Äquivalent beschrieben).

Das einzige Grundwissen, dass dieser Rechner hatte, waren die Regeln und dann fing er an, gegen sich selbst zu spielen (es gab keine ´Intelligenz´, die von den Programmierern eingegeben worden war!). Wenn eines seiner Ichs verloren hatte, dann wurde das Spiel rückwärts abgearbeitet und nach der Stelle gesucht, wo möglicherweise eine schwache Entscheidung getroffen worden war. Es wurde also kein evolutionärer Druck ausgeübt, sondern von der bisher besten Version wurde versucht auf kürzestem Wege eine bessere abzuleiten. Es handelte sich demzufolge nicht um einfaches Lernen, sondern um ein simuliertes Trainingslager, das es erlaubte extrem effektiv zu lernen! Wenn man einmal so ein Trainingslager programmiert hat, dann benötigt es nur minimale Änderungen, um ein völlig anderes Wissensgebiet zu erschließen. Weder das Wissen noch die Intelligenz von Programmierern wäre da eingebaut!

Jetzt muss ich noch eine Erweiterung machen, denn es gibt seit 2016 auch ein Schachprogramm, das auf neuronalen Netzwerken basiert und, mit /

gegen sich selber spielend innerhalb von Tagen auf ein Niveau kam, dass nur knapp unter dem von Großmeistern liegt. Dieses war kein Großprojekt, sondern Thema einer Doktorarbeit. Einzelheiten, auch mit einem Verweis auf die Seite des Entwicklers, finden Sie hier:
http://www.spiegel.de/netzwelt/web/kuenstliche-intelligenz-computer-lernt-in-72-stunden-schach-a-1053338.html

Künstliche Intelligenz; ist Bewusstsein definierbar?

Beim chinesischen Zimmer handelt es sich um ein Gedankenexperiment, das sich der Philosoph John Seale ausgedacht hatte. Doch zuerst muss ich den Turing-Test beschreiben, denn die beiden sind verknüpft.

Allan Turing hatte ein Gedankenexperiment zu der Zeit erdacht, als Informatiker (ich weiß nicht genau, ob sie damals schon so hießen) anfingen, sich Gedanken über künstliche Intelligenz zu machen. Hierbei ging es hauptsächlich um die Frage, wie man denn überhaupt Intelligenz definieren könne, denn sonst wäre es ja unmöglich anzugeben, ob denn ein Computer per Programmierung wirklich intelligent geworden wäre.

Das war eine schwierige und hoch philosophische Frage, denn niemand wusste, was Intelligenz denn eigentlich ist. Die damals (ich glaube jetzt auch noch) einzig sinnvolle, aber letztlich ziemlich dümmliche Antwort war: Intelligenz ist das, was man mit einem Intelligenztest misst! Mit so einer Antwort kann man aber keinen Philosophen abspeisen!

Da hatte Turing folgende Idee: Wir nehmen einen Fernschreiber (heute würde man einen Computer mit einem Chatprogramm nehmen, aber das macht keinen prinzipiellen Unterschied) und ein Mensch setzt sich an die Tastatur und startet eine Konversation über beliebige Themen, die auch beliebig kompliziert sein dürfen. Wenn dieser Mensch nicht in der Lage ist, zu unterscheiden, ob an der anderen Seite vom Draht ein anderer Mensch sitzt oder ein Computer angeschlossen ist, dann wird man der Maschine Intelligenz zugestehen müssen.

Wir kommen jetzt zum chinesischen Zimmer zurück. In einem Raum sitzt ein Mensch, der allerdings kein chinesisch versteht, und durch eine Luke in der Wand werden Kombinationen von chinesischen Schriftzeichen als Frage gereicht. Die Person in dem Raum hat eine für sie lesbare Anleitung, wie diese Kombinationen zu bearbeiten sind, sucht entsprechend andere Schriftzeichen zusammen und schiebt sie durch die Luke zurück.

Die Menschen außerhalb des Raumes müssten jetzt annehmen, dass in dem Zimmer ein Mensch sein muss, der chinesisch versteht. Und weil er ein Mensch ist, hat er natürlich auch ein Bewusstsein. Dieses Gedankenexperiment soll aufzeigen, dass ein Mensch oder Computer in einem ′chinesischen Zimmer′ zwar die Syntax (wie ist die Sprache aufgebaut), jedoch nicht die Semantik (was ist die Bedeutung davon) beherrschen könnte. Wenn aber die Bedeutung nicht erfasst werden kann, dann könne es auch kein Bewusstsein geben; das vorgebliche Bewusstsein wäre also in den Handlungsanweisungen codiert und nicht erworben.

Ich könnte jetzt ein wenig ins philosophische Hochgebirge mit Ihnen steigen, aber diesen Ausflug erspare ich Ihnen (und mir), denn dort gibt es nichts, was man nicht auch auf Meereshöhe verstehen könnte. Die grundsätzlichen und immer noch nicht beantworteten Fragen sind:
1. was ist Intelligenz?
2. was ist Bewusstsein?
3. sind Intelligenz und Bewusstsein identisch?
4. benötigt es für Bewusstsein einen biologischen Körper?

Was Intelligenz genau ist, das wissen wir immer noch nicht. Was wir wissen ist, dass Intelligenz etwas mit Problemlösungen zu tun hat. Wenn man ein System hat, das ein Problem lösen kann, dann steckt da mit Sicherheit Intelligenz drin. Hauptkritikpunkt hierbei war immer, dass es sich dabei ja um die Intelligenz der Programmierer handeln würde, die sich im Programmcode kondensiere. Ich komme zu dem Computer zurück, der die Go-Meister vom Brett gefegt hat. Der kannte nur die Regeln des Spiels und hat sich alles andere selbst beigebracht; da konnte also nicht mehr die Intelligenz der Programmierer drin stecken. Wir haben also den Beweis, dass Intelligenz nicht an einen biologischen Körper gebunden ist. Wenn ein System ein Problem besser, eleganter oder schneller lösen kann, als ein anderes System, dann ist es intelligenter. Wir werden uns daran gewöhnen müssen, dass intelligent ist, was intelligent erscheint.

Von Bewusstsein wissen wir noch sehr viel weniger was es eigentlich ist. Mal grob vereinfacht setzt Bewusstsein voraus, dass man sich selbst als Entität wahrnehmen kann, also ein Ich und ein 'da draußen' unterscheidet. Nur mal so als Seitenhieb nebenher: Das ist genau das, was der Buddhismus als das Grundübel unserer Existenz bezeichnet.

Ich mache mal ein Gedankenexperiment, verstehe hierbei Geist und Bewusstsein als Synonyme und gehe rund eine Milliarde Jahre in die Vergangenheit. Alles deutet darauf hin, dass es irgendwann um diese Zeit den Urahnen aller Lebewesen auf dieser Welt gegeben hat, der sich selbstverständlich auch vermehrte, denn sonst gäbe es uns jetzt nicht. Jetzt gehe ich den Baum der evolutionären Verzweigungen hinauf, immer dem Pfad nach, der schließlich die Menschen entstehen ließ. Nach jeder Reproduktion postuliere ich ein Zwillingspärchen (das es auch tatsächlich gegeben haben könnte) und einer der Zwillinge sagt: Ich habe einen Geist, aber mein Zwilling hingegen nicht. Das liegt daran, dass meine Nachfahren Menschen sein werden und seine eben nicht!

Wenn es also tatsächlich eine Evolution gab (und dass es sie gab, ist in den Naturwissenschaften die mit weitem Abstand am besten abgesicherte Erkenntnis), dann ist die Vorstellung von einem plötzlichen Erscheinen von Geist völlig unsinnig. Also haben wir hier entweder die submikroskopische Einwirkung eines Gottes oder das, was als Geist / Bewusstsein bezeichnet wird, hat sich evolutionär entwickelt. Zusätzlich bliebe noch die Möglichkeit, dass es etwas ist, das über dem steht, was den Naturwissenschaften zugänglich ist. Oder zugespitzt gesagt: Entweder hat / ist alles Geist, selbst der letzte Staubkrümel am Rande des Universums, oder Geist / Bewusstsein ist eine selbstgefällige Erfindung. Die Meinung, die jedes einzelne Ego in dieser Frage hat, dürfte klar sein. Aber das Ego glaubt sowieso immer alles, was als Verkaufsargument dienen könnte! Ob das Argument wahr ist (warum muss ich jetzt gerade an Politiker denken?), spielt keine Rolle.

Ich möchte noch ein kleines Beispiel geben, um die Hochnäsigen unter uns ein wenig zu ärgern. Dies geht auf einen Artikel aus Zeit Online zurück (http://www.zeit.de/zeit-wissen/2006/06/Titel-Tiere.xml/seite-4), der sich an dieser Stelle mit der Frage beschäftigt, ob Bewusstsein vorhanden sein muss, wenn bewusst gehandelt wird:

> *Auch Berichte über ein Grundverständnis von Ökonomie könnten Indizien für bewusstes Handeln sein. Im Zoo von Jersey haben die Orang-Utans von selbst angefangen, mit den Tierpflegern "Preise" auszuhandeln. Immer wenn Besuchern etwas ins Gehege gefallen war, ein Schirm, ein Schlüssel, eine Kamera, holten sich die neugierigen Menschenaffen den Gegenstand, um ihn nach Orang-Utan-Art ausführlich zu untersuchen. Die Pfleger lockten mit Leckerbissen, um sie zur Herausgabe der Fundsachen zu bewegen. Die Tiere begriffen den Deal ziemlich schnell. Dann fingen sie an, eigene Vorstellungen vom "Wert" der Gegenstände zu entwickeln. Und diesem Wert musste von nun an der zum Tausch dargebotene Leckerbissen entsprechen. Als Äquivalent für einen Kinderhandschuh akzeptieren die Orang-Utans ein paar Rosinen. Ein klimpernder Schlüsselbund kostet eine Banane.*

Ob ökonomisch agierende Menschenaffen ähnliche Empfindungen haben wie Menschen auf dem Flohmarkt? Leider können sie es uns nicht mitteilen. Und in dieser Unfähigkeit sehen manche Zoologen und Philosophen den prinzipiellen Unterschied zwischen Menschen und selbst hoch entwickelten Tieren. Wesen ohne Sprache können ein gewisses geistiges Niveau nie erreichen.

Wir können davon ausgehen, dass Intelligenz und Bewusstsein nicht identisch sind. Bei der Beantwortung der Frage, ob ein Orang-Utan (das ist übrigens Indonesisch und heißt Waldmensch) Bewusstsein hat, stellen wir verblüfft fest, dass es noch nicht einmal eine Definition von Bewusstsein gibt. Dass es Bewusstsein gibt, ist völlig unbestritten. Dass sich Bewusstsein im Laufe der Evolution entwickelte, ist weit mehr als wahrscheinlich. Nur was Bewusstsein ist, weiß aktuell niemand; man hat die Vermutung, dass es etwas damit zu tun hat, dass man sich als Individuum betrachtet. Könnte sein, aber dann würde man ein Schwarmbewusstsein ausschließen (es gibt kein Ich, aber es gibt ein Wir). Schon wieder eine Frage, die wir auf die Halde für eine eventuelle spätere Bearbeitung packen müssen.

Wenn wir voraussetzen, dass Bewusstsein etwas ist, das nicht plötzlich durch einen göttlichen Funken entstand, sondern sich aufgrund evolutionärer Prozesse langsam entwickelte, dann muss sich ja dieses Bewusstsein in der Verschaltung unserer Gehirnzellen widerspiegeln. Man muss **nur** heraus finden, wie viele Zellen das sind, wie sie miteinander verschaltet sind und welche Gewichtung diese Verbindungen haben. Eine Aufgabe für Sisyphus, aber im Prinzip machbar, allerdings wird die klägliche Summe von einer Milliarde dafür wahrscheinlich nicht reichen. Aber es kann gemacht werden! Wenn die Evolution und unser Körper über Ursache und Wirkung funktionieren, dann wird man das in jedem (hinreichend großen) Computer auch modellieren können. Folglich müsste der Computer dann über Bewusstsein verfügen!

Merken Sie etwas? Ich habe den Motor des wissenschaftlichen Bulldozers angeworfen und schiebe alles vor mir her in Richtung der nächsten Wand. Und dann werden alle selbstgefälligen Gedanken erst gegen die Wand und dann hindurch gedrückt. Ob es einen vom Körper unabhängigen Geist gibt, weiß ich nicht. Letztlich kann ich mit beiden Vorstellungen komfortabel leben, aber wissen würde ich es trotzdem gerne!

Es ist also aktuell noch eine reine Glaubensfrage, ob Computer, welcher Art auch immer, irgendwann sogar ein Bewusstsein entwickeln könnten (dann käme natürlich die nächste Stufe der Beleidigung für diejenigen, die an einen Schöpfergott glauben, denn dann müsste man ja auch untersuchen, ob Computer eine Seele haben und was mit ihr passiert, wenn der Computer verschrottet wird).

Früher wurde überwiegend behauptet, dass es auf ewig unmöglich sein würde, denkende künstliche Gebilde zu bauen. Mittlerweile hat sich die Meinung dahin verschoben, dass man es besser nicht versuchen sollte. Ich übertreibe mal etwas. Ich unterstelle einen leicht genialen Programmierer mit einem IQ von 150, der es schafft, echte Intelligenz in seine Programme zu bringen. Dann macht er einen Vertrag mit http://www.cyc.com/ und lässt seinen Computer lernen, was in mehreren Jahrzehnten an Wissen in dieses System eingegeben wurde (Cyc war / ist der Versuch, Wissen formal darzustellen; Ziel war es, so viel Grundlagenwissen zusammen zu tragen, dass ein intelligenter Computer anschließend den ganzen Rest selber lernen kann; durch sein Cyc-Vorwissen könnte er ziemlich gut unterscheiden, welches korrekte Inhalte sein könnten und was nicht; jetzt, mit dem Internet, könnte er so viel lernen, dass er eigentlich allen Menschen überlegen sein sollte).

Unterstellen wir mal, der Computer hätte einen IQ von 1.000 entwickelt. Er wäre also seinem Erschaffer und dem Rest der Welt intellektuell völlig überlegen. In der Science Fiction wäre dies ein fataler Fehler gewesen, doch realistisch betrachtet wäre dies noch völlig ungefährlich. Gefährlich würde es werden, wenn man dem Computer auch noch eine Intention einprogrammiert (wie in den Terminator-Filmen: Reproduziere dich und herrsche!). In meiner Studentenzeit war ein Poster recht beliebt, das einen Atompilz mit folgendem Text zeigte: „Ein kleiner Fehler in Programmzeile 168.915". Das könnte man dann abwandeln in: „Ein Dendrit von Neuron 168.915 war falsch gewichtet!"

Man möge mir diesen kleinen Ausflug verzeihen (Computerei ist halt mein Hobby), aber ich bin immer noch am Thema. Es gibt keinen, auch nicht den kleinsten Anhaltspunkt dafür, dass Bewusstheit etwas Göttliches ist und nichts profan materielles (ob Materie nondualistisch empfinden kann, lasse ich mal als philosophisch ungeklärte Frage außen vor). Die Wissenschaft fordert bekanntlich, dass für einen Nachweis die Messbarkeit eine grundsätzliche Voraussetzung ist und dass andere die Messung auch nachvollziehen können. Trotz Gost-Busters: Es hat noch niemand einen Geist-Detektor gebaut und solange sich hieran nichts ändert, überlassen die ernsthaften Wissenschaften die Frage nach Seele, Geist und Bewusstsein den Philosophen und Religionswissenschaftlern.

Watson

Um jetzt der Gemeinheit auch noch ein wenig Niedertracht folgen zu lassen, folgendes Zitat aus dem deutschen Wikipedia:

> **Watson** *ist ein Computerprogramm aus dem Bereich der Künstlichen Intelligenz. Es wurde von IBM entwickelt, um Antworten auf Fragen zu geben, die in digitaler Form in natürlicher Sprache eingegeben werden. Das nach Thomas J. Watson, einem der ersten Präsidenten von IBM, benannte Programm wurde als Teil des DeepQA-Forschungsprojektes entwickelt.*
>
> *Zur Demonstration seiner Leistungsfähigkeit konkurrierte das Programm in drei vom 14. bis 16. Februar 2011 ausgestrahlten Folgen der Quizsendung Jeopardy mit zwei menschlichen Gegnern, die in der Show zuvor Rekordsummen gewonnen hatten. Die Partie, für die ein [zusätzliches] Preisgeld von einer Million Dollar ausgelobt war, wurde in den Medien daher mit dem Duell des Schachweltmeisters Garri Kasparow gegen den Computer Deep Blue verglichen. Das System [Watson] gewann das Spiel mit einem Endstand von $77.147 gegenüber den $24.000 bzw. $21.600 seiner menschlichen Konkurrenten.*

In der Quizsendung Jeopardy wird die Allgemeinbildung abgetestet, wobei teilweise auch mit Wortspielen und Andeutungen gearbeitet wird; man muss also schon ziemlich gut sein, um in die Endrunde kommen zu können. Egal welche persönliche Einstellung Sie haben, Sie werden sich damit abfinden müssen, dass es nur eine Frage recht kurzer Zeit ist, dass nach der Intelligenz auch das Bewusstsein nicht mehr biologischen Systemen vorbehalten sein wird. Die Frage, ob das gut oder gar erfreulich ist, lasse ich mal vorsätzlich offen und schaue im nächsten Kapitel auf eine Mainstream-Entwicklung.

Autonomes Fahren und Objekterkennung

Das autonome Fahren geriet in die Öffenlichkeit mit der DARPA-Challenge im Jahre 2004. Die DARPA ist eine zum amerikanischen Militär gehörende Behörde, die sich um militärisch verwertbare technische Forschung kümmert. Unter anderem haben wir dieser Behörde das Internet zu verdanken; man hatte eingesehen, dass man wegen den notwendigerweise sehr kurzen Reaktionszeiten bei der Abwehr von Atomraketen das ganze System automatisieren musste. Dies mit einem einzigen zentralen Rechner zu machen, kam wegen der Anfälligkeit bei einem Angriff nicht in Frage. Also brauchte man eine Vernetzung von vielen Rechnern. Doch das Internet ist hier nicht das Thema.

Diese DARPA schrieb einen Wettbewerb aus, bei dem ein autonomes Fahrzeug rund 240 Kilometer durch die kalifornische Wüste, meist auf unbefestigten Pisten, fahren sollte und hierzu zehn Stunden Zeit hatte. Über 100 Teams nahmen an dem Wettbewerb teil und nicht ein einziges Fahrzeug schaffte es ins Ziel. Jetzt, etwas mehr als 10 Jahre später, sind schon viele Fahrzeuge autonom unterwegs. Da die Systeme noch nicht wirklich fehlerfrei sind (sie machen jetzt rein statistisch ungefähr so viele Fehler, wie es auch menschliche Fahrer machen würden), sitzt immer noch jemand hinter dem Lenkrad, der das Fahrzeug in Sekundenbruchteilen übernehmen kann.

Wie weit man schon ist, können Sie diesem Artikel entnehmen: http://www.spiegel.de/wirtschaft/unternehmen/autonome-lkw-in-zehn-jahren-werden-keine-fahrer-mehr-benoetigt-a-1112566.html Wenn man innerhalb von 10 Jahren so viel weiter gekommen ist, dann ist also absehbar, dass es schon in näherer Zukunft sehr viele autonome Fahrzeuge geben wird. Das 'witzige' an diesen Fahrzeugen wird sein, dass sie sich ihrer Selbst und ihrer Umgebung weitgehend bewusst sein müssen. Die Schranke des Bewusstseins ist also ganz kurz davor zu fallen.

Ungefähr ab 1980 wurde intensiv auf dem Gebiet der Objekterkennung durch Computer geforscht. Ein damaliger Studienkollege von mir schrieb seine Diplomarbeit und es ging dabei darum, in der Automobilindustrie die Räder eines Autos automatisch zu montieren. Das Dumme war, dass die Radnabe immer unterschiedlich verdreht war. Entweder musste die Radnabe so gedreht werden, dass ein tumber Automat das Rad aufsetzen und festschrauben konnte, oder der Automat musste zu einem etwas intelligenteren Roboter aufgemotzt werden, damit er selbst das Rad so drehen konnte, damit es auf die Nabe passte.

Zur damaligen Zeit war die Rechenpower noch sehr begrenzt, also benötigte man eine perfekte Ausleuchtung. Es reichte schon, wenn eine Glühlampe den Geist aufgab und die Produktion musste gestoppt werden. Das waren also mit die ersten Gehversuche bei der praktischen Anwendung von Objekterkennung.

Vor wenigen Jahren wurde ein 'Großversuch' für die Personenerkennung an einem Bahnhof gemacht. Die Behörden hatten sich sehr viel mehr aus dem Versuch erhofft (die Trefferquote lag bei 80% oder weniger) und ein

Wissenschaftler sagte „Was erwarten die denn? Das ist der aktuelle Stand der Forschung!". Wie wir schon beim autonomen Fahren gesehen haben, ist die aktuelle Entwicklung auch hier sehr dynamisch. Auch hier ist es eine Frage relativ kurzer Zeit, dass Computer auch unter widrigen Umständen Menschen oder Dinge erkennen können.

Bisher waren Roboter in der Industrie immer eingesperrt. Nicht, weil man befürchtete, sie könnten weglaufen, sondern als Schutzfunktion, damit ihnen kein Mensch zu nahe kommen konnte. Der Grund war, dass diese Roboter riesige Kräfte freisetzen konnten; wenn etwa ein Greifarm von Position A zur Position B bewegt werden sollte, dann machte der Roboter das unabhängig davon, ob da ein Mensch im Wege stand oder nicht. Jetzt werden die ersten Roboter gebaut, die ständig *wissen*, was um sie herum passiert und es auch bemerken, wenn sie unerwarteterweise etwas berühren. Das macht man natürlich nicht, weil man gerne intelligentere Roboter hätte, sondern weil dies die absolute Voraussetzung dafür ist, dass man menschliche Arbeit und die Arbeit von Robotern eng miteinander vermaschen kann; bei Gefahren für Leib und Leben der Menschen ginge das nicht.

Es ist heute Stand der Technik, dass bei der industriellen Herstellung von Komponenten Objekterkennung und sogar Objektvermessung automatisch in der Kontrolle arbeiten. Das geht mit der Eingangsprüfung los (defekt aussehende Teile gelangen gar nicht mehr in den eigentlichen Produktionsprozess). Je nachdem, worum es geht, werden sogar Zwischenschritte abgeprüft. Der Roboter hat ein Sehorgan, nämlich mindestens eine Kamera, und einen Sehsinn, denn er kann die Signale aus der Kamera aufbereiten und ´verstehen´. Dem schließt sich ein Komplex an, der das wahrgenommene Objekt erkennt (also letztlich benennt) und gibt das weiter an eine Institution, die das Wahrgenommene bewertet (dieses Bauteil ist gut, dieses Bauteil ist schlecht).

Bis auf das für das Karma notwendige Speicherbewusstsein haben wir nach buddhistischer Belehrung alles zusammen, was man in Bezug auf den Sehsinn für Bewusstsein benötigt! An den Problemen Hören, Riechen, Schmecken und Fühlen arbeitet man noch, obwohl auch dort ist man schon weiter, als vor wenigen Jahrzehnten beim Reifendreh-Roboter.

Sie sehen, auch auf dieser Ecke wird die tibetisch buddhistische Philosophie in ganz wenigen Jahren große Probleme bekommen, denn alles, was sie für einen Geist postuliert, wird man auch technisch realisieren können. Das bedeutet nicht zwangsweise, dass die Buddhis völlig falsch liegen; ihre Erklärungen werden nur in naher Zukunft nicht mehr hinreichend sein. Entweder sie lösen sich von 2.500 Jahre alten

Belehrungen und bessern nach, oder sie werden, wie andere Religionen auch, an den Rand geschoben!

Eine Religion, die offensichtlichen Unfug verkündet, konnte sich das im Mittelalter noch leisten, jetzt klappt das nicht mehr so gut. Einen angeblich unfehlbaren Papst wird man letztlich entsorgen müssen, denn es gibt ihn nicht und es gab ihn nie! Diese Ansicht mag vielen Menschen nicht gefallen, vielleicht sind sie sogar der Ansicht, dass ich als Ketzer auf den Scheiterhaufen gehöre, doch ich werde immer das „prüfen können und dürfen " dem „glauben müssen" vorziehen.

Wenn ich diesem Gedanken abschwöre, dann können Sie sicher sein, dass ich lüge, um mein Fell zu retten; als Buddhist darf ich lügen, wenn es dem guten Zweck dient. Stellen Sie sich einfach folgende Situation vor (von Ole geklaut): Sie gehen abends eine Straße entlang und Ihnen kommt jemand entgegen gerannt, das Gesicht blutüberströmt, und biegt nach rechts in eine Seitenstraße ab. Sekunden später kommt Ihnen eine Gruppe Leute entgegen gerannt, Schlagringe auf den Fäusten und Ketten in den Händen. „Wo ist das Schwein lang gerannt?" Wenn Sie nicht zu den moralinsauren Typen gehören, wird die Antwort sein: „Dort nach links!" Und dann entfernt man sich selber extrem zügig.

Assoziativer Speicher

Als man in der Computerei anfing, sich Gedanken über künstliche Intelligenz zu machen (das war Anfang der 60er Jahre), war ziemlich schnell klar, dass assoziativer Speicher nicht nur sehr hilfreich sein würde, sondern eigentlich essenziell. Ich hörte den Ausdruck assoziativer Speicher das erste mal in meinem Studium; an einem der Institute im Bereich Elektrotechnik versuchte man, so einen Speicher zu entwickeln (und scheiterte übrigens, wie alle anderen auch).

Ein Professor beschrieb das damals ungefähr so: Normale Computer sind sehr gut darin, in sortierten Listen zu suchen. Man kann sich das so wie mit einem Telefonbuch vorstellen, in dem alle Namen alphabetisch sortiert eingetragen sind. Wenn man jetzt nach „Puhvogel, Margarete" sucht, dann bekommt man alle Einträge, in denen der Name in exakt dieser Form eingetragen ist. Wenn man jedoch nach „Puvohgel, Margarete" (Tippfehler) sucht, dann wird man sie nicht finden. Das ist also ein traditioneller Speicher plus Suchvorgang. Jetzt zerschneidet man das ganze Telefonbuch so, dass auf jedem Zettelchen nur noch ein Name und eine Telefonnummer steht und die ganzen Zettel wirft man auf einen Haufen. Wenn man dann sagt „Puhvogel, Margarete" und dann kommen alle Zettel aus dem Haufen heraus, die meinen einen zumindest ähnlichen Inhalt zu haben, und stellen sich in einer Reihe auf, wobei die Zettel mit der besten Übereinstimmung links stehen. Ein „Puvohgel, Margarete" würde also dafür sorgen, dass der tatsächlich gesuchte Zettel auch ziemlich weit links zu finden sein wird.

Bis zum Ende der 90er Jahre wurden hunderte von Patenten für assoziative Speicher beantragt und seither herrscht weitgehend Ruhe auf diesem Gebiet. Das liegt daran, dass seither keiner mehr neue und / oder gute Ideen zur Realisierung gefunden hat. Ich will kurz erklären, woran alle früheren Ideen krankten und warum es aktuell keine neuen Ideen mehr gibt.

Hierzu müssen wir uns den Begriff ´Ähnlichkeit´ näher ansehen. Was genau ist das? Nehmen wir mal ein praktisches Beispiel, eine Suche im Internet. Wir wollen etwas über Fernseher wissen und geben in unserer Lieblingssuchmaschine den fehlerbehafteten Suchbegriff „Fernsteher" ein. Eine ganz normale Datenbank würde einem jetzt wahrscheinlich sagen, dass es zu diesem Begriff keinen Eintrag gibt. Andere Datenbanken sind da toleranter und machen eine sogenannte Fuzzy-Suche (fuzzy bedeutet so viel wie unscharf, verschwommen). Eventuell wird man auch gefragt: „Meinten Sie Fernseher?"

Eine oft gewählte Methode wäre, zu jedem Listeneintrag die Levenshtein-Distanz (der Erfinder der Methode war Wladimir Lewenstein und warum die englisch / amerikanischen Muttersprachler seinen Namen verhunzt haben, weiß ich auch nicht). Für die Berechnung dieser Distanz wird ermittelt, wie viele Ersetzungen, Verschiebungen oder Tauschoperatoren durchgeführt werden müssen, um den Suchbegriff in den jeweiligen Eintrag umzuformen (die andere Richtung bringt natürlich das gleiche Ergebnis).

Da man den Suchbegriff vorher nicht kennen kann, muss man also für jeden einzelnen Eintrag des Wissens diese Distanz berechnen. Das dauert bei langen Listen natürlich extrem lange. Das andere Extrem haben wir, wenn der Suchbegriff parallel an alle Speicherzellen angelegt wird und jede der Zellen einen eigenen Distanzberechner hat. Bei vielen Speicherzellen wird daher der gerätemäßige Aufwand sehr hoch, dafür ist man extrem schnell. Natürlich gibt es auch jede beliebige Mischform zwischen diesen beiden Extremen.

Jetzt kommen wir zum nächsten Problem, das eine Fuzzy-Suche mit sich bringt und zwar geht es darum abzugrenzen, wie groß die Ähnlichkeit mindestens sein muss oder maximal sein darf. Wir nehmen mal wieder „Puhvogel, Margarete" und vergleichen sie mit „Meier, Peter". Im Nachnamen stimmt das ´e´ überein und im Vornamen das ´e´ und das ´r´. Wir haben also eine Ähnlichkeit! Rein intuitiv würden wir aber einen Peter Meier nicht im Suchergebnis haben wollen! Wenn ich mit der Ähnlichkeitsbetrachtung bis auf die Bitebene herunter gehe, dann gibt es eigentlich in einem Computer nichts, was dem Rest des Wissens wirklich unähnlich ist. In der Mathematik nennt man so einen Vergleich des Eingabemusters mit dem gesammelten Wissen übrigens Kreuzkorrelation, wobei jedes mögliche Teilmuster vom Eingangsmuster mit dem gesamten gespeicherten Wissen verglichen wird. Also jedes mal **extrem** viel Arbeit.

Wir wissen zuverlässig, dass wir einen assoziativen Speicher in unserem Gehirn haben, die Wissenschaft weiß allerdings noch nicht, wie der aufgebaut sein könnte. Eine Hoffnung stellen künstliche neuronale Netze dar (die Hoffnung stirbt bekanntlich zuletzt). Wir sehen uns die mal an.

Künstliche neuronale Netze

Die ersten Gedanken über künstliche neuronale Netzwerke machte man sich schon 1943, aber erst ab etwa 1985 wurde dieses Wissensgebiet intensiv beackert. Hierbei modellierte man Neuronen mit Hilfe von Matrizen; jede Zeile stand für ein Neuron und in den Spalten wurde eingetragen, mit welchen anderen Neuronen dieses verbunden war und wie stark die Verbindung sein sollte. Es war theoretisch nachgewiesen worden, dass solche Netzwerke über ´back propagation´ lernfähig sind. Nur war diese Lernfähigkeit eigentlich eher sehr schwach ausgeprägt.

Was wir absolut sicher wissen ist, dass dieser assoziative Speicher in unserem Schädel mit Hilfe von neuronalen Netzen aufgebaut sein muss, denn das ist exakt das, was wir dort haufenweise drin haben (ich gehe jetzt von der Annahme aus, dass das Denken im Gehirn passiert). Das ist auch einer der Gründe, weshalb man sich so intensiv mit Neuronen beschäftigt, denn wer in der Lage ist, einen schnellen assoziativen Speicher zu bauen, der bekäme nicht nur den Nobelpreis, sondern würde zusätzlich unermesslich reich werden. Warum? Weil man dann wirklich intelligente Computer bauen könnte, die auf wirklich allen Gebieten einsetzbar sind (bisher gibt es, um mit den Autisten zu sprechen, nur Inselbegabungen).

Wir fangen kurz mit den Grundlagen an. Zunächst haben wir ein Neuron und von diesem Neuron gehen die Dendriten ab. An den Enden der Dendriten befinden sich Gebilde, die wie ein Saugnapf aussehen. Diese Saugnäpfe können an anderen Neuronen oder auch Dendriten andocken. Kompliziert wird es, weil ein Neuron durchaus mehrere tausend Dendriten ausbilden kann und auch sehr viele Saugnäpfe an einem Neuron andocken können. Es ergibt sich also jeweils ein beliebig kompliziertes Netzwerk.

Zusätzlich ist bekannt, wie Signale durch die Nervenfasern wandern (das genaue Zusammenwirken von Elektrizität und Chemie ist mittlerweile exakt bekannt; Überraschungen, dass es doch nicht so funktioniert, wären wirklich sehr überraschend). Was man noch nicht ganz genau weiß ist, was sich alles innerhalb der Neuronen abspielt. Ich gehe davon aus, dass sich hier keine prinzipiellen Hürden mehr in den Weg stellen werden. Bis man das heraus gefunden hatte, arbeitet man ersatzweise mit künstlichen neuronalen Netzen, die man auf jedem PC mit einfachsten Mitteln simulieren kann (man muss ja nicht alles komplett wissen, um schon mal mit Experimenten zu beginnen).

Die ersten Versuche, ein künstliches neuronales Netz zu realisieren, wurden schon in den 60er Jahren gemacht, diese waren jedoch nicht besonders beeindruckend. Aktuell sind die Forschungen an und über künstliche neuronale Netze ziemlich aktiv und in Teilgebieten lassen sich schon Erfolge vorweisen. Was unser Gehirn / Geist kann wird aber bisher nur in Ausnahmefällen übertroffen (siehe den Go-spielenden Rechner oder der neuronale Schachcomputer), denn es ist bisher nicht so ganz leicht, so ein Netzwerk zu programmieren.

Ich bin nicht sicher, ob die folgende Geschichte wirklich wahr ist, sie bringt das Problem aber auf den Punkt. Eine Firma wollte vor etlichen Jahren ein Gerät bauen, das Waffen im Gelände erkennen kann. Also machte man Photos mit Waffen im Gelände (mit und ohne Tarnung) und andere Photos ohne Waffen. Mit diesen Bildern wurde das neuronale Netzwerk trainiert und man erreichte nach einer Weile ziemlich gute Trefferquoten. Dann folgte ein Feldversuch und der war ein Desaster, denn die Erkennungsrate lag bei Null. Das Rätselraten begann und schon bald wusste man, wo der Fehler lag. Die Photos waren an verschiedenen Tagen aufgenommen worden und das neuronale Netz hatte gelernt zielgenau sehr gutes Wetter von nicht ganz so gutem Wetter zu unterscheiden.

Man weiß also nur für die Fälle, die explizit gelernt wurden, welches Ergebnis das neuronale Netz erzeugen wird. Schon wenn man einen Eingabewert leicht verändert, kann das Ergebnis völlig anders sein; man hat überhaupt keine Ahnung, bei welchen Kombinationen so ein 'Fehlverhalten' auftreten wird. Als Techniker kann man also nur den Hut ziehen und eine ganz tiefe Verbeugung in Richtung Evolution machen. Sie muss ein paar sehr interessante Tricks entwickelt haben, denn ein generell einsetzbares stabiles und schnelles Lernen konnte für künstliche neuronale Netze bisher noch nicht entwickelt werden und soweit ich weiß, gibt es auch noch keine theoretischen Ansätze, wie man das wirklich zielgerichtet erreichen könnte.

Jetzt kommt die Begründung, weshalb dieses doch recht technische Kapitel sein musste. Durch diese teilweise recht weiträumige 'Verdrahtung' der Neuronen, die meistens auch noch völlig unterschiedliche Gewichtungen aufweisen, wird ein wichtiger Effekt erklärbar, der bei einer anderen Lösung nicht erklärbar wäre. Es geht um die Speicherung von Wissen. Bestimmte Bereiche des Gehirns sind etwa für Sprache da, in anderen haben wir unser 'historisches' Wissen. Wenn jetzt ein Teil des Gehirns etwa durch einen Unfall zerstört wird oder bei einer Operation entfernt werden muss oder durch einen Schlaganfall geschädigt wird, dann kann es passieren, dass irgendwelches Wissen völlig weg ist, aber meistens wird es so sein, dass die Erinnerung noch komplett da ist, jedoch sehr unscharf wurde (alle / viele Details fehlen).

Früher wurde dieser Umstand häufig mit einem Hologramm verglichen. Die Hälfte oder ein Viertel (oder noch viel weniger) von einem Hologramm zeigen immer noch das Originalbild, allerdings wird das Bild unscharf. Den gleichen Effekt haben wir im Gehirn, denn das Wissen / die Erinnerung wird nicht in nebeneinander liegenden Neuronen abgelegt und anschließend mit Dendriten verkabelt. Es werden die Neuronen genommen, die gerade verfügbar sind (die also auch ein wenig weiter entfernt liegen können) und dann werden die Verbindungen neu gewichtet. Bei den Neurologen heißt es: „If they fire together, they will wire together!" Wenn Neuronen gemeinsam auslösen, dann ´verdrahten´ sie sich stärker; allerdings weiß noch niemand, wie und vor allen Dingen warum das so gemacht wird. Wenn also nur ein kleiner Teil des Gehirns geschädigt wird, dann wird es drumherum immer noch Neuronen geben, die mit dem gespeicherten Wissen zu tun haben, aber von der Schädigung nicht betroffen waren.

Ein Bekannter von mir hatte einen Schlaganfall und er hatte sein gesamtes Sprachvermögen eingebüßt. Als ich ihn traf, konnte er sich schon wieder ziemlich unbeholfen verständlich machen. Ich merkte ihm an, dass er sehr genau wusste, was er eigentlich sagen wollte, dass aber die Wörter einfach nicht kamen. Er erzählte: „Plötzlich sagte es Knack und die Sprache war vollkommen weg!" Ich grinste ihn an und sagte, dass ich das nicht glauben würde, er hätte mindestens noch zwei Worte gekannt: Seinen Namen und das Wort ´Scheiße´! Er grinste zurück und sagte: „Stimmt!" Das ist jetzt kein Beweis für irgendetwas, aber wir können relativ sicher sein, dass alle Gedanken, die wir sehr oft oder intensiv haben, sich über große Areale verteilen.

Ein ´immer wieder nutzen´ verfestigt das Wissen und es gibt auch den umgekehrten Fall, nämlich dass die Kopplung immer schwächer wird. Den Effekt merkt man, wenn man eine Fremdsprache früher relativ gut konnte, sie aber lange nicht nutzte. Dann wird man nach dem Urlaub vielleicht so etwas sagen: „An den ersten Tagen habe ich mir völlig einen abgebrochen und bekam kaum einen vernünftigen Satz heraus. Nach 5 Tagen habe ich wieder fast wieder so flüssig geplappert wie in früheren Jahren!"

Man versucht zu radebrechen und man versucht die Worte, die etwa im Deutschen das ausdrücken, was man sagen möchte, im beispielsweise italienischen Sprachschatz zu finden. Da der Weg von der Idee zum italienischen Satz nicht mehr ´eingefahren´ ist, wird man sich nur an wenige wichtige Worte erinnern, aber sehr viele unwichtige reaktivieren, denn man musste ja prüfen, ob sie für die Aussage, die man aktuell machen will, relevant sind. Wie schon zuvor beschrieben geht die Arbeit nachts weiter, denn es ist, aus der Sicht unserer Gene, überlebensnotwendig, dass wir kommunizieren können.

Jetzt kommen wir zum entscheidenden Punkt und sind wieder beim Buddhismus. Angenommen durch eine Verletzung wurde ein Teil Ihres Gehirns beschädigt und Sie haben Schwierigkeiten, Gegenstände des alltäglichen Lebens zu benennen (es funktioniert, Sie müssen sich aber wahnsinnig anstrengen). Jetzt erklären Sie mal diesen Effekt mit einem gehirnlosen Geist, der für das Denken und natürlich auch das Sprechen zuständig ist; das wird praktisch unmöglich sein!

Wir wissen zwar noch nicht, wie genau die Speicherung von Wissen im Gehirn erfolgt, aber diesen holographischen Effekt können wir relativ leicht erklären. Verbindungen zwischen Neuronen werden stärker, wenn sie oft benutzt wurden. Wenn ein Teil der Neuronen ausgeschaltet wird, dann sind viele der 'Hauptverbindungswege' weg, aber es gibt Ersatz, der jedoch nicht so eingeübt ist; und ein mehr oder weniger großer Teil der Details ist weg.

Mit Neuronen kann ich das erklären, mit Geist nicht!

Mustererkennung

Zum besseren Verständnis der Vorgänge im Geist möchte ich doch noch etwas in die Psychologie abgleiten. Dort gibt es einen Effekt, der als Priming bezeichnet wird. Das Grundexperiment ist ganz einfach. Es wird einem zunächst ein Bild gezeigt und beim nächsten Bild wird gemessen, wie lange man braucht, um das Dargestellte zu erkennen. Zeigte das erste Bild nur die Farbe rot, dann wurde im zweiten Bild ein Krankenwagen schneller erkannt, als wenn das erste Bild blau gezeigt hätte. Man vermutet, dass dies an der Assoziation Rot ↔ Blut ↔ Arzt ↔ Krankenwagen liegt.

Die mögliche Erklärung für diesen Effekt ist, dass unser Gehirn bei jeder Wahrnehmung eine Liste erstellt, was ihm zu dem Gegenstand / der Situation einfällt. Wenn also das zweite Bild schon in dieser provisorischen Liste drin steht, dann wird der Gegenstand sehr schnell erkannt. Steht dort 'Blut', dann kommt noch eine Liste dazu, die durchsucht wird. Den Krankenwagen würde man dann immer noch schnell, aber nicht ganz so schnell finden.

Sinn des Ganzen ist nicht, eine perfekte Erkennung zu haben, sondern eine Erkennung, die schnell und hinreichend gut ist. Der Herr Mendel (oder besser, die von Darwin skizzierte Evolution) sorgt dann dafür, dass sich das 'hinreichend gut' hinreichend gut definierte. Es gibt in der Psychologie ein paar Experimente, die einem erlauben, etwas genauer festzustellen, wie dieses Erkennen wohl funktioniert. Ich gehe auf dieses Erkennen im Kapitel „Aufmerksamkeit und Konzentration" gleich noch einmal tiefer gehend ein.

Ein absolut klassisches Experiment der Psychologie wurde mit Schachspielern gemacht. Auf einem Tisch standen zwei Schachbretter und eines war mit einem Karton abgedeckt. Neben dem anderen Schachbrett standen die ganzen Figuren aufgereiht. Als Probanden hatte man drei verschiedene Gruppen, nämlich Schachanfänger, die aber schon etwas Spielerfahrung hatten. In der zweiten Gruppe hatte man Vereinsspieler und die dritte Gruppe bestand nur aus einer Person, einem Schachgroßmeister.

Die Probanden setzten sich an den Tisch und für 10 Sekunden wurde der Karton angehoben und die Probanden sollten anschließend die Stellung auf dem anderen Brett nachstellen. Die Schachanfänger konnten nur so um die sieben bis zehn Figuren korrekt positionieren. Die Vereinsspieler stellten die meisten Figuren korrekt auf, machten aber an Stellen, die nicht spielentscheidend waren, kleinere Fehler. Als der Schachgroßmeister am

Brett saß und der Karton angehoben wurde, griff er sofort eine der Figuren, stellte sie an eine andere Position und sagte: „Schach Matt!"

Man sieht hier die drei Stufen des Lernens (man könnte sie zumindest vermuten). Die Schachanfänger merkten sich einzelne Fakten und holten diese wieder aus ihrem Gedächtnis. Die Vereinsspieler sahen schon Zusammenhänge und konnten erklären, welche Figur warum und wie auf eine andere Figur einwirkt; sie merkten sich also Sinnzusammenhänge. Der Großmeister hingegen hatte schon derartig viele 'Muster' gelernt, dass er sofort das spielentscheidende Teilmuster erfasste.

Dann ging das Experiment in die nächste Runde. Welche Figur sich wo auf dem Schachbrett befand wurde ausgewürfelt. Die Anfänger brachten in etwa wieder in etwa das gleiche Ergebnis, die Vereinsspieler sanken auf das Niveau der Anfänger ab. Als der Großmeister sich an den Tisch setzte und der Karton angehoben wurde, sagte er nur: „Oh Gott!" Allerdings positionierte er deutlich mehr Figuren korrekt (aber nicht alle), als die anderen Spieler. Man vermutete, dass dies daran lag, dass er ein besser trainiertes Faktengedächtnis hatte.

Das Ergebnis von diesem Versuch ist, dass wir nicht einfach Fakten lernen, sondern dass wir versuchen, sobald genügend Fakten vorhanden sind, daraus Muster abzuleiten und die merken wir uns dann. Ich halte diese Erklärung für sehr wahrscheinlich richtig (wenn das komplette Gehirnmodell irgendwann fertig ist, wird man es wissen).

In einem anderen Versuch wurde die Erkennungsgeschwindigkeit getestet. Ein Ornithologe (also ein Vogelkundler) bekam Bilder von diversen Vögeln, aber auch von anderen Gegenständen oder Tieren gezeigt und die Zeit der Darstellung wurde langsam immer weiter verkürzt. Zum Schluss war es so, dass er entweder nicht einmal einen Gegenstand / Tier / Vogel erkannt hatte oder er hatte, wenn es um einen Vogel ging, einen Vogel erkannt und wusste mit absoluter Sicherheit, welche Vogelart es war. Dieses Ergebnis widersprach allen Theorien, die von Psychologen aufgestellt worden waren ('bottom up' gegen 'top down' waren und sind immer noch die gängigen Theorien; 'top down' etwa besagt, dass man einen Vogel erkennt und anschließend aus den verschiedenen Merkmalen erschließt, um welche Spezies es sich handelt; das würde aber Bearbeitungszeit benötigen, die der Ornithologe nicht benötigte). Soweit ich weiß, ist dieses Rätsel noch nicht aufgelöst (ich habe eine Theorie dazu, aber die gehört nicht in dieses Buch).

Der Sinn dieses Ausflugs war, Ihnen klar zu machen, dass sich in unseren Gehirnen einiges abspielt, das die Wissenschaft bei weitem noch nicht versteht, aber eines ist ganz sicher: Durch reines Nachdenken und Meditieren werden wir es wahrscheinlich nie heraus finden können. Wir müssen tatsächlich messen, was da passiert. Warum es nicht anders gehen kann, möchte ich mit einem Beispiel plausibel machen.

Die tibetischen Denker hatten logisch nachgewiesen, dass es keine kleinste Zeiteinheit geben kann. Andererseits hatten sie beobachtet (in der Retrospektive), dass der Geist immer nur an einem einzigen Ort sein kann (den er aber beliebig schnell wechseln kann). Folglich muss es auch eine kleinste Zeiteinheit geben, innerhalb derer der Geist wechselt. Ist das die kleinste mögliche Zeiteinheit insgesamt oder nur die für den Geist (im Gehirn ist die subjektiv messbare Zeitspanne bestenfalls eine hundertstel Sekunde; in der Physik sind die messbaren Zeitspannen um mindestens den Faktor eine Billion kleiner)? Ohne objektive Messungen der geistigen Vorgänge wird man das nie wissen können!

Was die Wissenschaft sicher sagen kann ist, dass sich in unserem Gehirn ein assoziativer Speicher befindet. An diesen legt man Teilmuster an und der assoziative Speicher liefert die Erinnerungen, die dazu passen könnten. Dann gibt es dort eine Instanz, die bewertend in die Ergebnisliste geht, und aussortiert, was wahrscheinlich interessant ist und alle anderen Einträge fliegen aus der Liste raus. Mit solchen Listen schafft es unser Geist auch, mehrere Gedankengänge quasi-gleichzeitig zu verfolgen. Dass es so ähnlich sein muss, weiß man; wie es exakt funktioniert, will man noch heraus finden. Anleihen beim Buddhismus werden eher selten gemacht, denn erstens gibt es extrem wenige Wissenschaftler, die dort profundes Wissen haben und zweitens will kaum ein Wissenschaftler seinen guten Ruf riskieren, indem er sich mit Esoterik abgibt. Das Hauptproblem dürfte aber sein, dass das buddhistische Wissen nicht so aufbereitet ist, dass Wissenschaftler es direkt (also ohne jahrelange Tibetik-Studien) nutzen könnten.

Kontext

Ich komme nochmal auf das Priming zurück, das ja schon angesprochen wurde (das war der Effekt, dass man etwa eine Gabel schneller erkennt, wenn man in der jüngeren Vergangenheit einen Teller oder ein Messer gesehen hatte). Das Problem des Erkennens hat die Natur durch einen Trick verkleinert, den Kontext. Ein Kontext ist in diesem Sinne eine Liste der Dinge / Abläufe, die man häufig in zeitlicher oder räumlicher Nähe beobachtet hat.

Gehen Sie doch einfach mal im Geiste durch, was sich an Gegenständen in Ihrer Küche finden lässt. 5 Sekunden Pause. Und jetzt versuchen Sie sich daran zu erinnern, wie oft sie einen dieser Gegenstände schon im Schlafzimmer gesehen haben (wenn Sie ein Einzimmer-Apartment bewohnen, dann haben Sie jetzt Pech gehabt). Jetzt machen wir es noch einmal umgekehrt. Gehen Sie in Gedanken mal durch, was sich alles in Ihrem Schlafzimmer befindet und wie oft sie diese Dinge schon in der Küche gesehen haben (zur Waschmaschine tragen gilt nicht).

Wenn Sie in die Küche gehen, dann ändert sich sofort Ihr aktueller Kontext und Sie werden eine Bratpfanne oder eine Kartoffel deutlich schneller erkennen, als wenn sie diese im Schlafzimmer sehen. Bei den meisten Dingen wird Ihnen noch nicht einmal auffallen, dass es länger gedauert hat. Wenn Sie aber etwa im Schlafzimmer Staub saugen und eine Kartoffel liegt unter dem Bett, dann kann es durchaus einige Sekunden dauern, bis Sie sie erkennen. Völlig normal, denn eine Kartoffel hat im Kontext 'Schlafzimmer' nichts zu suchen und wie sollte sie dort auch hin gekommen sein. Also musste der gesamte Erinnerungs-Speicher durchsucht werden.

So einen Kontext haben Sie für praktisch alle Bereiche, egal ob es sich um Sprache, Tätigkeiten oder Orte handelt. Der Grund ist ganz einfach der, dass das Gehirn den Suchraum deutlich kleiner machen kann und somit schneller findet, was an Informationen aktuell gebraucht wird.

Sie können sich leicht davon überzeugen, dass dies hier nicht nur eine Theorie ist, sondern wirklich stimmt. Wechseln Sie einfach mal in einer sehr angeregten Unterhaltung komplett das Thema, aber vermeiden Sie es hierbei starke Schlüsselbegriffe zu benutzen, die sofort und eindeutig auf den anderen Kontext hinweisen. In praktisch allen Fällen werden Ihre Gesprächspartner nicht verstehen, was Sie da gerade gesagt haben. Es passt schlicht nicht zur Erwartungshaltung, also dem aktuellen Kontext.

Es gibt das schöne Kinderspiel „Teekesselchen". Einer sucht sich ein Wort aus, das mehrere Bedeutungen hat; ich hatte im Kapitel über Sprache schon mal das Wort ´Geist´ gebracht. Dann heißt es etwa: „Mein Teekesselchen kann schweben." Die anderen müssen dann raten, welches Wort sich der andere Spieler ausgesucht hat, der sich natürlich Mühe gibt, die anderen zu verwirren: „Mein Teekesselchen macht betrunken!"

Meist sind alle Muttersprachler der Überzeugung, dass es in ihrer Sprache kaum solche Worte gibt. Wenn man mit einer Fremdsprache arbeitet, dann fühlt man sich jedoch oft erschlagen von den vielen Doppelbedeutungen. Diese Differenz in der Einschätzung verdanken wir dem Kontext. Im Gehirn ist es nämlich nicht so, dass das Wort einmal gespeichert wird und dort Querverweise zu den einzelnen Bedeutungen stehen, sondern für jeden Kontext wird das Wort einmal gespeichert und zwar zusammen mit der Bedeutung, den das Wort in diesem Kontext hat. Der Muttersprachler hört das Wort also in einem ihm bekannten Kontext und er hat sofort die Bedeutung. Derjenige, der sich mit einer Fremdsprache abquält und etwa einen Text vom Deutschen ins Englische übersetzen will, kennt das Wort nicht, schlägt es im Wörterbuch nach und findet viele mögliche Bedeutungen. Die muss man dann zur Sicherheit noch einmal ins Deutsche zurück übersetzen und weiß erst dann, über eigene Kontexte, welches englische Wort tatsächlich die gemeinte Bedeutung (wahrscheinlich) hat.

Da man die jeweiligen Kontexte aufgrund seiner Erfahrungen erlernt, kann man davon ausgehen, dass eine andere Person aus dem gleichen Kulturkreis mit den gleichen Kontexten arbeitet (oder zumindest einem sehr ähnlichen). Hierbei fällt mir aus dem Film „Die Götter müssen verrückt sein" die Szene ein, in der ein Buschmann Spuren im Sand liest und sich halb totlacht über die Vorfälle, die er rekonstruiert. Eine dabei stehende Weiße versteht weder ihn noch die Spuren und nach eine Weile denkt der Buschmann: „Kann es sein, dass die Frau nicht lesen kann?" Aus exakt diesem Grund dürfte sich ein Treffen mit Aliens sehr schwierig gestalten. Der Kontext stimmt nicht!

Kontext hat aber noch sehr viel mehr ´Bedeutung´, als bisher von mir dargestellt. Ich übernehme hier mal etwas von den Sufis. Diese sagen, dass jeder Mensch selektiv hört und liest. Diese Erfahrung habe ich (nachdem ich durch die Sufis darauf aufmerksam wurde) selber im Berufsleben wahrgenommen, nämlich bei der Entwicklung von Software.

Wenn das kaufmännische erledigt ist, dann bekommen die Entwickler eine Spezifikation in die Hand gedrückt und es wird ihnen gesagt, welchen Teil des Gesamtprojektes sie jeweils realisieren sollen. Keiner der Entwickler hat eine Ahnung, um was es denn gehen soll (ich übertreibe) und alle fangen an zu lesen. Zu meiner Zeit in der Industrie galt das Dogma, dass man es mit einer gut ausgeführten Spezifikation bewerkstelligen kann, dass beispielsweise 20 Entwickler, die weltweit verstreut wohnen und arbeiten, zwei Jahre am Projekt arbeiten und anschließend passen alle Module perfekt zusammen.

Nur leider funktioniert das nicht, denn es gibt das selektive Lesen. Ein Entwickler fängt also an, die Spezifikation zu lesen, und hierbei bildet sich eine Idee, was denn realisiert werden soll (also ein Kontext). Wenn sich diese Idee gebildet hat, interpretiert man alles, was man danach liest, innerhalb von diesem Kontext (das Ego sagt, diesen Kontext habe ich entwickelt, also muss der richtig sein). Man liest also weiter und denkt, jawohl, jawohl, genauso muss das funktionieren. Dann kommt man an eine Stelle, wo man denkt, dass sich der Schreiber der Spezifikation etwas unglücklich ausgedrückt hat. Zwangsläufig findet man auch Fehler in der Spezifikation und an dieser Stelle wird es interessant. Sind es wirklich Fehler oder meint man nur im selbst gebastelten Kontext, dass es Fehler sein müssen? Und glauben Sie mir, so ein falscher Kontext hält sich extrem hartnäckig!

Die Sufis drücken das so aus: „Sage zu einem Verhungernden zwei und er wird ´zwei Stücke Brot´ verstehen! Es gibt nichts, aber auch gar nichts, was hieran etwas ändern könnte!" Für diejenigen unter Ihnen, die gut Englisch verstehen noch ein Sufi-Witz, der sich allerdings nicht übersetzen lässt, denn es geht um ein Wortspiel, das allerdings sehr viel mit der Fixierung auf Bedeutungen zu tun hat. In einer von Sufis betriebenen Schule wird eine Klassenarbeit geschrieben. Eine der Fragen lautet: „What means rabies (Tollwut) and what can you do about it?" Die Antwort eines Schülers war: „Rabies are Jewish priests and there is nothing one can do about it!"

Das bedeutet jetzt für uns, dass auch wir beim Lesen von Büchern über Buddhismus oder beim Hören von entsprechenden Vorträgen alles innerhalb von dem Kontext verstehen (wollen), den wir uns zuvor erarbeitet oder erwünscht haben. Das muss durchaus nicht das sein, was da ganz klar geschrieben steht oder gesagt wird. Es ist sogar noch wesentlich schlimmer, denn unser Ego hat in vielen Fällen überhaupt kein Interesse daran, dass wir die Nachricht korrekt verstehen. Also sabotiert es jede Kontextbildung, die es für gefährlich hält.

Und ich muss noch eine Erweiterung vom Begriff Kontext machen, denn es spielen auch Konzepte hierbei eine Rolle. Konzepte entwickeln sich, wenn man Zusammenhänge meint zu begreifen; dies kann aufgrund eigener

Beobachtungen sein oder man bekommt sie beigebracht (Mama sagt, fass´ die Herdplatte nicht an, denn das tut ganz doll weh!).

In meinen 25 Jahren der Irrungen habe ich es mehrfach erlebt, dass ich einen Text zum x-ten mal gelesen habe und mit einem mal plötzlich begriff, was gemeint war. Es war Wort für Wort exakt das gemeint, was da stand! Nur das hatte nie zu einem der Konzepte gepasst, die ich im Kontext Buddhismus gespeichert hatte.

Nach Jahren endlich einen Aha-Effekt zu haben ist natürlich wesentlich besser, als ihn nie zu haben. Die Meinung meines Ego in solchen Situationen war immer, dass sich der Autor ja auch etwas klarer hätte ausdrücken können, das wäre doch alles nur eine Frage der didaktischen Aufbereitung und da hätten die Tibeter wohl noch einen ziemlichen Nachholbedarf! Haben sie auch und trotzdem bin ich rückblickend der Meinung, dass ich vieles sehr viel früher hätte verstehen können müssen (ich glaube, so eine Verbkombination bekommt man nur auf Deutsch hin).

Aufmerksamkeit und Konzentration

Ich gehe mal wieder in die Psychologie zurück. Ungefähr im Jahr 2000 sah ich eine Produktion der BBC über Wahrnehmung. In einem Teilbeitrag, bei dem es um Konzentrationsfähigkeit ging, wurde eine Gruppe von 10-12 Leuten aufgefordert sich ein Video anzusehen. Hierbei sollten sie zählen, wie oft von der weißen Basketball-Mannschaft der Ball von einem Spieler zu einem anderen übergeben wurde; die anderen Spieler hatten eine dunkle Hautfarbe und waren schwarz gekleidet. Der Clip dauerte knapp zwei Minuten und mittendrin grinste (nur!) einer der Zuschauer. Anschließend wurden die Probanden aufgefordert, sich einfach zu entspannen und sich den Clip noch einmal anzusehen. Mittendrin lachten alle Probanden und nun wurde auch dem Fernsehzuschauer gezeigt warum. Ein Mann in einem Gorillakostüm war in die Szene gelaufen, schaute sogar kurz in die Kamera und ging weiter. Keiner, bis auf einen, hatte ihn gesehen!

Dann meinte der Moderator, man solle jetzt besser nicht glauben, dass einem selbst so etwas nicht passieren könne, man würde die gesamte Sendung noch mal im Zeitraffer zeigen, wobei einige Szenen wieder mit normaler Geschwindigkeit laufen würden. Man sah hierbei einen Gorilla, der sich an einem Zeitungsstand eine Zeitung kaufte, irgendwann saß er auf der Umrandung von einem Brunnen und las in der Zeitung. Es waren 4 oder 5 Szenen, in denen der Gorilla hätte gesehen werden müssen (nach Auffassung des eigenen Ego).

Der Grund dafür, dass unsere Wahrnehmung so arbeitet, ist letztlich recht einfach: Wir haben keine Kapazitäten zu verschwenden. Rechenleistung ist teuer im Sinne von: Das benötigt Energie. Wenn man sich also auf die weißen Spieler konzentrieren soll / will, dann ist es Verschwendung, sich auch noch auf die schwarzen Spieler zu konzentrieren. Der Gorilla wurde deshalb schlicht unsichtbar, denn er war nicht weiß!

Das gleiche Experiment habe ich später noch mehrfach, allerdings mit anderem Filmmaterial, gesehen. Beim dritten mal konzentrierte ich mich bewusst auf die weißen Spieler und obwohl ich genau wusste, was passieren würde, ich habe den Gorilla schlicht nicht gesehen. Ich war absolut baff. Etwas ähnliches passierte einmal einem Illusionisten, der in die Vorstellung eines Kollegen ging. Insbesondere einen Trick kannte er sehr gut, weil er ihn in seinem eigenen Programm selber brachte. Er sagte: „Obwohl ich ganz genau wusste, was in jeder einzelnen Sekunde passieren würde, ich habe nicht sehen können, wie er es gemacht hat!"

Ich will jetzt Ihren Glauben daran, dass Ihre Wahrnehmung weitgehend fehlerfrei ist, noch etwas weiter erschüttern. Wenn Sie Ihren Arm ausstrecken und Ihren Daumennagel betrachten, dann ist das der Bereich, der von der Sehgrube abgedeckt wird; das ist der Bereich, in dem wir absolut scharf sehen können. Außerhalb dieses Bereiches nimmt die Sehschärfe nach außen sehr stark ab. Wenn Sie alles so scharf sehen würden, wie in den Bereichen ab zwanzig Grad von der Mitte der Sehgrube, dann dürften Sie in Deutschland mit einer gelben Armbinde mit drei großen schwarzen Punkten herum laufen. Sie wären als blind anerkannt!

Unser Glaube, dass wir alles ganz deutlich und scharf sehen können, beruht auf einer Illusion! Sie können es rein physikalisch / neurologisch nicht!

Was also ist der Trick? Unsere Augen führen sogenannte Sakaden aus, das sind sehr schnelle Bewegungen der Augen von einem Punkt im Sehfeld zu einem weiter entfernteren. Wenn wir meinen, wir hätten etwas im Blickfeld, das interessant sein könnte, dann schwenkt das Auge so, dass wir diesen Bereich und die nahe Umgebung tatsächlich scharf sehen. Ich bin nicht sicher, ob die folgende Theorie tatsächlich zutrifft, aber sie dürfte nicht weit von der Wirklichkeit entfernt sein.

Ich hatte vorhin beim Priming erklärt, dass man ständig eine Liste von Begriffen, Bildern oder Sachverhalten führt, damit man möglichst schnell in der 'Datenbank' das findet, was jetzt gebraucht wird. Wir haben also von allen Dingen, die sich (in den letzten Minuten, Stunden) in unserer Umgebung befanden, schon ein 'Foto'. Wird am groben Umriss erkannt, um welchen Gegenstand es sich handeln müsste, dann wird das 'Foto' ins Gesamtbild eingearbeitet, geprüft ob das passen könnte, und man meint, auch die Details zu sehen. Generell funktioniert diese Methode hervorragend, denn einen Schnitt, wie etwa in einem Film, wird man in einer natürlichen Umgebung extrem selten erleben; das wäre so, als ob Sie in einem Kampf herum gewirbelt wurden und die Orientierung verloren haben. Um Ihre Kampffähigkeit zurück gewinnen zu können, müssen Sie sich also so schnell wie irgend möglich wieder orientieren! Schnell und hinreichend gut ist die Methode der Wahl; Perfektion könnte zu langsam und somit tödlich sein.

Auf einer Website sah ich zu diesem Thema ein extrem spannendes Experiment (der Fachbegriff ist ´Veränderungsblindheit´; auf diese wurde ich durch einen Artikel im Spiegel Online von 2005 aufmerksam). Es wurden jeweils zwei Fotos abwechselnd gezeigt und in einem hatte man etwas manipuliert. Zwischen den Bildern lag eine Schwarzpause von wenigen Zehntelsekunden (das entspricht in etwa der Zeit einer Sakade oder der eines Lidschlags). Eine Sequenz war sehr einfach; in einem Ruderboot saßen zwei Personen und ein kleiner Koffer verschwand und tauchte wieder auf. Bei einem anderen Bild brauchte ich Minuten, um die Manipulation zu sehen. Auf dem Bild, es könnte aus Venedig stammen, sah man Wasser, dahinter eine Brücke, rechts davon ein großer Palast. Und ich sah partout keinen Unterschied zwischen den Bildern; dann kam ein „Oh Nee!" Man hatte das Spiegelbild des Palastes im Wasser wegretuschiert. Ein ganzer Palast, der auftauchte und wieder verschwand! Und ich hatte das minutenlang nicht gesehen!

Wenn man sich eingehender mit dieser Thematik beschäftigen möchte, dann ist die Dissertation von Sascha Dornhöfer aus dem Jahre 2004 (findet man im Internet) ein geeigneter Text; ansonsten ist auch eine Seite der HU-Berlin sehr interessant (da die URL sehr lang ist, besser nach „Veränderungsblindheit HU Berlin" im Web suchen). Die Psychologen haben fünf Theorien, was bei der Veränderungsblindheit in unserem Gehirn geschieht.

1. Überschreibungsblindheit
   Man geht davon aus, dass man Objekte im ersten Bild nicht intensiv genug encodiert hat (also mit allen Merkmalen in eine 'Inventarliste' aufgenommen hat).

2. Hypothese des ersten Eindrucks
   Man encodiert alle Objekte im ersten Bild und wenn im zweiten Bild keine gravierenden Veränderungen auftauchen, wird von einer nochmaligen Encodierung abgesehen

3. keine Speicherung
   Es wird unterstellt, dass das Arbeitsgedächtnis zu klein ist und nur ganz wenige (sehr wichtige) Objekte encodiert werden. Man würde also eine Veränderung nur dann wahrnehmen, wenn man direkt auf das Objekt blickt, das verändert wird [zumindest das ist nicht völlig falsch].

4. Kein Vergleich
   Alte und neue Szene werden schlicht und einfach nicht verglichen; diese Theorie kann allerdings nicht stimmen, denn wenn man den Unterschied zwischen den beiden Bildern wahrgenommen hat, dann sieht man ihn ja.

5. Merkmalskombination
   Diese Theorie geht davon aus, dass es einen 'visuellen integrativen Puffer' gibt, in dem eine komplette Szene gespeichert

wird. Ändert sich die Szene, etwa durch eine Sakade, dann 'verschmilzt' die alte Szene mit der neuen.

Ich bin eindeutig ein Fan der 4. Theorie, aber aus einem völlig anderen Grund:

> Folgender Versuch (wurde wirklich durchgeführt): Jemand mit einem Basketball in den Händen fragt einen Passanten nach dem Weg, sagen wir mal, zur Uni-Verwaltung. Während die Wegbeschreibung gegeben wird läuft eine Gruppe Sportler zwischen den beiden durch, wobei der Basketball entführt wird. Direkt anschließend wurde der Passant gefragt, ob ihm eine Veränderung am Frager aufgefallen sei, was generell verneint wurde. Wenn dann gezielt nach dem Basketball gefragt wurde, wussten die meisten sogar noch die Farbe.

Das ist also schon mal der Beweis, dass man Listen anlegt mit den Dingen, die man gesehen hat. Nur warum werden die nicht ausgewertet und verglichen? Erstens gibt es in der freien Natur nie die Situation, dass sich eine Antilope plötzlich in einen Busch verwandelt, folglich ist es völlige Energieverschwendung einen Vergleich der Szenen durchzuführen. Energieverschwendung reduziert die Reproduktion, weshalb solche Sachen weggemendelt werden. Der zweite Grund ist, dass ich eine eigene Theorie habe und diese basiert auf der Idee, dass man alles möglichst schnell erkennen können muss. Nehmen wir mal an, magischerweise wäre die Antilope durch einen Löwen ersetzt worden. Dann muss man ganz schnell den Löwen erkennen und es ist völlig egal, dass da vorher eine Antilope war. Der Unterschied ist nicht überlebenswichtig, sondern die Erkennung.

Durch die kurze Pause zwischen den Bildern behandelt das Gehirn es so, als hätte sich die Blickrichtung geändert oder man hätte einen Lidschlag gemacht und das mentale Bild wird neu aufgebaut. Man hat also keine sortierte Liste von allem, was man zuvor gesehen hat, sondern man hat eine Liste all der Objekte, die man **in letzter Zeit** gesehen hat und die wahrscheinlich zu sehen sein werden (ich erinnere an das Herumwirbeln im Kampf; die Dinge, die man gerade vorher sah, wären jetzt in der aktuellen Szene nicht enthalten; also muss man sich alles merken, was man in letzter Zeit gesehen hat). Eine Prüfung auf Vollständigkeit findet nicht statt, weil unnötig.

Man hat also den Suchraum der Dinge, die man mit dem visuellen Eindruck abgleichen muss ganz drastisch eingeschränkt. Nachdem man die Objekte, die man in der Vorauswahl hatte, identifiziert hat, kann man die verbleibende Zeit damit verbringen, die noch unbekannten Objekte aus dem langsamen ´Gesamtspeicher´ heraus zu suchen. Ich vermute sehr stark, dass man hierzu zunächst zu einer Liste wechselt, in der alles gespeichert ist, was in der aktuellen Umgebung gefährlich sein könnte. Darauf gehe ich in den späteren Kapiteln weiter ein.

Unser Geist nimmt also nicht einen kompletten Eindruck auf, sondern begrenzt Objekte (Palast, Brücke, Schiff, Wasser, rote Fläche, blauer Kreis etc.). Unser Gehirn speichert, was es kurze Zeit zuvor erkannt hatte und wenn wir blinzeln, mit den Augen eine Sakade machen oder ruckartig den Kopf bewegen, dann liefern gut 80% unser Sehinformationen nur das, was ein fast blinder Mensch sehen würde. Mit den groben Umrissen geht man in die kopfinterne Datenbank (die zudem zeitlich sortiert ist), und bastelt das Bild zusammen, das sehr wahrscheinlich das ist, was man ´überraschungsfrei´ tatsächlich sehen sollte. Die Wahrscheinlichkeit, dass diese Interpretation richtig ist, ist extrem hoch. Mit anderen Worten: Durch Einsatz von sehr wenig Energie bekommt man ein im Normalfall perfektes Ergebnis!

Experimente, die so konstruiert wurden, dass man bei dieser Wahrnehmung Fehler macht, sind durchaus möglich. Die Schlussfolgerung, dass unser Gehirn in diesen Fällen nicht korrekt arbeitet, sind allerdings nicht begründet. Das Gehirn arbeitet so, dass es in einer natürlichen Umgebung mit einem Minimum an Energie den maximalen Nutzen erzeugt. Ob das irgendein Akademiker an seinem Schreibtisch auch so sieht, ist der Evolution völlig egal!

NLP und autogenes Training

Die Abkürzung NLP steht für Neuro-Linguistische-Programmierung. Das Neuro steht für Neuronen, also die Bestandteile unseres Gehirns. Mit Linguistisch wird angedeutet, dass es sich um eine sprachgesteuerte Behandlung handelt und bei der Entwicklung von NLP war auch ein Linguist entscheidend beteiligt. Mit Programmierung soll angedeutet werden, das die Neuronen ein anderes 'Programm' bekommen, indem durch einen Lernvorgang das Gehirn seine Verschaltungen anders gewichtet.

Die Basis für NLP wurde in den 70er Jahren von Richard Bandler und John Grinder gelegt. Die Grundlage ihres Ansatzes war die Beobachtung, dass es Therapeuten gibt, die recht erfolgreich arbeiten und andere, die es wesentlich seltener schaffen, erfolgreich zu behandeln oder sehr viel mehr Zeit brauchen. Hierbei war es sogar egal, um welche spezielle Therapieform es jeweils ging. Also starteten die beiden eine Studie und beobachteten ihre Kollegen, wobei sie hauptsächlich die Sprache und die Körpersprache im Blick hatten. Wissenschaftlich konnte bisher noch nicht nachgewiesen werden, ob NLP (oder welche Teile davon) tatsächlich funktioniert, was uns aber nicht daran hindern muss, uns NLP einmal näher anzusehen.

Ich habe nicht vor jetzt in Einzelheiten zu gehen, die ich auch nicht gut genug kenne, denn ich bin kein Therapeut. Ich will nur die grundsätzliche Idee rüber bringen. In einem früheren Kapitel hatte ich ja schon erklärt, dass unser Ego unser Chefverkäufer ist, der unser Verhalten und sogar unsere Erinnerung modifizieren kann, damit er produktmäßig durchmotiviert bleiben kann. Alle unsere Verhaltensmuster haben wir irgendwann gelernt und sie stellten die beste Lösung dar, die uns zur jeweiligen Zeit einfiel oder zur Verfügung stand. Und die Natur schmeißt nichts weg, es sei denn, es wurde etwas eindeutig besseres gefunden. Das ist die Grundlage für den therapeutischen Ansatz von NLP.

Schon in frühester Jugend fängt man an, Ursache-Wirkung-Beziehungen zu vermuten und als Hypothese abzuspeichern, nur müssen diese in keiner Weise eine wirkliche Berechtigung haben (es sind also Vermutungen ohne Nachprüfung). Im Laufe der Zeit packt man eine Interpretationsschicht über die andere. Die Begründung für ein bestimmtes aktuelles Verhaltensmuster ist also nicht monokausal, denn sehr viele Erinnerungen und Vermutungen bilden die Basis für unser Verhalten! Eine Phobie, wie etwa Flugangst, wird als völlig real erlebt, der Betroffene kann sie ab einer bestimmten Stärke weder kontrollieren noch unterdrücken. Ihm ist auch klar, dass diese Phobie, zumindest in dieser Stärke, völlig sinnfrei und grundlos ist. Aber das hilft ihm nicht! Tief im Unterbewussten sitzt der Auslöser, der das Panikprogramm startet.

Bei der Behandlung von Phobien setzt NLP gezielt das Kopfkino ein. Der Therapeut lässt den Patienten entspannen und bittet ihn, sich vorzustellen, wie er in ein altmodisches Kino geht (der Therapeut beschreibt alles sehr lautmalerisch, um den Patienten davon abzuhalten, über die Therapie selbst nachzudenken). Der Patient wird aufgefordert, sich etwa in der neunzehnten Reihe in der Mitte auf Platz 23 zu setzen. Der Patient soll sich anschließend vorstellen, dass er die Hauptrolle im Film spielt und zwar geht es um einen Flug in den Urlaub.

Wenn die Anspannung beim Patienten schon jetzt viel zu hoch ist, dann baut man eine zweite Ebene der Trennung ein. Entweder kommt in die achtzehnte Reihe eine riesige Panzerglasscheibe oder der Patient wird aufgefordert sich vorzustellen, wie er seinen Körper verlässt und nach hinten zum Projektor schwebt, eventuell kommt zusätzlich noch die Scheibe aus Panzerglas zum Einsatz (wenn auch das zu viel ist, dann könnte man auch noch zu einem Regisseur werden, der einen Film über jemanden dreht, der in einem Kino den Projektor bedient...). Von dort aus sieht er sich selbst in der neunzehnten Reihe und weit davor die Leinwand. Dann wird der Patient aufgefordert, den Projektor einzuschalten (er hat also die Sicherheit, dass er ihn auch wieder abschalten kann, wenn es zu stressig wird) und sich jetzt den Film vorzustellen.

Die Handlung beginnt mit der Ankunft am Flughafen, dann geht es durch den Check-In und weiter zum Wartebereich (der Patient berichtet die ganze Zeit, was er sich gerade vorstellt und wie er sich fühlt und wenn es nicht automatisch klappt, gibt der Therapeut vorsichtig Vorgaben). Nach einer kurzen Weile wird der Flug aufgerufen, der Patient besteigt das Flugzeug, sucht sich seinen Platz und setzt sich hin. Dann kommt der Start und ein rasanter Steigflug. Wenn die Anspannung des Patienten zu extrem wird, dann darf er den Projektor anhalten. Wenn der Patient die Anspannung wieder aushalten kann, dann wird weiter geflogen, entweder bis zum befürchteten Absturz oder der regulären Landung.

In der abschließenden Phase soll der Patient den ganzen Film rückwärts laufen lassen. Alle Leute laufen rückwärts, Sprache, Musik und alle Geräusche sind rückwärts. Die NLPler wissen, dass diese Phase extrem wichtig für den Erfolg der Therapie ist, nur wissen sie nicht, weshalb das so ist (zumindest wussten sie es bis vor Kurzem nicht). Ich hätte da einen Vorschlag. Jeder lebt sein Leben vorwärts, stellt ab und an fest, dass sich ein B aus einem A ergibt (zumindest meint man das), woraus sich die ganzen Konzepte aufbauen, die man hat. Wenn wir also eine Geschichte rückwärts ablaufen lassen, dann können wir prüfen, ob sich B wirklich aus A ergab oder ob es auch völlig anders hätte sein können. Da sich jedoch kein A finden lässt, aus dem sich in Konsequenz die Flugangst ergeben muss, muss also irgendein Fehler in den eigenen Konzepten stecken.

Das ist natürlich ärgerlich für das Ego, denn erstens muss es sich selber gegenüber einen Fehler eingestehen und zweitens sieht jemand mit Schweißausbrüchen, der sich zitternd an den Armlehnen festkrallt und nur stammelnd reden kann, absolut uncool aus. Da es mit Lügen überhaupt keine Probleme hat, löscht das Ego einfach ein paar Verbindungen oder leitet sie um, denn das demonstrierte Szenario war nun wirklich nicht verkaufsfördernd. Vielleicht hat der Patient hinterher panische Angst vor seinem Kühlschrank, aber Therapeuten müssen ja auch von irgendetwas leben.

Es sei noch kurz angemerkt, dass diese Therapie nur funktioniert, weil das Ego hierbei Verknüpfungen verändert, die es selbst irgendwann hergestellt hat. Traumata, etwa aus der Kindheit, kann man also nicht auf diese Art behandeln, denn diese Erinnerungen sind dem Ego nicht zugänglich; ich komme darauf zurück.

Jetzt ist natürlich die Frage, wie uns dieses Wissen bei unserer Meditation weiter hilft. Schon das Wissen hilft, dass die Evolution alles ab der Ebene der Echsen völlig flexibel aufgebaut hat, denn es wird erlernt. Folglich kann es auch modifiziert oder sogar vergessen werden. Wir können also jedes zukünftige Verhalten, egal ob es Gedanken, Worte oder Taten betrifft, verändern und zwar in dem Sinne, dass wir beschließen, uns nicht mehr so zu verhalten, wie wir es zuvor gemacht haben.

Das in der Form durchzuführen, dass wir uns innerlich sagen „Genau dieses Verhalten werde ich so nie wieder machen!" ist theoretisch möglich, wird aber selten einen Erfolg bringen. Was wir allerdings gut machen können ist, uns eine generelle Intention vorzugeben. „Versuche, nicht mehr so wütend zu werden!" Man muss hierzu noch nicht einmal meditieren; es genügt, wenn man sich abends ein paar Minuten entspannt und den Tag noch einmal Revue passieren lässt und an den Stellen, wo man wieder wütend war, bleibt man kurz betrachtend (nicht bewertend) stehen. Diese Methode hilft nie sofort, hat aber eine stark erodierende Wirkung auf die Tendenzen des Ego, denn jedes mal, wenn Sie feststellen, dass Sie doch wieder wütend geworden sind, dann ist das wie eine Abmahnung an das Ego: „Du hast den Verkaufsraum schon wieder eingesaut verlassen! Das ist doch kein professionelles Produktplacement! Denk dran, alle sollen uns lieben und verehren! Und jetzt an die Arbeit, aber zackig!"

Ich will mal zwei Beispiele für die Beeinflussung unseres Geistes bringen, wo das nicht zu Ergebnissen führt, die man generell als erstrebenswert ansehen sollte. Das erste Beispiel ist NLP zur Selbstoptimierung und das zweite Beispiel ist Autogenes Training.

NLP wird nicht nur eingesetzt, um Phobien zu behandeln, sondern es entwickelte sich ein breites Angebot mit vielen verschiedenen 'Werkzeugkoffern' und ein extrem lukrativer Markt war und ist Management Training. Therapeuten, die solche Trainings anbieten, machen ein Schweinegeld, folglich wurde auch ein breites Spektrum an Kursen entwickelt, die ein Manager, der natürlich gerne erfolgreich sein möchte, besucht haben sollte (einem Mitarbeiter die Teilnahme an so einem Kursus zu ermöglichen, das sind die Streicheleinheiten der Firmenleitung für das mittlere Management; die Bedeutung ist, dass man der Firma derartig wichtig ist, dass man über das Gehalt hinaus auch noch zusätzliche und teure Schulungen bekommt).

Dazu gehört etwa die Sensibilisierung auf die Körpersprache von Verhandlungspartnern. Eine Sache, die den Managern dort beigebracht wird, ist etwa, dass der Gesprächspartner lügt, wenn er vor einer Antwort nach rechts oben geschaut hat. Das würde daran liegen, dass man zur Vorbereitung einer Lüge mehr Zeit benötigt. Ich selber schaue etwa nach rechts oben, wenn ich jemandem, der von Technik oder Programmierung absolut keine Ahnung hat, einen Sachverhalt verständlich machen muss / will. Ich brauche dann einfach viel Zeit, um mir sinnvolle Beispiele oder Umschreibungen auszudenken und will hierbei nicht abgelenkt werden; deshalb schaue ich nach oben. Jemand, der ein NLP-Training hinter sich hat, meint jetzt ich würde lügen, dabei habe ich nur Mitleid mit ihm und seiner verstandesmäßigen Leistungsfähigkeit.

NLP wird auch zur Personenoptimierung eingesetzt. Das kann in Sitzungen erfolgen, einzeln oder in Gruppen, man kann sich aber auch selbst ´therapieren´. Das bedeutet: Das Ego arbeitet 'Lügenkampagnen' aus, mit denen es sich anschließend selber belügen darf! Wenn der Verstand sagt, wenn ich mich auf diesem Gebiet verbessere, dann kann ich 10% mehr Umsatz machen. Das Ego sagt: „Mein Reden, die ganze Zeit! Aber mach dir keine Sorgen, das bekomme ich hin!" Die Leute machen sich selbst zu Monstern, aber wenn es (vermeintlich) dem Fortpflanzungstrieb dient, ist manchen Leuten alles recht. Oder um es absolut klar zu sagen: Mit solchen Methoden verletzen Sie Ihre eigene geistige Gesundheit und die Wahrscheinlichkeit, dass Sie das irgendwann wieder reparieren können, liegt sehr nahe bei Null!

Bei einem NLP-Training, bei dem sie ´power moves´ machen oder etliche male „Tschacka" rufen, wird sich nichts an Ihnen auf positive Art verändern können. Wenn Sie Glück haben, dann hindern Sie äußere Umstände an der weiteren Ausführung oder Sie sind auf dem Weg ein Mensch zu werden, der Einkommen mit Glück verwechselt. Sie verdienen vielleicht ziemlich viel Geld, aber emotional haben Sie sich in einen Zombie verwandelt. Sie laufen zwar noch durch die Gegend, aber wirklich leben tun Sie nicht. Wenn Sie jetzt meinen, ich würde Werbung für den Buddhismus machen, dann liegen Sie ziemlich falsch. Umarmen Sie Bäume, um deren Lebensenergie in sich aufzusaugen oder machen Sie Kurse in Schamanismus mit oder fangen Sie mit Fußnägelkauen an oder was weiß ich; mir völlig egal. Nichts davon hat so viel Potential Ihnen zu schaden, wie eine NLP-Selbstoptimierung.

Autogenes Training ist, etwas flapsig ausgedrückt, eine Art Selbsthypnose mit dem direkten Ziel der Konditionierung. Allerdings geht es hier nicht um Veränderungen des Charakters (geht auch, ist aber ganz selten), sondern um das Training, wie man sich in Ausnahmesituationen verhalten will und später dann auch wird. Das extremste Beispiel, das mir präsent ist, war jemand, der vor rund 50 Jahren mit einem Klepper-Faltboot über den großen Teich wollte. Für diejenigen, denen dieser Bootstyp unbekannt ist: Eine Hülle aus imprägniertem Stoff wird über ein Holzgerüst gezogen; man kann damit paddeln und mit einem kleinen Segel auch den Wind für den Vortrieb nutzen; also im Prinzip also ein Kajak, nur nicht so stabil.

Dieser Mann berichtete in der Aktuelle Schaubude, die damals noch aus dem gläsernen Studio (der Verkaufsraum eines Autohauses) in Hamburg übertragen wurde, von dieser Reise (Samstagabend-Programm in meiner frühen Jugend). Als er in einen heftigen Sturm geriet, hätte er eigentlich nicht schlafen dürfen, denn das Faltboot hätte jederzeit kentern können. Also schlief er sekundenweise. Wenn er auf dem Wellenkamm angekommen war, schlief er ein und im Wellental wachte er wieder auf, machte vier bis fünf Schläge mit dem Paddel bis zum Wellenkamm und schlief wieder ein. Zwei ganze Tage lang.

Malen Sie sich ganz einfach mal aus, was es für einen Körper bedeutet, wochenlang in so einem Boot zu sitzen, Beine und Oberkörper ungefähr im rechten Winkel. Aufgequollene Beine werden wohl eines seiner kleineren Probleme gewesen sein. Irgendwann war er von der Besatzung eines Frachters gesichtet worden, die ihn verständlicherweise für einen Schiffbrüchigen hielt. Der Frachter drehte bei und man fragte ihn per Megaphon, ob er Hilfe brauche. Und er hatte schon „Nein, fahrt weiter!" gebrüllt, bevor er sich erlaubte, über seine beschissene Lage nachzudenken.

Wir alle haben die Tendenz, Leute zu bewundern, die außergewöhnliche Leistungen vollbracht haben. Je extremer um so bewundernswerter! Wenn man aber hinter die Kulisse schaut, dann sieht man dort Ehrgeiz und Stolz. Man lässt sich etwa von einem Sherpa auf den Mount Everest hoch tragen und geht die letzten zehn Meter selber, erzählt aber hinterher jedem (der es hören will oder auch nicht), dass man den Mount Everest bestiegen hat! Oftmals bestimmt der Geldbeutel, mit welchen Zielen wir uns identifizieren (können). Oder anders ausgedrückt: Jedes Ego macht so viel Reproduktionswerbung, wie finanzierbar ist! Und das gilt für jede soziale Schicht.

Um das zu verdeutlichen, ist manchmal ein Blick in völlig fremde Kulturkreise hilfreich. Bei meinem ersten Besuch in Indonesien fuhr ich zusammen mit Tedjo durch Jakarta, durch das ja viele Kanäle führen, die früher mal von den Holländern gebaut / geplant wurden. Ich sah, wie sich eine ältere Frau mit einem Floß, das jemand aus vier alten Fässern und einigen Brettern gebaut hatte, über den Kanal übersetzen ließ. Etwa 50 Meter weiter hinten sah ich eine Art Brücke (zwei dicke Rohre, die über den Kanal führten und über die viele Leute gingen) und fragte Tedjo, warum sie nicht die paar Meter laufen würde. Antwort: „Sie will zeigen, dass sie es sich leisten kann!" Egal, welches Niveau, es ist überall gleich!

Der Unterschied zwischen NLP, autogenem Training und Meditation ist, dass man in der Meditation überhaupt keine verstandesmäßigen Vorgaben macht (wenn Sie es doch machen, dann machen Sie etwas völlig falsch!), außer dass wir positives / tugendhaftes Handeln verstärken wollen, denn damit gehen wir unseren Störgefühlen zuverlässig auf den Geist (Doppelsinn beabsichtigt). Und natürlich wollen wir allen anderen helfen, Befreiung oder gar Buddhaschaft zu erlangen. „Auja, Auja," ruft das Ego „dann lieben mich alle, ich werde wahnsinnig berühmt und habe unheimlich viele Kinder!" Das ist, von Kleinigkeiten abgesehen, der einzige Trick, der im Buddhismus angewendet wird. Den Rest macht jeder selbst!

Scheinerinnerungen

Die Beschäftigung mit sogenannten Scheinerinnerungen kommt eigentlich aus dem forensischen Bereich, denn dort wurde festgestellt, dass unsere Erinnerung nicht so untrüglich ist, wie wir meistens meinen. Daher ist es sehr wichtig, dass wir auch auf diesen Effekt eingehen, denn das betrifft ganz stark unseren Geist, wie er funktioniert und wie wir uns selbst sehr erfolgreich belügen.

Man ging bei der Erforschung dieses Effektes einen für Psychologen typischen Weg und zwar wurden die Eltern der studentischen Probanden mit eingebunden. Bei der Gelegenheit wurden die Fotoalben gesichtet, um ein Foto vom Probanden als Kind zu bekommen. Dann wurde ein Foto mit einem Heißluftballon etwas retuschiert und das Kind kam mit in den Korb des Ballons. Die Probanden wussten nur, dass es um Erinnerungsforschung ging und dann liegt es natürlich auch nahe, dass man einen Termin bei den Eltern machte (es gab auch Varianten ohne direkte Einbindung der Eltern).

Dabei stolperte man natürlich auch über das Foto mit dem Heißluftballon und es hieß von den Eltern: „Weißt du das nicht mehr, damals mit Onkel Rudi? Du hast uns noch wochenlang jeden Tag völlig begeistert von der Ballonfahrt erzählt!" Mehr wurde nicht gemacht, man ließ die Sache sacken. Beim nächsten Termin, der so etwa zwei Wochen später war, wurde noch mal kurz auf den Ballon eingegangen und rund 70% der Probanden ´erinnerten´ sich jetzt an die Ballonfahrt. Noch zwei Wochen später waren die Erinnerungen sogar sehr detailreich.

Man war derartig überrascht von dem Befund, dass man deutlich weiter ging. Mit der gleichen Masche, allerdings ohne Besuch bei den Eltern aber mit deren Wissen, wollte man versuchen, den Probanden eine Straftat in die Erinnerung einzupflanzen. Und sogar das gelang mit ungefähr der gleichen Häufigkeit. Ein Proband erinnerte sich sogar an einen Totschlag und als man ihn nach Ablauf des Tests darüber aufklärte, dass das alles nur ein Betrug war, antwortete er: „Sind Sie wirklich sicher? Ich weiß doch, dass ich das gemacht habe!" Wenn die Psychologen das nur ein einziges mal geschafft hätten, dann wäre das schon beeindruckend; sie schafften es reihenweise. http://www.spiegel.de/spiegel/print/d-131578977.html

Teilweise kann man sich den Effekt damit erklären, dass man nicht dumm dastehen möchte; dass man sich mal kurzfristig an etwas nicht erinnern kann, das ist ja normal und in Ordnung, aber es wurmt einen. Also denkt man noch mal drüber nach und meint dann, eine vage Erinnerung zu haben (Sie erinnern sich an die holographische Struktur unserer Erinnerungen?). Je öfter man jetzt an diese vage Erinnerung denkt, um so mehr verfestigt sie sich. Allerdings kommt noch ein Effekt hinzu.

Ein Beispiel dafür, wie der zusätzliche Mechanismus funktioniert, kann man an einfachen Wortlisten machen. Etwa „schlafen, Bett, kuscheln, schnarchen, Kopfkissen, Bügeleisen, Hemd, Waschmaschine, reinigen, weglegen". Nach einer kurzen Pause darf man die Liste noch einmal durchgehen und nach einer etwas längeren Pause bekommt man wieder eine Wortliste vorgelegt und soll sagen, welche Begriffe nicht in den zuvor angesehenen Listen enthalten war. „Kopfkissen, trinken, Bett, schlafen, Nacht". Ein erheblicher Teil der Probanden wird sagen dass 'trinken' nicht dabei war, was natürlich richtig ist. Deutlich weniger werden bemerken, dass 'Nacht' auch nicht dabei war.

Das liegt am Kontext, mit dem wir uns ja schon beschäftigt haben. Der erste Teil der Lernliste enthielt nur Worte aus dem Kontext Schlafzimmer und der zweite Kontext enthielt nur Worte aus dem Kontext Wäsche waschen. Das Wort 'trinken' gehörte in keinen der beiden Kontexte hinein und wurde deshalb sofort als nicht gelernt erkannt. Aber in den Kontext des Schlafzimmers gehört eindeutig das Wort 'Nacht'; es hätte also in der Liste **sein sollen**!

Diese Art der Erinnerung (oder besser Fehlerinnerung) macht den Gerichten erhebliche Mühen und hat schon dafür gesorgt, dass die Polizei angefangen hat, die Interviews mit Zeugen anders aufzubauen. Die Zeugen sollen einfach alles erzählen, an was sie sich im Zusammenhang mit einer Tat erinnern. Reihenfolge und Logik des Hergangs interessieren in dem Moment überhaupt nicht. Dann bringt der aufnehmende Polizist alles in Reinform mit logischem Ablauf und liest es dem Zeugen vor und es werden letzte Ergänzungen gemacht. Der Polizist unterlässt alles, was in irgendeiner Weise suggestiv wirken könnte. Wenn er etwa fragen würde „Haben Sie in der Nähe vom Tatort auch einen blauen BMW gesehen?", dann würde irgendwann später fast sicher ein blauer BMW erinnert werden, denn die anderen Leute sollen bloß nicht denken, man wäre zu dumm, um sich an einfache Zusammenhänge zu erinnern.

Aus dieser Plastizität, mit der unser Gehirn mit Erinnerungen umgeht, ergeben sich zwei Dinge. Erstens wurde das Gehirn offensichtlich nicht dafür konstruiert, um sich wie die Festplatte eines Rechners Byte für Byte erinnern zu können und zweitens ermöglicht sie, dass Meditation überhaupt eine Wirkung entfalten kann. Dadurch können wir tatsächlich unser Unterbewusstsein reinigen, denn zusammen mit den Erinnerungen an unsere bösen Taten verschwindet auch die Erinnerung an die damalige Motivation; das Karma ist also weg. Wir werden wirklich von Schuld frei (juristisch gesehen wohl nicht, aber karmisch sollte uns ja reichen)!

MDR-Therapie

Im Jahre 1987 entwickelte Dr. Francine Shapiro diese Methode, die man mit „Über Augenbewegungen induzierte Desensibilisierung und Aufarbeitung" übersetzen könnte. Diese Methode ist international anerkannt und vielen Patienten konnte schon mit dieser Methode geholfen werden, nur hat man letztlich überhaupt keine Ahnung, warum sie funktioniert. Das Hauptanwendungsgebiet sind Traumata (Verletzungen) des Geistes durch erlittene oder miterlebte Gewalt.

Eine MDR-Behandlung dauert oftmals nur drei Behandlungssitzungen, die jeweils nur etwa 1½ Stunden dauern (gegenüber Freuds Psychoanalyse also ein echter Quantensprung). Was mit dieser Methode behandelbar ist und warum, will ich nach einem kurzen Abriss der Methode erklären. Der zentrale Teil der Behandlung beinhaltet, dass der Therapeut den Patienten dazu bringt, für zehn bis zwanzig Sekunden auf dessen Hand (oder ein, zwei abgespreizte Finger) zu schauen und der Bewegung konzentriert mit den Augen zu folgen. So eine Therapie hat im allgemeinen 8 Schritte.

1. Anamnese / Bestandsanalyse
   Hier wird der Patient befragt, welche Probleme er überhaupt hat, ob er weiß, welche Auslöser es gibt oder gab und es wird ihm detailliert erklärt, wie sich die Behandlung abspielen wird, damit er ein aktiver Mitspieler sein kann und will.

2. Stabilisierung und Vorbereitung
   In dieser Phase wird der Patienten gefragt, wie er sich eine absolut sichere Umgebung vorstellt. Zusätzlich wird ein Codewort vereinbart. Wenn der Patient dieses Wort sagt, stellt der Therapeut sofort die Sitzung ein, denn der Patient ist dann der Meinung, dass er mit dem, was aus seiner Erinnerung hochkommt, nicht mehr fertig werden kann; es ist also die absolute Notbremse. Auch der sichere Ort ist nur eine Phantasie, aber das ist letztlich sowieso alles, was in unserem Geist passiert. Der Patient weiß also, dass er sich dorthin retten kann (hierdurch ergibt sich ein deutlich verstärktes Einverständnis in die Behandlung: Ich weiß, mir kann nichts passieren!).

3. Bewertung des Traumas
   Hier wird der Patient gebeten, sein größtes Problem etwa auf einer Skala von 0 bis 10 zu bewerten. Null bedeutet, dass es völlig unrelevant ist und die 10 steht für absolute Panik (die Null hat eine psychologische Bedeutung, denn sie bedeutet ´gar nichts´;

eine Skala von 1 bis 10 würde das ´gar nichts´ nicht beinhalten und man könnte es nicht anstreben!).

4. Desensibilisierung und Behandlung
Am Anfang dieser Phase wird ein Signal zwischen Patient und Therapeuten vereinbart. Dieses Signal soll der Patient geben, wenn er meint, mitten im Horror zu stecken. Dann soll sich der Patient anhand der ihm bekannten Auslöser völlig in den Horror begeben. Wenn der Patient dieses Signal gibt (das ist nicht das verabredete Abbruchsignal!), dann beginnt der Therapeut, seine Hand (eventuell mit zwei ausgestreckten Fingern) hin und her zu bewegen und der Patient soll dieser Bewegung mit den Augen konzentriert folgen (warum exakt das wichtig ist, sehen wir gleich).

5. Verankerung
In dieser Phase soll der Patient dazu gebracht werden, mit dem gerade geschehenen (also der Therapiesitzung) eine positive Erfahrung zu verbinden.

6. Körper-Test
Die folgende Aussage ist jetzt bitte klinisch zu betrachten! Jeder ´verdrehte Geist´ spiegelt sich im Körper wieder und jede körperliche Verdrehung / Behinderung spiegelt sich im Geist wieder. (Ich kann das Witzeln einfach nicht unterdrücken. Im Lateinischen hieß dies „Mens sana in corpore sano" oder auf Hochdeutsch „Nur in einem gesunden Körper wohnt auch ein gesunder Geist"; Generationen von Studenten haben diesen Spruch allerdings etwas anders übersetzt: „Wer in der Mensa isst, braucht einen gesunden Körper!"). Eine starke traumatische Erfahrung kann also überhaupt nicht am Körper vorbei gehen. In dieser Phase wird also erfragt, was der Patient für ein Körpergefühl hat, ob er meint, dass sein Körper besser mit dem Problem klar kommt. Dahinter steckt: Wie kann mein Geist anzweifeln, was mein Körper eindeutig fühlt!

7. Abschluss
Genau betrachtet geht es hier um ´social talk´, man unterhält sich mit dem Patienten, um die Sitzung ganz sanft ausgleiten zu lassen. Der Patient soll also mit dem bestmöglichen Gefühl aus der Sitzung heraus gehen.

8. Nachbefragung
   Am Ende der Behandlung wird noch einmal aufgenommen / abgefragt, wie sich die Befindlichkeit geändert hat. Das hat auf den Patienten die Wirkung, dass er die Sitzungen als sehr sinnvoll einstuft (und es sind die Streicheleinheiten für den Therapeuten).

Wenn Sie sich jetzt mal kurz an das Kapitel über Meditation und warum sie funktioniert erinnern, dann sollten Sie bei Punkt vier einen Aha-Effekt gehabt haben. Wir halten die Kontrollfunktion des Geistes auf dem Objekt der Konzentration (den bewegten Fingern oder der Hand) und lassen zu, dass andere Teile unseres Geistes in Gebiete vordringen, die eigentlich tabu sind.

Der Mechanismus geht so: Man hat in der Vergangenheit eine stark traumatische Erfahrung gehabt und zu der Zeit konnte man sich nicht dagegen wehren. Was diese Erinnerungen sind (Bombardierungen, Folter, alles Miese, was sich manche Menschen einfallen lassen), ist völlig egal. Die Therapie findet in einer Umgebung statt, wo diese Bedrohung nicht gegeben ist, man ist also physisch wirklich sicher! Anschließend wird ein sicherer Ort vorgestellt, man ist also auch psychisch sicher. Dann wird die Erinnerung in die Bedrohungssituation zurück geschickt, und in diesem Moment greift das, was auch in der Meditation wirkt. Die Kontrollfunktion des Geistes bewegt sich mit den Augen, die auf die Hand oder die Finger schauen, und wird über die Konzentration dort festgehalten (weitere Erklärung gleich).

Der Unterschied zwischen dieser Therapie und Meditationen ist, dass in der Therapie direkt auf ein konkretes und dringliches Problem eingegangen wird; bei der Meditation überlässt man die ´Themenauswahl´ dem Unterbewussten und der mentale Druck geht nur langsam und schleichend raus.

Einige Therapeuten meinen, der Grund für die Wirksamkeit dieser Therapie sei, dass Erinnerungen, die man aktuell erlebt, anschließend zurück gespeichert werden und dieser Vorgang durch die Konzentration auf die bewegte Hand gestört wird. Andere meinen, dass sich bei diesen Sitzungen einzelne Erinnerungsfragmente vereinigen und dadurch handhabbar werden. Ich glaube nicht, dass eine dieser Erklärungen stimmt.

Ich halte eine aktive Mithilfe des Gehirns für wesentlich wahrscheinlicher. Ego und Bewusstsein wollen die Erinnerung gerne los sein oder zumindest stark abschwächen, nur kommen sie an diese Erinnerung nur lesend heran (das Ego-Protect-Bit). Durch die Konzentration auf die Bewegung der Hand wird die ´Auswerte-Einheit´ für diesen Erinnerungsschutz auf die

Hand gezogen und das Ego-Protect-Bit ist zugänglich und wird mal schnell gelöscht. Der erinnerte Horror ist jetzt eine normale Erinnerung geworden, die man erstens beliebig modifizieren darf und die zweitens nicht mehr in der Liste der Alarmfunktionen geführt wird. Da nicht mehr bei jedem Geräusch oder jeder wahrgenommenen Bewegung geprüft werden muss, ob da eine möglicherweise tödliche Gefahr ist, ist man auch sofort einen großen Teil der Belastung los und der Körper ist umgehend aus dem Panik-Modus raus.

Das ist das Ergebnis vom Körpertest; die Anspannung wurde deutlich abgesenkt. Durch die Abfrage, wie es dem Körper jetzt geht, wird das Ego darauf aufmerksam gemacht, dass es gerade ein Nervenbündel wieder in ein möglicherweise reproduktives Wesen verwandelt hat. Das größte Problem bei fast allen Therapien ist, dass irgendein Teil des Geistes überhaupt nicht mitmachen möchte, weil es seinen primären Arbeitsbereich betrifft. Wie die MDR-Therapie exakt funktionierte, das weiß das Ego nicht, dass ihm aber sehr viel Arbeit abgenommen wurde, das realisiert es. Also hat der Therapeut in der zweiten und dritten Sitzung die volle Unterstützung des Un- und Unterbewussten.

Wenn jemand ein schweres Trauma hat, dann ist er / sie sicherlich bei einem professionellen Therapeuten, der sich etwa mit der MDR-Therapie profund auskennt, sehr gut aufgehoben, denn in solchen Zuständen wird niemand wirklich meditieren können. Aber danach könnte Meditation sehr gut helfen, um auch noch die verbliebenen Reste der Traumata zu beseitigen.

Das muss ja keine buddhistische Meditation sein, sondern etwa einfach nur das gerade Hinsetzen und die Konzentration auf dem Atem halten, wie er an der Nasenspitze kommt und geht (ob Stuhl, Sessel oder Schneidersitz ist völlig egal; man kann so eine Meditation sogar im Liegen machen, nur ist dann die Wahrscheinlichkeit etwas erhöht, dass aus der Meditation ein Nickerchen wird, was aber auch nicht schlecht sein muss; generell wird ein gerader Rücken empfohlen).

Hilfreich, damit man gedanklich nicht zu oft und zu weit abschweift, kann etwa das Zählen der Atemzüge sein. Man fängt etwa mit 10 Atemzügen an und wiederholt diesen Zyklus, so oft man Lust hat. Immer, wenn man meint, dass die geistige Abdrift zwischendurch nicht zu groß war, dann erhöht man die Anzahl. Wenn man in so einem Zyklus mehr als zweimal stockt und nicht mehr weiß, wie weit man war, dann ist der Zyklus zu lang.

Wenn man soweit ist, dass man tatsächlich und ohne abzuschweifen bis 100 kommt, dann hat das Zählen seinen Sinn verloren. Dann genügt es, in lockerer Angespanntheit im Geist zu ruhen; eine gewisse Anspannung muss bleiben, denn sonst arbeitet die Kontrollfunktion zu gut, die unerlaubte Gedanken verhindert oder löscht, und wir haben keinen Fortschritt mehr.

Einige Kontemplationen

Die Fragestellung, was 'ist' und 'was nicht sein kann', spielt bei den allgemeinen vorbereitenden Übungen im tibetischen Buddhismus eine sehr große Rolle. Wenn man über verschiedene grundsätzliche Fragen nicht tiefschürfend nachgedacht hat, dann kann man verschiedene buddhistische Belehrungen schlicht nicht wirklich nachvollziehen (manche auch dann nicht oder erst sehr viel später, aber ich rede schon wieder von mir).

Doch jetzt ein paar Kontemplationen, die Ihnen möglicherweise einen Einblick in eine etwas ungewohnte Denkweise geben können.

Wo findet das Denken statt

Vor rund 20 Jahren hatte ich ein Gespräch / Interview mit Shamarpa im KIBI in Neu Delhi. Ich hatte eine eher materialistische Auffassung von Geist, konnte mir aber mit dieser Auffassung einige buddhistische Erklärungen nicht erklären.

Shamarpa erklärte, Geist und Denken habe nichts mit dem Körper zu tun. Er trank gerade eine Tasse Tee und ein paar Zuckerkrümel lagen auf der Tischplatte. Er sagte „ 'a', 'b', 'c'", und schob mit dem Finger drei Zuckerkrümel in eine Reihe. „Egal, wie klein die Gedanken auch wären, sie wären viel zu groß, egal, ob man meint mit dem Gehirn zu denken oder mit dem ganzen Körper. Es gibt da nicht genug Raum, weshalb Gedanken vom Geist gemacht sein müssen, denn der hat keine Begrenzung!"

Ich habe vor mir, rechts neben der Tastatur, einen USB-Speicherstick liegen, der 64 Gigabyte aufnehmen kann (so etwas gab es allerdings damals noch nicht). Er ist ungefähr 6 Zentimeter lang, nicht ganz zwei Zentimeter breit und etwa 8 Millimeter dick (das Volumen beträgt also rund 10 Kubikzentimeter). Wenn jetzt hundert Mönche jeden Tag zehn Stunden lang Texte mit einer Geschwindigkeit von einer Silbe pro Sekunde buchstabieren, wie lange bräuchten sie, um diesen USB-Stick zu füllen (ich setze voraus, dass ein Zeichen / Silbe in einem einzelnen Byte darstellbar ist)? Eine Stunde hat 3.600 Sekunden, also schafft ein Mönch in zehn Stunden 36.000 Buchstaben / Silben. 100 Mönche kommen auf 3,6 Millionen pro Tag. Für die 64 Gigabyte werden die hundert Mönche also 17.777 Tage oder rund 50 Jahre brauchen.

Unser Gehirn hat entsprechend neuesten Angaben rund 86 Milliarden Neuronen und jedes Neuron hat tausende Synapsen (also Verbindungen zu anderen Neuronen), die nach aktuellem Verständnis das Wissen speichern (durch die Verschaltung und die Gewichtung der Verschaltung). Gedanken sind also nicht unbedingt zu groß, um sie im Gehirn zu speichern. Wenn wir unterstellen, dass die Evolution nicht allzu dumm war, dann können wir davon ausgehen, dass es da vielleicht noch eine Art Datenkompression gibt (denken Sie nur mal an die Ergänzungen bei der optischen Wahrnehmung). Dann reicht der Platz im Gehirn weit mehr als locker.

Es ist jetzt ein Inselbegabter, der meiner Theorie widersprechen könnte. Stephen Wiltshire ist ein Autist, Eidetiker und Künstler; er hat den Spitznamen ′Lebende Kamera′. Diese Bezeichnung ist durchaus berechtigt, was er in Experimenten bewiesen hat. So machte er etwa mit einem Helikopter einen Rundflug über Rom, setzte sich dann an eine etwa 5 Quadratmeter große Papierwand und zeichnete fünf Tage lang. Später wurde seine Zeichnung mit Originalfotos verglichen. Jedes Haus hatte die richtige Anzahl an Stockwerken und Fenstern, es gab nur einige ganz geringe Unterschiede. Sogar das Kolloseum war mit seinen ganzen Bögen korrekt wiedergegeben. Dann meinte Stephen, wenn er mehr Zeit gehabt hätte, dann hätte er auch noch viel mehr Details einzeichnen können.

Entweder verfügt er, ohne zu wissen, wie es funktioniert, über eine extrem effiziente Art der Datenreduktion oder es gibt da doch noch etwas außer Neuronen. In wenigen Jahren werden wir wahrscheinlich wissen, ob zumindest das Erinnern vollständig im Gehirn erfolgt.

Die Zahl Pi und die Unendlichkeit

Jeder wird wohl in der Schule die Zahl Pi kennen gelernt haben und meistens begnügt man sich mit dem Wissen dass Pi ungefähr gleich 3,1415 ist. Tatsächlich ist Pi jedoch eine irrationale Zahl, was bedeutet, dass sie unendlich viele Stellen hinter dem Komma hat. Das haben Milliarden von Schülern weltweit gelernt, aber wahrscheinlich hat kaum einer von ihnen begriffen, was das wirklich bedeutet (habe ich in meiner Schulzeit jedenfalls nicht gemacht).

Kurzer Einschub: In der Mathematik werden verschiedene Zahlensysteme unterschieden, etwa binär (nur die beiden Ziffern 0 und 1), dezimal (zehn Ziffern) oder hexadezimal (sechzehn Ziffern). Hierbei geht es jedoch nur um die Art der Darstellung und nicht um den eigentlichen Wert einer Zahl. In Computern wird meistens mit Bytes gearbeitet und ein Byte kann jeden beliebigen Wert zwischen 0 und 255 annehmen. Video-Dateien, Audio-Dateien und Texte auf einem Rechner bestehen aus einer Abfolge von

Bytes. Auch die Zahl Pi kann als Abfolge von Bytes aufgefasst werden.
Ende Einschub.

Wir nehmen uns die Zahl Pi in ihrer byteweisen Darstellung und interpretieren sie so, dass jedes Byte ein Zeichen aus der erweiterten ASCII-Tabelle darstellt (Zuordnung von Bytewerten zu Schriftzeichen). Dann greifen wird uns den Roman „Vom Winde verweht" von Margaret Mitchel, und suchen in der Zahl Pi nach ihm. Ich habe keine Ahnung, an welcher Stelle in Pi man diesen Roman finden wird, ich weiß nur mit absoluter Sicherheit, dass es nicht nur eine Stelle in dieser Zahl gibt, wo man diesen Roman finden wird, sondern unendlich viele.

Als nächstes Beispiel nehmen wir einen Film, wie er etwa auf einer DVD eingeprägt ist. Wir suchen jetzt nach der Verfilmung von „Vom Winde verweht" und werden irgendwo fündig. Nicht einmal, sondern unendlich oft. Der Film wurde in anderen Sprachen synchronisiert? Die Versionen finden wir auch und nicht nur einmal.

Jetzt suchen wir nach einer Verfilmung, wo Sie eine der Hauptrollen einnehmen. Auch die werden wir finden und nicht nur einmal, sondern unendlich oft! Sie hätten gerne Ihren Namen als Autor auf dem Roman verewigt? Kein Problem. Der Name von Ihrem Lebenspartner soll auch darin auftauchen? Machen wir, beliebig oft!

Obwohl, das stimmt aktuell nur bedingt. So eine Suche wurde noch nie gemacht, denn die Zahl Pi wurde bisher nur auf rund eine Trillion Stellen genau berechnet (2002 von Yasumasa Kanada an der Universität von Tokio). Aber wir wissen, dass die obigen Aussagen korrekt sein müssen! Es ist mathematisch bewiesen! Keine Lücke denkbar!

Schon wieder ist die Frage berechtigt, was dies mit dem Buddhismus zu tun haben könnte. Meine Antwort ist: Sehr, sehr viel! Der Dalai Lama wurde mal von einem Journalisten (natürlich auf Englisch) gefragt, was er als Buddhist denn von der Big-Bang-Theorie (also dem Entstehen unseres Universums aus einem großen Knall heraus) halten würde. Die Antwort war: „It doesn't go bang. It goes bang, bang, bang!"

Wenn sich also das Rad der Wiedergeburten schon seit anfangsloser Zeit dreht, dann kann man als sicher annehmen, dass alles, was aufgrund von Ursache und Wirkung entstehen könnte, irgendwann auch tatsächlich mal eintreten wird; nicht einmal, sondern unendlich oft. Es gibt also dunkle Kalpas, in denen es keinen Buddha gibt, oder zumindest keinen der lehrt. Und es gibt glückliche Kalpas, in denen es mindestens einen Buddha gibt, der auch lehrt. Nicht ein Kalpa einmal, sondern unendlich oft.

Als ich das KIBI besuchte, organisierte meine Exfreundin Sabine ein Interview bei Shamarpa (ich hatte das gerade schon erwähnt). Ich erklärte natürlich kurz, wer ich bin, und dass ich gerade eine Weltreise machen würde und hierbei hätte mich mein Weg zufällig auch ins KIBI geführt. Shamarpa lächelte leicht hintergründig und fragte „Zufällig?!"

Ich bin ein alter Science-Fiction-Fan, und in diesem Genre wird ja immer mal wieder über das Phänomen der Zeit spekuliert. Dort gibt es etwa die Meinung, dass es eine unendliche Anzahl von Zukünften geben müsse, denn jeder würde ja praktisch jeden Augenblick freie und somit nicht vorhersagbare Entscheidungen treffen, die aber selber wieder Konsequenzen haben müssten. Wenn es also kein Zufall war, dass ich damals im KIBI war, was war es dann? Einer der unendlich vielen Träume, die ein Dämon haben kann? In dem einen Traum hätte ich den Motorradunfall nicht überlebt und in irgendeinem anderen sitze ich jetzt an meinem Computer und schreibe diesen Text und in noch einem anderen Traum schreibe ich gerade einen Liebes-Roman. Sind alle diese Träume gleichzeitig oder laufen sie nacheinander ab und in wie vielen Kalpas habe ich das schon einmal gemacht oder jemand, der wie ich aussieht und auch noch meinen Namen hat oder der so aussieht wie ich, aber einen anderen Namen hat?

Man kann diese Gedanken beliebig weiter spinnen, bis die weiß gekleideten Herren kommen oder man macht eine pragmatische Entscheidung. Also nehmen wir uns mal wieder Ockhams Rasiermesser zur Hand.

Das Ergebnis dieser Rasur ist nicht unbedingt, dass man jetzt die korrekte Lösung hat. Erinnern Sie sich bitte an die Axiome, mit denen ein Gedankengebäude errichtet wird. Es muss mit der Wirklichkeit nichts zu tun haben, aber meistens wird man so ein Gedankengebäude so errichten, damit man sich die äußeren Vorgänge damit erklären kann. Nur um hier philosophisch sauber zu bleiben ein Beispiel aus „Zen und die Kunst ein Motorrad zu warten". Es geht um die Frage, ob das Gravitationsgesetz von Newtons schon gültig war, bevor er es formulierte. Die vielleicht überraschende Antwort ist „Selbstverständlich nicht!", denn vorher gab es zwar die Gravitation, aber das Gravitationsgesetz gab es noch nicht (durch die Formulierung des Gravitationsgesetzes änderte sich natürlich die Welt nicht). Alle Naturgesetze sind reine Fiktion! Aber es ist sehr praktisch, mit ihnen zu arbeiten, denn die mit ihnen möglichen Vorhersagen stimmen dauernd mit den Beobachtungen überein! Wenn nicht, dann gibt es wieder ´standing ovations´ von den Wissenschaftlern (zumindest dann, wenn man eine bessere Erklärung hat).

In diesem Sinne ist eine unendliche Anzahl von Zukünften (sogenannte Multiversen) wesentlich komplizierter als die Annahme, dass aus einem aktuellen Zustand heraus sich nur eine einzige Zukunft entwickeln kann. Dieses Rasiermesser gibt einem nicht die Fähigkeit richtig und falsch zu unterscheiden, sondern es ermöglicht es nur, sich die einfachste Erklärung auszusuchen, die alle beobachteten Phänomene erklärt (die anderen Erklärungen können auch nicht mehr leisten, sie sind nur viel komplizierter). Der springende Punkt beim Einsatz von Ockhams Rasiermesser ist, dass man sich in einem Gedankengebäude befindet, dass von Axiomen definiert wird. Also darf man das Rasiermesser nur so einsetzen, dass keines der Axiome verletzt wird. Das ist bisweilen der Punkt, wo Physik zur Kunst wird!

Der erkenntnistheoretische Vorteil der Naturwissenschaften gegenüber den tibetisch-buddhistischen Erklärungen ist, dass schon eine einzige Ausnahme das ganze Gebäude zum Kippen bringen kann. Im tibetischen Buddhismus kittet man eine Wahrsagung, die nicht eintrifft, mit „ungünstigen Einflüssen", es darf also auch mal etwas geben, das außerhalb des Entstehens in gegenseitiger Abhängigkeit liegt (oder gerade nicht?). Den Naturwissenschaftler schüttelt es vor Widerwillen und den Geisteswissenschaftler erfreut es. Naja, ohne Unterschiede wäre die Welt ja auch langweilig.

Kann es einen Schöpfergott geben?

Fangen wir einfach mal mit Gott an. Die Buddhisten meinen bewiesen zu haben, dass es keinen Schöpfergott geben kann. Wir hatten ja zuvor gesehen, dass so ein Beweis überhaupt nicht geführt werden kann und wenn man den Buddhisten das Axiom „Alles besteht aufgrund von Ursache und Wirkung" wegnimmt, dann können sie es auch nicht mehr, aber wir lassen es ihnen mal.

In der Welt, in der wir leben, geschieht alles im Entstehen in gegenseitiger Abhängigkeit. Wenn Gott jetzt in dieser Welt wirkt, dann ist er selbst auch diesem Axiom unterworfen. Folglich wäre es völlig egal, ob er zuvor die Welt erschuf oder nicht. Dass es Götter, wie etwa Vishnu gibt, wird im Buddhismus nicht in Abrede gestellt; folglich wäre der christliche Schöpfergott nur ein weiterer Gott, an den man glauben könnte oder auch nicht. Allerdings würde auch für ihn gelten, dass er keinen freien Willen haben kann.

Nächste Betrachtung: Ein Schöpfergott erschuf die Welt (in der nur Ursache und Wirkung wirken), existiert aber jetzt außerhalb von ihr und hat daher keine Eingriffsmöglichkeit. Da bliebe die Frage, warum er die Welt zuvor überhaupt erschaffen hat und zusätzlich bleibt die Schlussfolgerung, dass es in diesem Fall völlig egal wäre, ob es diesen Gott überhaupt gibt oder nicht, ob man an ihn glaubt oder nicht, denn es hätte keinerlei Konsequenzen. Weder positiv oder negativ. Man kann also machen, was man will.

Das Ergebnis dieser Kontemplationen ist, dass sich ein Schöpfergott und das Axiom über Ursache und Wirkung gegenseitig komplett ausschließen. Das Schlupfloch, dass Gott ja eingreifen könnte aber nicht will, ist auch nicht wasserdicht, denn ein Axiom hat die Kraft eines Beweises, denn es ist seine Grundlage. Entweder etwas ist immer so oder man kann das Axiom entsorgen, da es dazu führt, dass man in seinem Denkgebäude logische Widersprüche hat.

Kann es das absolut Böse geben?

Eine andere nette Logelei ist der Beweis, dass es das absolut Böse, wie es etwa von den christlichen Kirchen postuliert wird, überhaupt nicht geben kann. Der Beweis ist eigentlich recht kurz. Wenn etwas absolut böse ist, dann muss es alles, womit es in Kontakt kommt, sofort zerstören und würde sich selbst umgehend jeder Lebensgrundlage berauben. Würde es anders handeln, dann wäre es jedoch nur relativ böse und dass es das gibt, wird nicht bestritten. Auch wenn das Böse plant, letztendlich alles zu vernichten (inklusive sich selbst), dann ist es immer noch nur relativ böse. Das absolut Böse kann es also genauso wenig wie einen Schöpfergott geben, wenn Ursache und Wirkung die alleinige Basis für alles Geschehen ist.

Navigation & Rituale

Es gibt ein sehr interessantes Experiment, bei dem jemanden eine VR-Brille (virtual reality) aufgesetzt wurde und er stiegt dann in eine Kugel mit mehreren Metern Durchmesser, die auf Rollen gelagert war, und konnte sich ´frei´ bewegen (er blieb zwar am Fleck, hatte aber den Eindruck, er würde sich beliebig voran bewegen mit Abbiegen und allem; das sah er alles in seiner Datenbrille). Der Proband sollte sich in einer fremden Umgebung orientieren, wobei er durch Zimmer und Flure gehen konnte; später sollte er verschiedene Aufgaben lösen. Natürlich hatten die Psychologen eine Gemeinheit eingebaut und zwar waren einige Wege logisch nicht möglich. Hiermit ist gemeint, dass etwa einer der Flure direkt quer durch ein Zimmer hätte führen müssen. Allerdings fiel keinem der Probanden auf, dass da etwas nicht stimmen konnte.

Das Hauptergebnis dieses Versuchs ist, dass man keine maßstäbliche Karte im Gehirn aufbaut. Man merkt sich Orientierungspunkte und die Entfernungen sowie die Richtung zu benachbarten Orientierungspunkten. Wenn man eine Strecke kennt, dann läuft das etwa so ab: „Erst bis zur Ampel und nach links abbiegen. Dann kommt auf der rechten Seite ein griechisches Restaurant und eine Weile später links ein Blumenladen. Jetzt rechts aufpassen, wo ein Zigarettenautomat an der Hauswand hängt und dann die nächste rechts rein und einen Parkplatz suchen!" Was passiert, wenn der Zigarettenautomat plötzlich fehlt? Dann fahren wir langsamer und schauen alles ganz genau an und warten darauf, dass unser Gedächtnis uns sagt, dass wir dieses oder jenes schon mal gesehen haben. Der Zigarettenautomat fliegt also aus der Orientierungsspur und wird ersetzt. Orientierung ist also das Ergebnis von visuellem Lernen und Vergessen. Natürlich hängt da noch einiges mehr dran, aber für unsere Zwecke genügt das hier.

Das Interessante an diesem Versuch ist jetzt natürlich die Frage, ob sich diese Strategie der Orientierung auch auf andere Bereich übertragen lässt. Wir greifen uns gedanklich einen Schüler, der sich gerade mit Algebra abquält. Er hat im Prinzip zwei Möglichkeiten: Entweder versteht er, um was es geht, oder er merkt sich nur die verschiedenen Aufgabentypen und die dazu gehörigen Lösungswege. Die Frage, ob die Strategie mit den Lösungswegen wirklich sinnvoll ist, stellt sich eigentlich nicht, denn auf die Art kommen die meisten Schüler erfolgreich durch die Schule.

Wenn wir jetzt mal durch unsere alltäglichen Tätigkeiten durchgehen, dann stellen wir fest, dass wir eigentlich fast alles nach genau dieser Methode abarbeiten. Wenn die Hausfrau einen Kuchen bäckt, dann weiß sie, welche Zutaten sie wann dazu geben muss und was sie wann machen muss, damit der Kuchen gelingt. Genau das gleiche macht der Zimmermann, wenn er einen Dachstuhl setzen soll. Wenn wir irgendetwas lernen, vielleicht sogar mit Variationen, dann fangen wir sofort an, einen ′Streckenplan′ aufzustellen.

Das nächste Beispiel ist das Autofahren. Wenn man in der Fahrschule anfängt, dann sind alle Bewegungen vom Bewusstsein vorgegeben (es sieht eckig und hakelig aus) und so langsam generiert unser Gehirn verschiedene Steckenpläne für unsere Bewegungen. Losfahren heißt, den Motor auf eine mittlere Drehzahl bringen, die Kupplung treten, den ersten Gang einlegen und die Kupplung langsam kommen lassen. Dann wendet sich das

Bewusstsein vom Beschleunigen ab und sagt dem Hörzentrum, wenn sich der Motor ungefähr so anhört, dann sag´ mir Bescheid. Der Teil vom Streckenplan ist fertig bearbeitet und verschwindet aus unserem Bewusstsein und wir können uns völlig der Beobachtung des Straßenverkehrs widmen.

Diese Art zu Handeln beherrscht uns sehr stark. Ob die folgende Geschichte wahr ist, weiß ich nicht, aber sie bringt das Problem auf den Punkt. Ein Ehemann wurde von seiner Frau aufgefordert, den Müll runter zu bringen. Er war gerade ziemlich in Gedanken, ging aus der Haustür, jedoch nicht zu den Mülltonnen, sondern zur Bushaltestelle. Er stieg in den nächsten Bus ein, fuhr eine Weile, stieg wieder aus, ging zwei Straßen entlang und stand vor der Firma, in der er arbeitete. Nur war die Tür verschlossen, denn es war Sonntag!

Wir haben also einen sehr stark ausgeprägten Auto-Pilot-Modus. Wenn wir, warum auch immer, emotional / intellektuell sehr stark beschäftigt sind, dann wird der zeitliche Abstand zwischen den Kontrollabfragen auf höheren Ebenen immer größer. Auf der untersten Ebene funktioniert die ´Verkehrsüberwachung´ völlig normal. Abstand zu den Seitenstreifen und Abstand zum vorausfahrenden Fahrzeug werden vollautomatisch eingehalten (wer intensiv nachdenkt, der rast nicht; völlig unmöglich!) und abnormales Verhalten anderer Verkehrsteilnehmer wird auch erkannt.

Auf der nächst höheren Ebene geht es um die Reiseroute. Diese Aufgabe wird, wenn jemand sehr angestrengt über ein völlig anderes Thema nachdenkt, auf den Statistik-Modus umgeschaltet. Wenn ich hier entlang komme, wo biege ich dann normalerweise wohin ab? In 90% der Fälle nach rechts, weil ich da immer zur Arbeit hin fahre, in 10% der Fälle nach links, weil dort ein Getränkemarkt ist, der die Lieblingsbiermarke führt. Man wird also sehr wahrscheinlich vor der Firma enden oder weniger wahrscheinlich vor dem Getränkemarkt. Wenn man eigentlich gerade aus hätte fahren müssen, dann wird man dort im automatischen Modus nicht ankommen.

Diesen Effekt könnte man jetzt einfach auf sich beruhen lassen, aber wir wollen ja etwas über uns selbst und unseren Geist lernen, also betrachten wir uns mal unser tägliches Leben. Uns ist überhaupt nicht klar, wie viele Rituale wir haben. Der Wecker reißt uns aus dem Schlaf, wir richten uns auf, schalten den Wecker ab und schlüpfen mit den Füßen in die Hausschuhe, die vorm Bett stehen (es gibt auch Barfußgeher, aber die haben mit Sicherheit andere Rituale). Bei mir ist es immer der linke Fuß, der zuerst in den Hausschuh geschoben wird, erst dann ist der rechte Fuß dran. Jeden Tag. Später steigt man unter die Dusche und spult das nächste Ritual ab. Es ist immer die selbe Hand, die nach dem Duschgel greift, es ist immer die gleiche Reihenfolge, in der man sich abtrocknet.

Es ist bekannt, dass Autisten extrem ritualisiert sind, der einzige Unterschied zwischen ihnen und uns ist, dass wir toleranter gegenüber Störungen sind, wir aber genauso unsere Rituale abarbeiten. Autisten hassen es, wenn etwas nicht nach Plan erfolgt, allen anderen gefällt es nicht besonders, weil man zusätzlich (nach-) denken muss und das kostet zusätzliche Energie.

Schon als neu geborenes Baby ist uns klar, dass wir nur eine Chance haben zu überleben, wenn wir eine bestimmte Sicherheit haben. Mama und Papa müssen solange auf uns aufpassen, bis wir selbst überlebensfähig sind. Das erste Ritual, das wir in unserem Leben erleben, ist von der Brust unserer Mutter gefüttert zu werden. Jedes Baby weiß absolut sicher, dass es nicht überleben wird, wenn dieses Ritual nicht fortgesetzt wird!

In eigentlich allen Religionen gibt es Rituale. Der Sinn von Ritualen ist eine Sicherheit vorzuspiegeln, die eigentlich überhaupt nicht vorhanden ist. Alle Rituale sind also letztlich nichts anderes als Schnuller! Die Brustwarze gab uns als Kleinkind die Sicherheit, dass wir nicht ganz demnächst sterben müssen. Ein Schnuller lässt uns glauben, dass diese Sicherheit immer noch vorhanden ist.

Alle Rituale, egal ob buddhistisch, christlich oder aufgrund welcher Religion auch immer, sind also Vorspiegelungen, dass dieser (Mutter-) Schutz noch immer besteht. Exakt hier kommen wir an einen Punkt, der eine Unterscheidung ermöglicht. In allen Religionen (außer dem Buddhismus) heißt es, dass es eine Wahrheit gibt, die außerhalb von uns existiert (Gott oder was auch immer). Auch im Buddhismus gibt es ziemlich viele Rituale, denn jeder muss zunächst an die Gedanken heran geführt werden, die einen (hoffentlich / vielleicht) auf eine neue Ebene der Betrachtung führen. Letztlich dienen die Rituale nur dazu, dass jeder seinen (eigenen) Geist immer wieder auf das einzig sinnvolle Ziel ausrichtet: Befreiung und Erleuchtung! Jemand, der viele Rituale braucht, wird diesen Weg nur sehr langsam gehen können. Wer volles Vertrauen zu seinem Lehrer hat, lässt los und springt!

Einschub: Bei einer Veranstaltung wurde Ole mal gefragt, ob denn Frauen oder Männer ein besseres Potential haben, um Befreiung zu erlangen. Die Antwort war sinngemäß: „Im Prinzip gibt es da keine großen Unterschiede. Anfangs haben Frauen einen kleinen Vorteil, denn sie sind aufgrund ihrer Periode sowieso daran gewöhnt, dass sich die Welt ständig anders anfühlt

(Männer kennen das nicht und sind deshalb schon mäkelig, wenn sie mal eine Erkältung haben). Dann läuft es lange Zeit recht parallel und dann haben die Männer einen kleinen Vorteil, denn sie hängen nicht ganz so stark an Vorstellungen fest; sie sind da eher wie kleine Jungs, die einfach mal die Bauklötze hoch werfen, um zu schauen, was passiert." Ein Ritual gibt also Sicherheit, doch es hält einen auch fest. Mit einem Ritual kommt man nur eine bestimmte Wegstrecke weit, dann muss man loslassen! Unschön sind alle religiösen Rituale, die zum reinen Selbstzweck mutiert sind (sie sind nur noch Schnuller, ohne einen weiter zu bringen). Das Problem hierbei ist, dass man so ein Ritual nur als sinnfrei erkennen kann, wenn man geistig schon so weit ist, dass man das Ritual nicht mehr brauchen würde. Rituale können eine Zeit lang hilfreich sein, doch letztlich sind sie Fesseln, die jede Weiterentwicklung verhindern. **Ende Einschub.**

Rituale, alleine für sich und ohne den Kontext, dass man die Befreiung für sich und alle anderen fühlenden Wesen erlangen möchte, sind weitgehend sinnfrei (diese Motivation kann und wird übrigens von Christen oder Muslimen genauso entwickelt; zumindest einigen)! Man kann Rituale vielleicht noch als soziale Interaktion begreifen (wenn Sie nicht im Einzelnen begreifen, was da und warum gemacht wird, dann ist es ein reines Ritual). Im Umfeld von reinen Ritualen redet man miteinander, fragt, wie es denn so geht und was die Kinder machen. Kein Unterschied dazu, einen Nachbarn im Supermarkt zu treffen. Daher auch genauso hilfreich für die geistige Entwicklung.

Früher gab es in den westlichen Kagyü-Zentren auch viele auf tibetisch gesungene Pujas (gesprochen: Putscha); wenn man keine umfangreichen Erklärungen zu den Texten bekommen hatte oder sich die Zeit genommen hatte, die deutsche Übersetzung durchzulesen, dann hatten diese Pujas ungefähr den gleichen Einfluss auf den eigenen Geist wie Knäckebrot kauen, nämlich so gut wie keinen. Ob es bei der Puja dann auch noch Glockengebimmel oder Handtrommelwirbel gibt, ändert grundsätzlich nichts an der Situation. Das, worauf es ankommt, ist die eigene Motivation und ihre Stärke. Kalu Rinpoche sagte: Je besser du verstehst, was du in einer Meditation machst, um so größer kann der Einfluss auf den eigenen Geist sein.

In den letzten 25 Jahren wurden in den westlichen Kagyü-Zentren diese Pujas weitgehend abgeschafft und (fast) komplett durch geleitete Meditationen ersetzt. Hierbei wird in der jeweiligen Landessprache vorgelesen, um was es geht, was man sich vorstellen und was passieren soll. Auch so eine Meditation kann man ritualisieren, das ist aber sehr viel schwerer. Wenn man einen Blick auf die Zen-Meditation Nur-Sitzen wirft, dann stellt man fest, dass es dort gar keine Möglichkeit mehr gibt, zu ritualisieren. Sie sollten davon ausgehen, dass dies mit Vorsatz so ist.

Wenn sich also Leute regelmäßig zu Pujas treffen, dann muss das nicht bedeuten, dass dort nicht meditiert wird. Es ist nur so, dass die Gefahr größer ist, dass dort wenig bis gar nicht meditiert wird. Wenn die Leute dann auch noch glücklich und entspannt aus der Meditation heraus kommen, dann ist das eigentlich auch kein Problem, denn glückliche und entspannte Leute machen anderen Leuten weniger Probleme. Ob es wesentlich zur jeweils eigenen geistigen Entwicklung beigetragen hat, darf jedoch bezweifelt werden.

Es ist fest in unseren Gehirnen verdrahtet, dass wir unseren Weg mit Hilfe von Wegmarken finden (Sie erinnern sich vielleicht an die gesungenen Landkarten der Aborigines, die weitgehend aus der Beschreibung von Wegmarkierungen bestehen). Wenn man auf diese Art den ´Pfad´ einer Meditation abschreitet, dann steckt man in einem Ritual und hat kaum einen Nutzen. Viel Nutzen hat man, wenn man konzentriert und ´frisch´ ist.

Mal wieder bei Ole geklaut: „Ich habe zwar keine Ahnung, wo dieser Gedanke gerade her kam, es ist aber schon spannend, was beim Meditieren so alles in meinem Geist passiert! Mal sehen, was als nächstes auftaucht!" Die richtige geistige Einstellung ist wie die eines kleinen Kindes, wenn es Weihnachten zur Bescherung geht. Die Tür geht auf und der geschmückte Weihnachtsbaum mit den brennenden Kerzen steht da und jede Menge bunt eingepackte Päckchen und Pakete liegen darunter. Wenn Sie bei allem, was Sie erleben, nur ein „Ey, wow!" in ihrem Geist haben, dann sind Sie auf dem richtigen Weg und viel weiter als ich.

Buddhistische Belehrungen über das Ich

Wenn man anfängt sich mit dem Buddhismus zu beschäftigen, dann soll man darüber nachdenken, was unser Ich ausmacht. Da haben wir zunächst unseren Körper. Wenn man den kleinen Finger der rechten Hand abhacken würde, wäre man dann immer noch Ich oder nicht. Wenn man sagt, man wäre nicht mehr Ich, dann müsste ja das Ich-Sein im kleinen Finger beheimatet sein. Das kann irgendwie nicht sein, also ist man immer noch Ich, auch ohne diesen Finger. Dann zerstückelt man gedanklich den Körper immer weiter und sucht nach der Grenze des Ich. Dann kommt man an die Grenze, dass man sicherlich nicht mehr Ich sein würde, wenn einem das Herz heraus gerissen wird. Ok, dann transplantieren wir Ihnen das Herz von jemand anderem. Ist man dann immer noch ein Ich, denn man lebt ja weiter, oder ist das Ich dann mit dem entfernten Herzen verschwunden?

Ich nehme an, Sie haben das Bild verstanden. Man kann dieses Spielchen weiter spinnen wie man will, es hat noch nie jemand etwas dabei gefunden, von dem er / sie hätte sagen können, dass es das Ich-Sein ausmacht. Wenn Sie es aber nicht ernsthaft versucht haben, dann werden Sie auch keinen Nutzen aus den Belehrungen haben können. Die wirken nur, wenn man sich selber überzeugt hat. Ein sehr beliebter Fehler ist es, mit dem Wort 'irgendwie' zu argumentieren, doch das ist nur eine Ausrede; gefordert ist das Wort 'exakt'.

Dann wendet man sich dem nächsten Objekt zu und denkt mal über den eigenen Geist nach, denn da muss ja auch irgendetwas Essenzielles vom Ich drin stecken. Wie groß ist er und wo befindet er sich. Wir Westler würden trotzig sagen, dass der Geist natürlich maximal so groß sei wie unser Schädel und dort würde er sich auch befinden. Dem würde dann etwa entgegen gehalten werden, dass demnach das Körperempfinden nicht zum Geist gehören dürfte. Wir müssten zugeben, dass das so auch nicht sein kann. Dann kommt die Frage: „Wenn du das schon nicht beantworten kannst, dann sag mir doch zumindest, welche Farbe dein Geist hat!"

Das Ganze ist also ein großes Hase und Igel Rennspiel. Sogar wenn man auf die Erkenntnisse der Hirnforschung verweist, kommt man damit nicht durch, denn das ist ja nicht eigenes Wissen. Irgendwann wird man ziemlich entnervt zugeben müssen, dass man aus eigener Erkenntnis nichts, aber auch überhaupt nichts über seinen eigenen Geist weiß, obwohl er doch existieren muss, weil sonst hätten wir uns doch gar nicht alle diese Gedanken machen können. Irgendwann ist es zum aus der Haut fahren! Genau das ist die Absicht!

Einschub: Schwierig wird es, wenn man sich dann gedanklich über das Gehirn her macht. Insbesondere im englischsprachigen Raum wurde ab Mitte der 30er Jahre des letzten Jahrhunderts eine Operationsmethode eingesetzt, die sich Lobotomie nennt. Hierbei wurde (meistens) ein chirurgisches Instrument durch die Nase eingeführt und mit einem Hammerschlag wurde die dort dünne Trennwand zum Gehirn durchstoßen. Dann wurde mit einem quirlartigen Gerät Gehirngewebe relativ ziellos zerstört.

Zitat aus Wikipedia, das sich auf das Buch „Elektroschock ist keine Therapie" von Braggin stützt:
    Walter Freeman schrieb ohne Beschönigung: *„Die Psychochirurgie erlangt ihre Erfolge dadurch, dass sie die Phantasie zerschmettert, Gefühle abstumpft, abstraktes Denken*

vernichtet und ein roboterähnliches, kontrollierbares Individuum schafft."[

Falls wir also ein Ich haben, dann wird man es wohl tatsächlich im Gehirn finden können. Vermute ich mal so. **Ende Einschub.**

Genau genommen wird hier das Programm abgespult, das ich bei den Beweisen skizziert habe. Nichts von dem, was man für sichere Erkenntnis hält, weil ja selber körperlich erlebt, kann man beweisen und es werden einem auch noch alle Argumente aus der Hand geschlagen, die die eigene Ansicht doch zumindest plausibel machen sollten.

Folglich wird einem gesagt, dass die eigenen Ansichten noch viel zu grobkörnig und an keiner Front auch nur halbwegs nachvollziehbar sind, es unter diesen Umständen doch vielleicht eine sehr gute Idee sei, den Geist etwas zu reinigen, damit man dann vielleicht bessere Erklärungen liefern kann. Meditation könnte da sehr hilfreich sein!

Geistig hängt man jetzt wie ein Insekt am klebrigen Fliegenfänger und auf der anderen Seite wird einem gesagt, dass man jederzeit gehen kann, sogar ohne irgendeine Begründung zu geben. Überhaupt kein Druck, hier geschieht **nur das, was du willst!** Jetzt hängt das Ego am Haken. Es kann etwas umsonst bekommen, mit dem man sich später als Supergenomquelle darstellen kann. Vielleicht wundert sich das Ego noch ein wenig, wieso jemand etwas so Wertvolles einfach so weg gibt, aber die Dummheit anderer muss man ausnutzen!

Einschub: Früher war es Indien und Tibet durchaus üblich, dass jemand, der bestimmte Belehrungen haben wollte, seine Ernsthaftigkeit dadurch nachweisen musste, dass er dem Lehrer etwa Goldstaub opferte. Hierbei konnte es durchaus sein, dass der Lehrer sagte: „Das ist nicht hinreichend! Bring mehr!" Kam der Schüler mit mehr Gold wieder und war der 'Preis' angemessen, dann konnte es sein, dass der Lehrer den Goldstaub einfach in die Gegend warf und sagte: „Komm' jetzt mit!" Ich kann mir gut vorstellen, dass so ein Schüler erst einmal eine Weile in Schockstarre zubrachte. Der Lehrer brauchte und wollte das Gold nicht. Er wollte nur sicher sein, dass der Schüler nicht aus einer Laune heraus handelt, sondern wirklich bereit ist, echte Mühen auf sich zu nehmen und natürlich wollte er die eingefahrenen Wertvorstellungen des Schülers erschüttern.

Wenn Sie gerade gedacht haben, dass Sie so etwas nicht treffen würde, denn Geld sei kein Problem, dann unterschätzen Sie die Cleverness der Lehrer. Wenn Geld kein Problem ist, dann dürfen Sie für den Lehrer ein

Haus bauen oder zwei Quadratkilometer Dschungel roden, um dort einen Park anzulegen. Wenn Sie fertig sind, will er das Haus nicht mehr oder er will es an einer anderen Stelle; also abreißen und noch einmal aufbauen. Und der Park ist nicht mehr wichtig, aber ein mittelgroßer Hügel stört die freie Aussicht. **Ende Einschub.**

Stellen Sie sich jemanden vor, der seit Jahren als Trainer in einem Fitness-Studio arbeitet; wenn dort jemand rein kommt, dann sieht der Trainer sofort, welche Muskelgruppen unbedingt gestärkt werden müssen, denn er sieht, wie man sich bewegt. Nach zwei-drei Sekunden steht der Trainingsplan für ihn schon fest. Dort akzeptiert man das, aber beim mentalen Training meint man, dass der Lehrer nicht anhand von Bewegung, Gestik und Mimik nach wenigen Sekunden weiß, was mit einem los ist. Was für ein Irrglaube! Er weiß es besser, als man zu befürchten bereit ist. Das beruhigende ist, dass es ihn letztlich nicht interessiert und er seine Einschätzung nur nutzt, um einem zu helfen.

Ist Buddhismus gut für mich ?

Es gibt übrigens bei allen esoterischen Richtungen ein sehr gutes Unterscheidungsmerkmal, ob da etwas für Sie Sinnvolles angeboten wird oder nicht. Wenn man sich jederzeit einbringen kann, aber sich genauso leicht auch wieder davon trennen kann, dann bekommt man Geschenke. Wenn man dafür bezahlen muss(!), dann ist es eine Ware, die man bekommt. Wenn Sie schenken dürfen, aber nicht schenken sollen / müssen und Sie durch eine Schenkung auch überhaupt keine Aufwertung erhalten (ein ´Danke´ sollte es allerdings schon geben), dann gehen Sie auch keinen esoterischen Trickbetrügern auf den Leim! Wenn Sie spirituell interessiert sind (wenn Sie es nicht wären, dann hätten Sie dieses Buch nicht in den Händen), dann können Sie auf diese Art sehr gut unterscheiden, ob man Sie als Milchkuh betrachtet oder nicht, völlig unabhängig von den Belehrungen, die man hört.

Wenn die Gruppierung kommerzielle Aktivitäten ausübt (und damit meine ich nicht einen kleinen Shop mit Statuen, Meditationsketten und Devotionalien, denn das ist keine kommerzielle Aktivität in diesem Sinne), dann sollten Sie sehr vorsichtig sein. Wenn es Arbeiten sind, wie etwa das Haus zu reparieren, dann prüfen Sie, wem das Haus eigentlich gehört. Wenn es ein Verein ist, wie viele Mitglieder hat er und ist er als gemeinnützig registriert oder ist dies zumindest beantragt? Wenn dies nicht der Fall ist und Sie es vorschlagen, dann haben Sie den Lackmustest. Seien Sie nicht aufgebracht, wenn man anschließend versucht Sie los zu werden, man tut Ihnen gerade einen sehr großen Gefallen.

Als ich im Kieler Zentrum wohnte (das war nicht mehr mit Klo auf halber Treppe) hatte ich so alle zwei, drei Wochen ein Gespräch mit interessierten Leuten. Fast immer kam die Frage auf, woher sie denn wissen könnten, ob der Buddhismus gut für sie sei. Meine Antwort war immer: „Gehe zu allen Gruppen hin, die ein entsprechendes Angebot machen und schau Dir die Leute an (nicht die Vorturner!), die da mitmachen. Völlig egal, um welche Gruppierung es sich handelt, es wird der Geist beeinflusst und über Jahre hinweg zeigt sich unweigerlich, in welche Richtung die Entwicklung geht. Absolut unvermeidlich! Wenn Du bei einer der Gruppen sagst, denen möchte ich ähnlicher werden, dann hast Du gefunden, wonach du suchst!"

Der Effekt des hundertsten Affen

1958 beobachteten Verhaltenforscher in Japan Makaken (Schneeaffen). Diese hatten als Nahrungsquelle unter anderem Süßkartoffeln, die sie aber nicht besonders mochten, denn sie mussten die Knollen aus dem Boden ziehen / graben und folglich waren die Süßkartoffeln voll Erde. Dann gab es einen witzigen Effekt, den man zuvor noch nie beobachtet hatte, und zwar fingen die Jungtiere an, die Kartoffeln vor dem Verzehr zu waschen und die älteren Tiere lernten dies von den Jungtieren (normalerweise ist der Weg nämlich immer anders herum). Das war der einzige ungewöhnliche Effekt, der bei diesen Affen festgestellt wurde.
https://www.wired.de/collection/science/un-konferenz-gesteht-tieren-kultur-zu

1979 schrieb der New-Age-Autor Lyall Watson, dass das Überschreiten einer kritischen Anzahl von 100 Affen, die ihre Süßkartoffeln vor dem Verzehr abwuschen, dazu geführt habe, dass plötzlich alle Affen dieses Verhalten gelernt hatten. Ja, dass dieses Verhalten sogar auf die Nachbarinsel und das Festland übergriff. Diese Geschichte wurde von Ken Keyes aufgegriffen, der ein esoterisches Buch über Selbstverwirklichung schrieb, das sich mehr als eine Million mal verkaufte. Der Effekt des hundertsten Affen wurde mit morphogenetischen Feldern begründet. Diese Theorie besagt, wenn hinreichend viele Wesen etwas lernen, dann steht auch den anderen dieses Wissen zur Verfügung, wobei Entfernungen keine Rolle spielen. Die morphogenetischen Felder sind allerdings völlig hypothetisch, denn es konnte noch nie eines nachgewiesen werden; Wissenschaftler halten die Wahrscheinlichkeit für die Existenz dieser Felder für kleiner als die für die Existenz von Wolperdingern, denn von denen gibt es wenigstens ausgestopfte Exemplare.

Der Leiter der japanischen Forschungsstation bestritt heftig, dass die Forscher zu irgendwelchen Ergebnissen gekommen seien, die dem, was von den Esoterikern behauptet wurde, auch nur entfernt ähnlich sind; zudem wurde darauf hingewiesen, dass es in der Affengruppe überhaupt nur maximal 59 Tiere gab, es folglich auch keinen hundertsten Affen gegeben haben kann. Aber das muss Überzeugungslügner ja nicht von ihrem Tun abhalten.

Auch der Umstand, dass sich das Verhalten der Makaken auch auf dem Festland fand, ist nicht weiter verwunderlich, denn Makaken sind hervorragende Schwimmer. Auf der oben angegebenen Seite von wired.de findet man auch eine Karte und wenn man die hinreichend vergrößert, dann kann man sehen, dass die Insel Koshima nur 200 Meter vom Festland entfernt liegt. Wozu braucht man morphogenetische Felder, wenn man schwimmen kann?

Man könnte sich auch ein wenig über Genetik unterhalten. Der genetische Unterschied zwischen Schimpansen und Menschen beträgt gerade mal 1,7%; daraus müsste man eigentlich schließen, dass auch alle Schimpansen plötzlich viel mehr wissen, wenn Menschen etwas dazu lernen. Das hat man aber in den letzten zig Jahrzehnten, also dem Fortschreiten der wissenschaftlichen Erkenntnisse, so nicht feststellen können. Jetzt werde ich mal gemein. Man müsste also noch eine Artengrenze in die Theorie der morphogenetischen Felder einführen. Springt das Erlernte auch von Spaniern auf Inuit über oder ist das nur zwischen den Angehörigen einer Herrenrasse möglich? Das würde natürlich das ′genetisch′ im Namen „morphogenetisch" der Theorie erklären.

Aber man kann aber auch mit ein wenig gesundem Menschenverstand an die Sache heran gehen. Hören Sie sich einfach mal die Klagen von Lehrern an. Seit weit über 2.000 Jahren ist dokumentiert, dass sie die jeweils nächste Schülergeneration für dümmer und deutlich unbegabter halten, als die vorhergehenden. Daraus müsste man eigentlich den Schluss ziehen, dass es schwerer wird, etwas zu lernen, wenn viele andere es schon wissen. Vor 2.000 Jahren war es also für alle Schüler ein Klacks, den Beweis von Pytagoras zu lernen. Spätestens seit der Einführung der allgemeinen Schulpflicht bekommen die Kinder das einfach nicht mehr in den Kopf, denn es sind zu viele geworden, die den Beweis schon lernen mussten. Die Bevölkerungsexplosion muss unbedingt verhindert werden! Noch eine Milliarde Menschen mehr und keiner kann Pytagoras noch begreifen; zumindest bis dieses Wissen wieder weitgehend ausgestorben ist! Es steht also eine (angebliche) Einzelbeobachtung der Erfahrung von Millionen Lehrern gegenüber und trotzdem meinen viele, diese Beobachtung wäre ausschlaggebend? [Ironie aus]

Auch an die Darstellung der Lehrer glaube ich nicht, sie wäre aber deutlich besser belegt, als die Theorie von Herrn Watson, der vorsätzlich wissenschaftliche Daten ignorierte und einfach etwas zusammenschrieb, von dem er annahm, dass viele auf die Idee herein fallen würden. Die Bücher von Herrn von Däniken verkauften sich ja auch super. Man muss nur einen Blick auf die Evolution werfen, um zu begreifen, in welchen Zeiträumen sich die Fähigkeit zum Lernen entwickelt. Und dann soll Lernen plötzlich durch 'übersinnliche' Effekte völlig automatisch gehen?

Morphogenetische Felder sind übrigens ein gutes Beispiel dafür, wie die Naturwissenschaften arbeiten. Wenn etwas nicht messbar ist, und morphogenetische Felder wurden noch nie gemessen, dann ist das ganz schlicht kein wissenschaftliches Forschungsfeld. Wenn etwas nicht einmal messbar ist, ist es natürlich auch nicht wiederholbar. Nur einige Religionswissenschaftler und Philosophen fanden das Konzept nachdenkenswert. Jeder hat das Recht, an diese Theorie zu glauben. Man hat aber nicht das Recht, Wissenschaftler dafür zu kritisieren, dass sie nicht daran glauben und sich auch nicht darum kümmern wollen!

Ich oder Nicht-Ich, das ist hier die Frage

Zumindest in Teilen des Buddhismus geht man davon aus, dass man einen freien Willen hat, wodurch das persönliche Karma geschaffen wird. Logisch schwierig wird es in dem Moment, wenn das angehäufte Karma zur Frucht wird. Die Samen, die man früher gesät hat, werden reif. Jetzt haben wir einen netten logischen Widerspruch. Ein freier Wille hat zur Erzeugung des Samens geführt, aber ein freier Wille kann die Reifung nicht abwehren? Das Konstrukt von „Hier freier Wille" und „Dort kein freier Wille" ist ziemlich unsinnig! Also wird im Buddhismus gesagt, man könne die Reifung des karmischen Samens abwenden, indem man etwa eine Reinigungspraxis anwendet. Das entscheidet man dann mit seinem freien Willen? Äh, ja, wie denn nun?

Also hat man sich im tibetischen Buddhismus folgenden Trick ausgedacht: Man unterscheidet zwischen einer relativen und einer absoluten Ebene. Auf der relativen Ebene hat man die Illusion von einem freien Willen, auf der absoluten Ebene hingegen gäbe es nur Entstehen in gegenseitiger Abhängigkeit. Auf der relativen Ebene kann man sich also frei entscheiden, eine Reinigungspraxis zu machen oder seine unguten Taten zu bereuen. Auf der relativen Ebene kann man das Reifen der Samen also verhindern. Auf der absoluten Ebene gibt es diese Samen letztlich überhaupt nicht.

Um es schon mal ein wenig vorweg zu nehmen: Wenn es einen freien Willen gibt, dann gibt es folglich auch ein ICH. Da es laut Buddha keine Befreiung gibt, solange man (von Dummheit geblendet) an einem ICH festhält, muss man sich also irgendwann von der Idee verabschieden, dass es einen freien Willen geben könnte. Um es auf den Punkt zu bringen: Entweder gilt Ursache und Wirkung ODER (exklusiv!) es gibt einen freien Willen. Rein logisch gibt es keine weiteren Möglichkeiten! „Etwas liest hier gerade ein Buch über Buddhismus und Naturwissenschaften, das ein Vielleicht-Jemand geschrieben hat." Stark gewöhnungsbedürftig, könnte aber rein logisch möglich sein.

Zwei andere Bereiche, wo es fraglich ist, ob es da noch einen freien Willen gibt, sind Politik und Werbung, die sich übrigens beide sehr ähnlicher Mittel bedienen. Der erste Schritt ist, dass ein Gefühl angesprochen wird. Wenn es sich um ein negatives Gefühl handelt (Islamisten, Inflation, Schweißränder, Mundgeruch etc.), dann folgt die Behauptung, man habe die Lösung, um diese negativen Auswirkungen zu verhindern. Geht es um ein positives Gefühl, dann folgt die Behauptung, dass diese Firma / Partei dafür verantwortlich sei, dass unser Dasein so gut ist. Also sollte man diese Partei wählen / dieses Produkt weiterhin kaufen, damit es so positiv bleibt. Das hört sich jetzt platt an, aber genau so funktionieren Politik und Marketing. Zumindest nach Außen.

Nun ein wenig Unterhaltung (wir wollen ja nicht steif werden). Auf meiner Weltreise per Motorrad hatte ich das Glück (es war nicht geplant) zur rechten Zeit in Sturgis zu sein, einem kleinen Provinznest im mittleren Westen mit normalerweise 6.000 Einwohnern, in dem einmal im Jahr das größte Motorradtreffen der Welt stattfindet. Vor gut 20 Jahren waren es geschätzt rund 50.000 Motorräder und 400.000 Besucher (wenn ich es recht erinnere), die im Laufe einer Woche dort sein sollten. Auf einer Tankstelle rund 100 Kilometer nördlich von Sturgis hatte ich gerade vollgetankt, als zwei Motorräder anhielten. Es waren zwei kanadische Pärchen, die in bester Wildwest-Kluft (lange Ledermäntel und Stirnband) auf Harleys unterwegs waren. Ich rauchte eine Zigarette, vielleicht kommt man ja ins Gespräch, und wir kamen ins Gespräch. „Bist du auch auf dem Weg nach Sturgis?" „Sturgis? Was ist das?" „Komm´ mit rein auf einen Kaffee, dann erzählen wir dir das!" Machten sie und ich schloss mich ihnen an.

Alle in Sturgis sahen wild aus und ich hielt immer einen sehr respektvollen Abstand. Dann bekam ich mit, dass es ein ganz normaler Querschnitt der Bevölkerung war. 80% nett und ungefährlich, 15% unangenehm und nur

5% waren so, wie sie aussahen. In einem Zeitungsartikel (ich glaube es war im Time Magazine) las ich dann: „Sturgis! Das größte Treffen von Individualisten, die alle gleich aussehen!" Das ist die Werbemasche von Harley Davidson und der gesamten amerikanisch angehauchten Werbebranche: Individualismus! Dies ist, wenn man so will, der Gegenentwurf zum Buddhismus: „Alle sehen verschieden aus, sind aber letztlich absolut gleich! Ohne jede Ausnahme!" Doch zurück zum Ich.

Spiegelneuronen & Mitgefühl

1992 wurden von Prof. Giacomo Rizzolatti und Prof. Vittorio Gallese Untersuchungen an Makaken (das war aber nicht die japanische Art) durchgeführt. Sie wollten untersuchen, welche Hirnareale zuständig sind, wenn eine Bewegung durchgeführt wird oder werden soll. Damit man nichts Wichtiges übersehen konnte, wurden die Signale der angezapften Nerven nicht nur aufgezeichnet, sondern auch hörbar gemacht. In dem speziellen Versuch hatte man das Areal angezapft, das für das Greifen nach Dingen verantwortlich gemacht wurde.

Eine Überraschung ergab sich, als der Experimentator selber nach einer Rosine griff. Das angezapfte Neuron feuerte! Offensichtlich war es so, dass das entsprechende Neuron nicht nur dann feuerte, wenn die Aktion geplant oder tatsächlich durchgeführt wurde, sondern auch dann, wenn jemand anderes die Aktion durchführte und der Makake dies beobachtete und auch verstand! Man meinte (und viele meinen es noch immer), dass man ein Empathie-Neuron gefunden hatte, denn es spiegelte eine Wahrnehmung einer anderen Person / eines anderen Wesens in das eigene Bewusstsein!

Rizzolatti versuchte natürlich seine Entdeckung zu publizieren, wurde aber von den Fachmagazinen abgewiesen, denn man sah keinen höheren Erkenntnisgewinn in seiner Beobachtung. Das größte Problem in Bezug auf ´Spiegelneuronen´ wird in der Zeit danach gewesen sein, dass sich alle spirituell und übersinnlich Interessierten auf diesen Effekt warfen. Spiegelneuronen, die Grundvoraussetzung von Telepathie! Alle fühlen miteinander mit, das ist **der** Brahman, also die Vereinigung aller persönlichen Atmans, der Urgrund der Urseele! Hieraus ergab sich dann, dass sich viele Wissenschaftler lieber nicht mit diesem Thema beschäftigen wollten.

2003 veröffentlichte die Universität Lübeck Forschungsergebnisse zu dem Thema. Dort wurden in einer Abteilung Patienten betreut, die einen Schlaganfall erlitten hatten und dadurch teilweise Lähmungen davon getragen hatten. Da es extreme ethische Probleme gibt, wenn man jemandem einfach so Elektroden ins Gehirn einführt (das muss schon einen triftigen Grund haben), ging man einen anderen Weg.

Hier ein Zitat aus „Bild der Wissenschaften" (21.03.2006):

> „Unsere Überlegung war, dass sich über die Spiegelneuronen auch Bewegungsmuster wieder aktivieren lassen, die durch einen Schlaganfall verloren gegangen sind", erklärt Ferdinand Binkofski, Neurologe am Uni-Klinikum Lübeck. Bisher haben die Wissenschaftler 30 Patienten mit ihrer Methode behandelt. Die Schlaganfälle lagen bei ihnen über ein halbes Jahr zurück. Und mit herkömmlicher Krankengymnastik konnten sie ihre Beweglichkeit nicht weiter optimieren. „Wir spielen den Patienten etwa sechsminütige Videos vor, in denen alltägliche Bewegungen sehr detailliert und aus unterschiedlichen Perspektiven gezeigt werden" , sagt Ferdinand Binkofski. Anschließend sollten sie die Bewegungen selbst ausführen: eine Tasse greifen oder sich mit einem Stück Seife waschen. Etwa einen Monat lang übten die Patienten anderthalb Stunden täglich.
>
> Alle Patienten, die das Spiegelneuronen-Training bisher absolviert haben, geben an, ihren Alltag besser bewältigen zu können. Einem gelingt es sogar, sein Hemd selbst wieder zuzuknöpfen – eine der schwierigsten Herausforderungen für viele Schlaganfallopfer. Ferdinand Binkofski: „Diese positiven Ergebnisse haben uns ermutigt, eine größere Studie zu beginnen. Dabei wollen wir die Patienten viel früher nach ihrem Schlaganfall behandeln." Denn – so die Hoffnung der Neurologen – je eher das geschädigte Gehirn wieder aktiviert wird, desto weniger Langzeitschäden bleiben zurück. Dr. Ulrich Fricke

Ich glaube, dass viele in Bezug auf Spiegelneuronen den Wald vor lauter Bäumen nicht sehen und Spiegelneuronen als etwas besonderes betrachten. Haben Sie als Kind oder Jugendlicher mal ein spannendes Buch gelesen, dass Sie völlig gefangen nahm? Haben Sie, als Sie älter waren mal einen Porno angesehen und stellten fest, dass Ihre Hormone stark von den Augen beeinflusst werden? Mal abgesehen davon, dass der Begriff Spiegel-Neuronen ein ziemlicher Missgriff ist, so ist der Effekt dieser Neuronen doch so alltäglich wie Regen und Sonne. In jedem Kinofilm, den Sie sich ansehen, spielt der Regisseur mit unseren Spiegelneuronen, denn sonst wäre der Film schlicht stinklangweilig!

´Spiegelneuronen´ sind überhaupt nichts spezielles, sie sind der zentrale Teil unserer Fähigkeit durch Beobachtung zu lernen! Der evolutionär neuste Teil unseres Gehirns (wenn man von den Sprachfertigkeiten absieht) besteht vollständig aus ihnen! Beobachten und ins Kopfkino übernehmen, damit man Variationen durchspielen kann, ist der absolut zentrale Bestandteil unserer Evolution als Mensch!

Bevor ich in die Biologie eintauche, möchte ich noch ein Beispiel für die Funktion von Spiegelneuronen geben, das die meisten sicherlich nicht auf dem Radarschirm haben: Identifikation! Wenn ein Löwenbaby seine Mutter beim Jagen beobachtet, dann findet eine Art Identifikation statt. Viel wichtiger ist aber, dass Identifikation auch ein Wir-Gefühl erzeugt. Wir als Familie, wir als Gruppe, wir als Anhänger vom HSV, wir als Norddeutsche, wir als Deutsche. Ohne so eine Identifikation wäre jedes Fußballspiel oder jeder Boxkampf extrem langweilig.

Jetzt ist es nur noch ein ganz kleiner Schritt um feststellen zu können, dass jede Art der Propaganda (ich fasse den Begriff hier sehr weit) ein Manipulieren unserer Spiegelneuronen ist. Der in uns eingebaute Wunsch, uns mit etwa Gutem und Großem zu identifizieren, macht uns zu Kälbern, die an einem Nasenring durch die Gegend geführt werden können. Man muss uns nur sagen, wer die Guten sind, zu denen wir natürlich gehören wollen, und wer die Bösen sind, die wir natürlich bekämpfen wollen („Wollt Ihr den totalen Krieg?" „Jaaahhh!").

Der ganze Trick besteht darin, dass man jemanden ein einziges mal dazu bekommt, sich durch eine Manipulation der Gefühle mit einer bestimmten Gruppe identifizieren zu wollen, danach muss diese Identifikation nur noch mit sehr geringem Aufwand aufrecht erhalten werden (bei großem Aufwand könnte man den Eindruck bekommen, man würde manipuliert werden; bei kleinem Aufwand erarbeitet sich jeder automatisch immer wieder die Bestätigung der Identifikation). Betrachten Sie mal Politik und Weltpolitik unter diesem Blickwinkel und Sie werden zu erstaunlichen Erkenntnissen kommen (allerdings nur, wenn Sie wirklich die Motivationen hinterfragen). Das Problem an dieser ´Prägung´ ist, dass man sie nur extrem schwer wieder los wird.

Hätten wir nicht die Fähigkeit Beobachtungen zu interpretieren, dann wären keine Rudel möglich und auch keine Gruppen von Primaten (inklusive Menschen), die durch ein geordnetes Miteinander der Mitglieder ihre jeweilige Genweitergabe optimieren könnten. Eine Mutter ohne jegliche Empathie frisst bei der ersten Möglichkeit ihr eigenes Kind (das gibt es nicht nur bei Spinnen).

Jetzt stehe ich natürlich in der Pflicht, eine evolutionäre Begründung dafür zu finden, weshalb sich Empathie überhaupt entwickeln konnte (Lernen durch Beobachtung ist ja noch keine Empathie!). Ich habe mal wieder überhaupt keine Beweise, dafür aber eine plausible Erklärung. Natürlich geht es wieder um Fortpflanzung.

Man weiß, weil logisch abgeleitet, dass die allerersten Spuren von Leben aus Molekülketten bestanden, die sich reproduzieren konnten (keine Ahnung, wie sie das gemacht haben könnten). Irgendwann umgaben sich diese Molekülketten mit einer Hülle, die für ausgesuchte Chemikalien durchlässig war. Das Problem war nur, dass sich die Molekülketten innerhalb dieser Blase nicht mehr beliebig reproduzieren konnten. Die Lösung war die Zellteilung. Wenn genügend Material zusammen gekommen war, dann wurde eine Kopie der Molekülkette erstellt, die beiden Ketten entfernten sich voneinander und jede von ihnen übernahm die Hälfte der Umhüllung. Die Fachwissenschaftler gehen davon aus, dass die ersten Reproduktions-Moleküle eventuell schon vor 3 Milliarden Jahren existierten; die ersten echten Einzeller gabt es auf jeden Fall vor 700 Millionen Jahren.

Wir gehen mal wieder in die Vergangenheit, als Tiere und Pflanzen anfingen groß und größer zu werden. Bei den Pflanzen machte das kaum ein Problem, denn sie waren ´primitiv´ genug, um sich mit kleinen Samen zu vermehren (später kamen große Früchte hinzu, doch die waren hauptsächlich als Nahrung für die Tiere gedacht, die anschließend die Samen großräumig verteilen sollten).

Bei den Tieren war es hingegen so, dass sie immer komplexer wurden. Bei einer Alge oder einem Bakterium genügt es, dass sie sich teilen kann. Wenn es allerdings so ist, dass ein wesentlich komplexeres Wesen entstehen soll, dann wird es komplizierter. Der deutlich größere Organismus fing an, Teile abzuspalten, die schon so groß sind, dass sie überlebensfähig sind (findet man etwa bei Quallen). Die nächste geniale Lösung war das Ei. Man teilte sich nicht, sondern umgab das Erbgut mit hinreichend vielen Nährstoffen und einer schützenden Hülle. Aus dem Erbgut wurde ein Etwas, das sich weiter entwickelte und hierbei die Nährstoffe aufbrauchte. Wenn die Nährstoffe langsam aufgebraucht waren, dann war ein überlebensfähiges Etwas fertig. Die sogenannten Nestflüchter waren dann schon überlebensfähig und bei anderen Arten war noch ein wenig Pflege notwendig. Ich komme gleich darauf zurück, was der Grund für diese Pflege ist.

Die meisten Menschen meinen, dass im Erbgut gespeichert ist, wie ein fertiges Wesen aussehen soll, doch das stimmt so nicht. Die Evolution ist ein genialer Bastler und aus dem Erbgut heraus entwickelt sich zunächst etwas, das dem entspricht, was diese Gattung vor Jahrmillionen Jahren einmal war. Dann werden Schalter im Erbgut umgelegt, und manche Ausprägungen werden wieder abgebaut (oder bleiben verschwindend klein) und über andere Schalter wird eine neue Ausprägung angestoßen. Das hört sich jetzt zunächst ziemlich verwirrt an, doch das klären wir jetzt.

Wir wissen, dass das menschliche Embryo in einem frühen Stadium etwa Kiemen ausbildet. Das ist aber nicht das, was im Endeffekt benötigt wird. In der vergleichenden Anatomie kann man beispielsweise nachweisen, welche Knorpel in einem Hai mit den Knochen im menschlichen Körper korrespondieren, denn sie haben den identischen Ursprung. Es wird also im Embryo des Menschen tatsächlich die gesamte Evolution nachvollzogen! Hunderte von Millionen Jahren werden beim Menschen innerhalb von 9 Monaten durchlaufen. Unser Erbgut sagt also nicht: Dies ist der Mensch! Es sagt: **So macht man aus einem Urfisch einen Menschen!**

Es existiert also kein genetischer Bauplan für einen Homo Sapiens, sondern es gibt eine Bastelanleitung, wie man ihn mit geringstem Aufwand aus einem Urfisch erzeugen kann. Die Wahrscheinlichkeit, dass bei dieser Bastelei etwas schief geht, ist relativ hoch. Deshalb sind auch sehr viele Begattungsversuche nicht erfolgreich; ihre Ergebnisse werden das Objekt einer natürlichen Abtreibung, denn der Nachwuchs wäre nicht überlebensfähig gewesen. Zum Ausgleich stattete die Evolution die Menschen mit einem relativ starken Fortpflanzungstrieb aus und die Fehlversuche werden locker ausgeglichen. Beweis: Es gibt viele von uns!

Zurück zum Ei! Je komplexer das Leben wurde, um so längere Zeit benötigte das Leben in einem Ei, um zu einem lebensfähigen Individuum zu werden. Eier waren eine beliebte Beute, weil sehr nahrhaft (egal welche Entwicklungsstufe innerhalb schon stattgefunden hatte), also entwickelte sich der Trieb bei Elterntieren, das Nest zu beschützen. Das war noch keine echte Mutterliebe, aber der Vorläufer!

Irgendwann erreichte diese Entwicklung die Grenze der möglichen Komplexität, denn Eier konnten nicht beliebig groß werden. Der Grund ist, dass Bakterien auch Nahrung haben wollen und natürlich die Eier befallen. Wenn Sie schon mal eingelagerte Hühnereier über mehrere Wochen ´vergessen´ haben, dann wissen Sie (haben Sie gerochen), wovon ich rede. Es gibt also ein Optimum zwischen maximal möglicher Eigröße und der Geschwindigkeit, die Nahrungsreserven sinnvoll umzusetzen. Die Komplexität der Wesen, nicht ihre spätere körperliche Größe, setzte also eine biologische Barriere.

Zur Zeit des Niedergangs der Saurier (ob er auch ohne Meteoriteneinschlag so gekommen wäre, wissen wir nicht), waren die Säugetiere schon in den Startlöchern. Sie hatten das Prinzip von 'viele Eier extern' umgewandelt in 'wenige Eier intern'. Die Zeit für die Entwicklung konnte auf diese Art fast beliebig verlängert werden und somit wurde eine höhere Komplexität möglich (das Immunsystem der Mutter schützt den Embryo). Anfangs war es sicherlich so, dass überlebensfähige Jungtiere geboren wurden, doch das war noch nicht das Ende der Entwicklung. Wenn man Mutterliebe (vulgo Empathie) und eine nahrungsmäßige Unterstützung durch Muttermilch mit einbaute, dann ließ sich die Komplexität noch einmal deutlich steigern. Es gab deutlich weniger Nachkommen, dafür konnten diese erheblich komplexer sein. Der Umstand, dass Sie dieses Buch lesen zeigt, dass diese Strategie zumindest bisher erfolgreich war.

Man weiß etwa von Erdmännchen, dass immer einige Wachdienst haben. Sie stehen aufrecht, um nach möglichen Gefahren Ausschau zu halten, und bilden so das perfekte Ziel für Angriffe durch Raubvögel. Da lautet natürlich die erste Frage, warum diese Tiere das machen und die Antwort ist recht einfach: Wenn ich meine Geschwister schütze, dann schütze ich 50% von meinem Erbgut! Wenn ich meine Nichten und Neffen schütze, dann schütze ich 25% von meinem Erbgut. In der Biologie gilt also nicht der Poker-Modus „The winner takes it all!" Es gilt eher: „Jedes Gen versucht auch noch den kleinsten Vorteil zu nutzen!". Ohne Wachdienst sind alle Gene gefährdet!

Jetzt folgt mal wieder der Bogen zurück zum Buddhismus. Säugetiere sind also eine Optimierung in Richtung Komplexität! Brutpflege ohne Mitgefühl (oder Empathie) ist schlicht nicht möglich und das gilt für alle sehr komplexen Wesen! Ohne Empathie kann es keinen Buddhismus geben; folglich hat die Evolution die Grundsteine gelegt, damit er sich überhaupt entwickeln konnte. Aus naturwissenschaftlicher Sicht kann man also nicht sagen, wie die Welt aussehen wird, wenn die Buddhas Nummer 5 bis 1.000 erscheinen; was wir sicher sagen können ist, dass sich die Wesen dann nicht sehr stark von uns unterscheiden werden (ob sie so aussehen wie wir, ist völlig offen, aber sie werden so ähnlich denken wie wir, denn anders ist es nicht möglich).

Vielleicht kennen Sie noch aus der Schule die Gaußsche Verteilungskurve (auch Glockenkurve genannt). So eine Kurve gibt etwa an, wie viel Empathie jemand überhaupt entwickeln kann. Sehr wenige Menschen sind gefühlskalt, bei den meisten Menschen hält sich die Empathie mit den Störgefühlen mehr oder weniger die Waage und manche Menschen entwickeln sehr viel Mitgefühl. Ein wesentliches Anliegen im Buddhismus ist es, den einzelnen Menschen auf der Kurve immer weiter nach rechts zu verschieben.

Das geschieht letztlich vollautomatisch. Stellen Sie sich vor, im Laufe von mehreren Jahre werfen Sie einen Charakterfehler nach dem anderen raus. Irgendwann schaffen Sie es nicht mehr, auf andere Leute neidisch zu sein, denn Sie haben alles was Sie brauchen. Um mal wieder fernöstliche Weisheit zu zitieren: „Wahrhaft reich ist nur der, der nichts hat, weil er nichts braucht!". Die Gier ist also auch nicht mehr Ihr Begleiter. Zorn und Wut haben keine Chance mehr, wenn man wirklich begriffen hat, dass die Leute einen ja nicht vorsätzlich ärgern wollen, sondern dass sie so schwierig sind, weil sie es nicht besser wissen. Wenn Sie in Ihrer geistigen Entwicklung so weit gekommen sind, dann haben Sie eigentlich nur noch zwei Möglichkeiten: Entweder Sie langweilen sich zu Tode oder Sie werden altruistisch und haben anschließend jede Menge Arbeit. Auch diese Entwicklung ist also zwangsläufig.

In diesem Kapitel habe ich ja logisch abgeleitet, wie es überhaupt nur zu sehr komplexen Lebewesen gekommen sein kann. Ich will abschließend noch kurz auf die Lehrmeinung im tibetischen Buddhismus eingehen. Dort heißt es, es gäbe Geburten aus dem Ei, dem Mutterschoß und aus Feuchtigkeit; zusätzlich gibt es spontane Geburten. Über Ei und Mutterschoß müssen wir uns nicht unterhalten, aber die häufigsten Reproduktionsarten werden im tibetischen Buddhismus komplett ausgelassen, nämlich die Zellteilung und die Abspaltung; dass es die gibt ist schon seit etlichen Jahrzehnten in den Naturwissenschaften als eindeutig nachgewiesen akzeptiert.

Die Naturwissenschaftler schätzen, dass sie einen erheblichen Anteil der Arten auf der Erde noch nicht entdeckt haben, von daher gibt es durchaus Potential für Überraschungen, doch die Geburten aus Feuchtigkeit heraus sowie die spontanen Geburten werden sicherlich nicht dazu gehören. Der Grund ist der Verstoß gegen das Axiom von Ursache und Wirkung sowie der Energieerhaltungssatz.

Das bedeutet, dass eine Geburt aus Feuchtigkeit heraus schlicht unmöglich ist, denn Wasser als alleinige Ursache für Leben reicht nicht. Dies gilt allerdings mit der Ausnahme der Urzelle, denn die muss in der Tat aus Wasser und darin gelösten Stoffen entstanden sein. Seither ist allem Anschein nach nie wieder etwas in dieser Richtung passiert, denn alle genetischen Untersuchungen verschiedenster Tierarten belegen eine eindeutige Verwandtschaft. Es gab also nur die Eine! Da es (soweit ich weiß) keinerlei buddhistische Belehrungen zum Thema Evolution gibt, kann man also ausschließen, dass diese eine Urzelle gemeint sein könnte. Diese buddhistische Lehrmeinung ist also definitiv falsch!

Die spontane Geburt würde es erforderlich machen, dass aus einem Nichts heraus ein Etwas entsteht. Da Masse und Energie gleichwertig sind (sehr gut überprüft), ist eine spontane Geburt also ausgeschlossen, denn das würde gegen den Energieerhaltungssatz verstoßen. Man kann also schon mal ganz sicher ausschließen, dass Padmasambhava (auch Guru Rinpoche genannt) einfach so auf einem Lotusblatt als zehnjähriger Junge geboren wurde.

Wenn es um Höllenwesen, Hungergeister, Halbgötter und Götter geht, dann muss die Naturwissenschaft passen, denn es konnte noch nie messtechnisch verifiziert werden, dass es sie gibt. Wenn der tibetische Buddhismus prüfbare Nachweise liefert, dass diese Lebensbereiche existieren, dann kann man sich weiter über dieses Thema unterhalten. So sind es Märchen und Fiktionen.

Ngöndro

Wenn man sich entschlossen hat, sich intensiver mit dem tibetischen Buddhismus zu beschäftigen, dann macht man die 'Vier Grundlegenden Übungen'. Dies ist das sogenannte Ngöndro (wenn man das Wort ausspricht, dann lässt man das 'g' aus). Klassischerweise sind dies 4 Meditationen und bei den Kagyüpas ist vor einigen Jahren eine fünfte dazu gekommen, die zuerst gemacht wird. Die neu dazu gekommene Meditation ist die Zufluchtsmeditation, bei der 11.000 Wiederholungen gemacht werden. Der Grund ist, dass es bei den anderen 4 Meditationen 111.111 Wiederholungen gibt und man erst einmal ein Gefühl dafür bekommen soll, dass man das schaffen kann (Mut und Zuversicht aufbauen).

Früher war es oftmals so, dass es einen engen Kontakt zwischen dem Lehrer und dem Schüler gab. Der Lehrer gab also dem Schüler eine Aufgabe und wenn er sah, dass die erhofften Resultate gekommen waren, dann ließ er den Schüler mit der Übung aufhören. Wenn es diesen engen Kontakt nicht gab, dann nahm man einfach eine hinreichend große Zahl an Wiederholungen, wobei man ziemlich sicher war, dass sich das erwünschte Resultat einstellen sollte (mal wieder reiner Pragmatismus).

In der Zeit, als ich ein Jahr in Kiel im buddhistischen Zentrum lebte, unterhielt ich mich mal mit Michaela, die dort zusammen mit mir und ihrem Ehemann Joachim wohnte (das ist der aus der Zweizimmer-Wohnung mit Klo auf halber Treppe), über das Ngöndro und sie meinte, früher hätte sie sich immer darüber gewundert, dass es vier gleiche Übungen zu Beginn gibt, wo doch die Leute so verschieden wären; mittlerweile hätte sie allerdings festgestellt, dass jeder völlig anders auf die Übungen reagiert. Eine Meditation, die der eine liebt, wird vom nächsten ziemlich unbeeindruckt runter geleiert und ein dritter hasst sie aus tiefstem Herzen.

Bei den Verbeugungen geht es 111.111 mal aus dem Stand runter auf den Boden, wobei man sich lang ausstreckt, um dann möglichst elegant wieder aufzustehen. Hierbei hat man als Visualisierung den Zufluchtsbaum, der alles das darstellt, wovon man eine Zuflucht erbittet (Buddha, Dharma [Gesamtheit der Belehrungen], Sangha [Gemeinschaft der Gläubigen] etc.). Diese Übung stärkt den Körper und hat eine starke den Stolz verringernde Wirkung, zumindest auf Nordeuropäer.

Dem schließt sich eine Reinigungspraxis an. Hierbei visualisiert (der jetzt meist übliche Ausdruck ist vergegenwärtigen, denn viele waren enttäuscht, wenn sie die Visualisierung nicht wirklich 'sehen' konnten) man einen bestimmten Buddhaaspekt oberhalb von sich selbst und während man das 100-Silben-Mantra 111.111 mal wiederholt (also insgesamt 11.111.100 Silben), fließt aus dem großen Zeh dieses Buddhas ein reinigender Nektar, der an uns herab und auch durch uns hindurch fließt. Dieser Nektar löst alle 'verdrehten Gedanken' auf, die uns als Ruß oder merkwürdig aussehende Insekten und andere Tierchen verlassen. Bei dieser Übung wird man also geistigen Müll los, ohne sich noch einmal direkt mit ihm befassen zu müssen (glauben sie mir, unser Unterbewusstsein weiß sehr genau, was dringend zu entsorgen ist).

Danach geht es ans 'Reisschmeißen'. Hierbei hat man unterschiedlich gefärbten und wieder getrockneten Reis, dem man kleine Halbedelsteine und Ähnliches beimischt, damit er kostbar aussieht. Diesen Reis nimmt man in die Hand und setzt kleine Reishäufchen auf einer Metallscheibe. Hierbei stellt man sich vor, dass jedes dieser Häufchen ein Berg aus allem ist, was wir für kostbar halten (Gold, Motorräder, Pumps, Juwelen, Rennpferde, Yachten, Lippenstifte, egal was). Dann wischt man diesen gigantischen Reichtum von der Platte und verschenkt ihn an alle fühlenden Wesen (eigentlich opfert man sie allen Buddhas, aber es kommt das auf das selbe heraus, denn die Buddhas brauchen nichts; dass man an die Buddhas verschenkt hat den Grund, dass da kein Neid / keine Eifersucht aufkommen kann). Versuchen Sie mal sich vorzustellen, was es für eine Auswirkung auf ihr Unterbewusstsein hat, wenn sie Universen voller Kostbarkeiten verschenkt haben. Danach schaffen Sie es einfach nicht mehr, sich wegen ein paar Euro aufzuregen!

Zum Schluss gibt es das Guru-Yoga, bei dem es um die Identifikation mit dem Ziel geht. Wenn man es schafft, jemanden als Buddha zu sehen, dann wird er auch wie ein Buddha auf einen wirken. Hierzu eine Anekdote aus Nepal. Eine alte Frau und sehr gläubige Buddhistin hatte einen Geschäftsmann als Sohn, der häufiger nach Indien fuhr. Sie bat ihn immer wieder, ihr doch eine buddhistische Reliquie aus Indien mitzubringen, aber er vergaß es eins um andere mal. Schließlich drohte sie ihm, sich vor seinen Augen umzubringen, falls er wieder ohne eine Reliquie für sie zurück käme. Und wieder vergaß er es, erinnerte sich jedoch am Abend vor seiner Rückkehr. In einem Waldstück fand er einen abgebrochenen Affenzahn und im nächsten Ort besorgte er sich ein fürchterlich teuer aussehendes Schächtelchen. Affenzahn rein und der Mutter gegeben, und eine Räuberpistole aufgetischt. Es sei ein Zahn des Buddha und er habe fast sein gesamtes Vermögen dafür ausgegeben. Seine Mutter praktizierte nun mit riesiger spiritueller Hingabe, denn mit dieser Reliquie als Unterstützung konnte ja nichts mehr schief gehen und erreichte kurze Zeit später Realisation. Es ist der Glaube, der Berge versetzt, auch wenn die

Berge nur im eigenen Geist existieren (sonst würde die Praxis ja auch nicht funktionieren können)!

Ob diese Geschichte wirklich wahr oder auch nur wieder eine der indischen Erfindungen ist, ist letztlich völlig belanglos. Wenn alles Geist ist und Illusion, dann ist es kein Problem, wenn man eine Illusion gegen eine andere austauscht. Das Ergebnis ist, worauf es ankommt.

Einschub: Knapp vor der Zeit, als ich zum tibetischen Buddhismus kam, machte das Zentrum in Hamburg gerade eine heftige Zeit durch. Niemand machte eine Tür zu, sondern sie wurden alle zugeknallt. Ole sagte in diesem Zusammenhang: „Es ist in einem buddhistischen Zentrum absolut in Ordnung, wenn jeder sein eigenes Zimmer hat. Aber es gibt nur **eine** Küche und es gibt nur **ein** Esszimmer!" Sinn und Zweck ist, dass sich die Leute aneinander reiben und dadurch wachsen. Als ich in Kiel nach rund einem Jahr aus dem Zentrum auszog (ich wollte in das Kagyü-Zentrum in den Bergen in der Nähe von Málaga umziehen) bekam ich ein T-Shirt als Geschenk mit dem Ole-Spruch: „Ein Jahr im Zentrum ist wie ein ganzes Ngöndro!" Also ich fand die Zeit im Zentrum super, was allerdings auch daran gelegen haben könnte, dass Michaela und Joachim alle Streitereien immer untereinander ausgetragen haben.

Irgendwann kam Michaela als Reiselehrerin nach Karma Gön, also in das spanische Zentrum, und ich hatte mittlerweile auf der anderen Seite des Tales ein Grundstück mit Ruine gekauft, um dort zu bauen. Als ich zum Zentrum kam, waren die Spanier ungewöhnlich freundlich, denn Michaela hatte ihnen erzählt, dass sie es mir verdanken würde, dass sie das Ngöndro durchgezogen habe. Wir hatten in Kiel die Verabredung, uns jeden Morgen um sieben in der Gompa zu treffen und gemeinsam Verbeugungen zu machen. Ich entgegnete, dass sie anschließend zur Arbeit fuhr und ich mich meist wieder ins Bett gelegt hätte. Egal meinte sie, dafür wäre es auch vorgekommen, dass ich morgens um vier von einer Fete wieder gekommen war und trotzdem um sieben auf der Matte stand, mit den Ausdünstungen einer mittelgroßen Brauerei. Und runter auf den Fußboden und wieder hoch, egal, was der Magen sagt. **Ende Einschub.**

Alle diese Übungen haben das Ziel, die Konzentrationsfähigkeit zu steigern und die Störgefühle, also die Gedanken, die uns in der Konzentration ablenken, zu mindern. Vorher hatte man eher ständig 4 bis 7 verschiedene Gedankengänge im Geist, jetzt ist man im normalen Leben vielleicht auf 2 bis 3 runter; während der Meditation mit Glück nur 1 oder 2 (mit viel Übung auch mal Null; dann sollte man die Gedankenansätze wie Schatten hinter einem Schleier spüren; wenn man die nicht mehr spürt / wahrnimmt, dann macht man schon wieder etwas falsch, denn man ist zu entspannt und nicht konzentriert genug).

Wenn man mit dem Meditieren beginnt, kann dies die Auswirkung haben, dass man für seine Mitmenschen deutlich unangenehmer geworden ist, zumindest zeitweise. Das kommt ganz einfach daher, dass die Störgefühle ja noch nicht weg sind und wenn die Störgefühle übernehmen, dann toben wir sie mit voller Konzentration und Intensität aus und vorher waren wir nur irgendwie sauer. Das gibt sich dann irgendwann wieder, aber man sollte diesen Effekt in der persönlichen Praxis berücksichtigen.

Irgendwann kommt man dann in den Bereich, dass man, zumindest während einer Meditation, oftmals nur noch zwischen einem und keinem Gedankengang wechselt und ab da fängt es an, wirklich spannend zu werden. Man beginnt die Fähigkeit zu entwickeln, einzelne Gedanken zu beobachten und zu untersuchen (das war vorher mit mehreren Gedankengängen schlicht nicht möglich; Techniker nennen das das Babel-Problem).

Man darf Gedanken nicht als Feinde oder Gegner begreifen. Es liegt in der Natur des Geistes, dass er Gedanken produziert. Also wäre es ein gravierender Fehler, eine Meditation zu machen, bei der man versucht, nur eine weiße Wand zu sehen und alle Gedanken unterdrückt. Es ist möglich, solche Meditationen zu produzieren, sie sind jedoch aus buddhistischer Sicht eine absolute Zeitverschwendung.

Wenn man 4 bis 7 Gedanken im Kopf hat, dann erinnert einen irgendeiner dieser Gedanken daran, dass man etwa noch einkaufen oder Tante Erna anrufen muss und man ist sofort wieder in einem inneren Diskurs. Wenn sich die Anzahl der Gedankengänge drastisch reduziert hat, dann tritt ein Effekt auf, der Einspitzigkeit genannt wird. Es ist ein Zustand, bei dem völlige Konzentration und völlige Entspannung identisch sind. „Der Geist verweilt anstrengungslos dort, wohin man ihn lenkt!" Es ist schlicht kein zweiter Gedanke da, der meint, jetzt abgearbeitet werden zu müssen.

Man macht also völlig entspannt eine Arbeit und dass man noch einkaufen muss, kommt erst in den Geist, wenn man mit der Arbeit fertig ist. Man könnte es Vergesslichkeit nennen, aber vielleicht ist es nur Alzheimer (Scherz!). Bis zu dieser Stufe kommt man allerdings nur, wenn man sich so ganz langsam von den schlimmsten Störgefühlen verabschiedet hat. Für manche Menschen mag es sinnvoll sein, die Mönchs- oder Nonnen-Gelübde zu nehmen, denn dadurch entzieht man seinem Unterbewusstsein viele Argumente für Ablenkungen. Wenn man es auf dem Weg nicht ganz so eilig hat, dann darf man an allem Spaß haben, was andere nicht beeinträchtigt; wenn man dies mit der richtigen Motivation macht, dann ist man auf der Überholspur unterwegs und hat ein Motorrad mit 300 PS unter dem Hintern. Was das Beeinträchtigen anbelangt (Umweltschutz etc.), so sollte man hierbei nicht päpstlicher als der Papst sein, denn gäbe es keine Weltreisen per Motorrad, dann gäbe es auch manch sinnvolles Buch nicht (meine Schulterklopfmaschine rotiert gerade mit hoher Drehzahl).

Manchmal hört man die Meinung, man müsse unbedingt im vollen Lotussitz meditieren und das ist Unfug. Man sollte mit geradem Rücken meditieren und ob das im vollen, im halben Lotussitz oder im Schneidersitz erfolgt oder ob man auf einem Stuhl sitzt oder einem Sessel, ist völlig unerheblich.

Nach 2.500 Jahren gibt es natürlich ausgeklügelte Belehrungen darüber, wie die Positur idealerweise sein sollte. Wenn eine Hand in der anderen liegt, dann sollte etwa die rechte Hand in der linken Hand liegen. Wenn ich das mache, dann fühlt sich das störend und unangenehm an, also mache ich es anders herum. Das Wichtigste an der Sache ist ausschließlich die Motivation.

Bei vielen Meditationen hat man eine Gebetskette (nennt sich Mala) in der Hand. Diese hat 108 Perlen und eine ist deutlich dicker, damit man spürt, das man einmal herum ist. Ohne so eine Hilfe würde man kaum wissen, wann man die 111.111 Wiederholungen hinter sich hat. Ich glaube es gibt so viele Methoden wie Leute, um in der Mediation die Umrundungen zu zählen. Das reicht von Münzen oder Erbsen, die man von einem Haufen auf einen anderen umschichtet; manche arbeiten direkt mit Strichlisten und andere machen die Verwaltung erst nach der Meditation.

Bei vielen Meditationen, wo nicht wirklich mitgezählt wird, wird die Mala trotzdem verwendet und zwar, wenn man ein Mantra dabei wiederholt. Dies hat wieder einen völlig pragmatischen Grund. Es ist fast unvermeidlich, dass der Geist in der Meditation abschweift. Wenn er nicht zu intensiv abschweifte, dann holt man ihn durch das Sagen des Mantra wieder zurück (man erinnert sich, dass es da ein Objekt der Konzentration gibt). Wenn das Abschweifen sehr intensiv war, dann wiederholt man auch das Mantra nicht mehr, aber irgendwann bemerkt man, dass sich die Hand immer noch mit der Gebetskette beschäftigt; die Mala ist also die zweite Auffanglinie.

Trickst der Buddhismus das Ego aus?

Es geht uns ja nicht darum, ein ganz neues Weltmodell zu 'basteln', sondern darum, heraus zu finden, was uns denn auf dem Weg zur Befreiung oder gar Erleuchtung voran bringt. Daran, dass wir selber denken, haben wir keinen Zweifel (obwohl der Beweis fehlt, dass es uns überhaupt gibt) und bei einigen unserer Mitmenschen haben wir vielleicht schon Zweifel, ob sie überhaupt wissen, was Denken sein könnte. Das, worüber wir nachdenken, muss irgendwann in unseren Geist gekommen sein (ob der sich wirklich in unserem Kopf / Körper befindet, wissen wir auch nicht absolut sicher, es gibt aber starke Anzeichen dafür, dass es so sein müsste).

Ein Wissen a priori (also ´ohne ein Vorhergehendes´) kann es nur sehr bedingt geben, was sich mehr oder weniger direkt aus dem Kapitel übers Lernen ergibt. Alles das, was sich durch genetisches Lernen angesammelt hat, ist zumindest vom einzelnen Individuum aus gesehen, ein Wissen a priori. Ohne dieses Wissen wirklich selber erworben zu haben, ist es einfach da. Alles andere, was wir wissen, müssen wir aktiv gelernt oder wahrgenommen haben. Natürlich könnte unser Geist anfangen, Dinge zu erfinden, doch ihm steht dazu extrem wenig Wissen a priori zur Verfügung, dafür aber jede Menge an Information, die der Geist über die Sinne eingesammelt hat. Da wir uns den Bienen und Ameisen gegenüber als deutlich überlegen ansehen, können wir davon ausgehen, dass unser a priori Wissen sich bestenfalls im niedrigen Promillebereich ansiedelt (keine Garantie, zumindest nicht bei allen Mitmenschen!).

Wenn wir jetzt über irgendetwas sehr Tiefschürfendes nachdenken, dann kontemplieren wir, dann nutzen wir erworbenes Wissen und erlernte Methoden. Hiermit gehen wir im Buddhismus jetzt auf ein Wissen a priori los, nämlich das völlig überzeugte Wissen, dass wir existieren und dass es eine Welt da draußen gibt. Dieses Wissen haben wir vor 700 Millionen Jahren erworben und dann kommt jemand vor 2.500 Jahren daher und sagt uns, dass das alles nicht stimmt. Der muss ja wahnsinnig gute Argumente haben!

Das Problem ist, die hat er nicht, denn nichts von dem, was er behauptet, kann er beweisen. Folglich ist die einzige Möglichkeit, die er hat, über Dinge zu reden, die wir für plausibel halten könnten, Zweifel zu sähen, bis wir irgendwann sagen: „Ok, ist in Ordnung, ich denke da mal drüber nach!" Doch so kann das auch nicht klappen, denn Decretum (also letztlich unser Ego) sagt, dass solche Überlegungen ganz sicher nicht statt finden werden, denn sie sind prinzipiell unerwünscht und verboten, weil sie das eigene Weltbild verändern würden: „ICH stehe im Zentrum des Universums und alles dreht sich nur um MICH! Ende der Diskussion!"

Jetzt kommt etwas ins Spiel, das im Buddhismus „Die geschickten Mittel" genannt wird. Man bietet dem Ego eine riesige Torte an und verschweigt nicht einmal, dass es nie auch nur eine Gabel voll davon bekommen wird. Vorher sagte das Ego mit voller Überzeugung, dass es diesen seinen Menschen schon dazu gebracht hat, super attraktiv und interessant zu sein. Jetzt bekommt es das Angebot, dass da ein Weg zu Glück und Wonne führt (das zu organisieren ist ja die hoheitliche Aufgabe des Ego) und vielleicht kommen da auch noch ein paar magische Fähigkeiten hinzu und ein größeres Angebot kann man dem Stolz nicht machen. Die Konsequenzen sind egal, dafür würde das Ego morden (leider sogar im wörtlichen Sinne)! Die Idee, dass es betrogen werden könnte und tatsächlich nichts von der Torte abbekommen soll, berührt das Ego überhaupt nicht, denn es hat sich schließlich bisher immer durchgesetzt und sei es mit Lug und Betrug! Der Fehler des Ego ist, dass es nicht mit einem Gegner rechnet, der alle diese Tricks auswendig kennt.

Wenn man anfängt sich selber zu definieren, dann ist da natürlich der Körper, das Lächeln und so weiter, aber eigentlich meinen wir das, was wir für unseren Geist halten. Also unseren Stolz, unsere Erinnerungen, unsere Eifersucht, unser Wissen, unsere Wut und unsere Zuneigung. Mit dem Handwerkszeug des Buddhismus gehen wir bei und beseitigen so ganz langsam unsere Charakterfehler und mit ihnen verschwindet unser Ego. Ganz langsam und kontinuierlich. Wenn das Ego merkt, dass man ihm seinen Arbeitsplatz weggenommen hat, dann ist es schon zu spät. Theoretisch wäre es vielleicht sogar möglich, das Ego wieder aufzupäppeln, aber warum sollte man das machen, wenn man sich jetzt ohne Ego besser fühlt als früher mit? Unter diesem Vorzeichen stimme ich dann wieder mit Ole überein, denn als erwachsener Mensch gibt es kaum etwas Sinnvolleres, als sich seiner Charakterfehler zu entledigen und die Störgefühle zu entsorgen.

Hier kommt noch ein Aspekt hinzu, den ich aus persönlichem Erleben (zumindest noch) nicht bestätigen kann. Es geht hierbei um die Umwandlung von Störgefühlen in die jeweils zugehörigen Weisheiten. Auf den letzten Stufen des Weges versucht man also nicht mehr die Störgefühle zu beseitigen, sondern man nimmt sie als Treibstoff für die Entwicklung; es wird also alles, soweit möglich, ökologisch wiederverwertet.

Das Tibetische Totenbuch

Zunächst müssen mal wieder ein paar Begriffe geklärt werden. Im tibetischen Buddhismus geht man davon aus, dass manche höher realisierten Mönche oder Yogis in der Lage sind, Dinge so zu verstecken, dass sie zur 'richtigen' Zeit, das kann auch Jahrhunderte später sein, wieder gefunden werden. Da es sich hierbei meist um Belehrungen oder Reliquien handelt, wurden sie als „verborgene Schätze" bezeichnet und die nennen sich in Tibet Terma. Jemand, der einen solchen Schatz findet, wird als Tertön bezeichnet (muss man nicht wissen, aber Lesen bildet).

Das Tibetische Totenbuch soll von Padmasambhava im 8. Jahrhundert verfasst und versteckt worden sein und es wurde (vorgeblich) im 14. Jahrhundert gefunden. 1927 wurde der Hauptteil des Textes von Walter Evans-Wentz ins Englische übertragen und 1935 wurde eine deutsche Version in der Schweiz veröffentlicht. Dieses Werk war das erste Buch über den tibetischen Buddhismus, das von einer breiteren Öffentlichkeit im Westen gelesen wurde. Auf dieses Buch gehe ich allerdings nicht ein, denn 2008 gab der arkana-Verlag die „Erste Vollständige Ausgabe" des Tibetischen Totenbuchs heraus, die von Stephan Schuhmacher ins Deutsche übertragen wurde.

Einschub: Ob Padmasambhava, auch Guru Rinpoche genannt, tatsächlich eine historische Person war, wird angezweifelt, denn es gibt extrem viele Legenden aber keine Aufzeichnungen über ihn. In der Ningma-Tradition gibt es eine Aufzeichnung, dass er nicht geboren wurde, sondern als rund 10-jähriges Kind wundersamerweise auf einem Lotus erschien. Er wurde vom König Indrabhuti, der zufällig gerade vorbei kam, als Pflegesohn angenommen (wie wahrscheinlich ist das denn?). **Ende Einschub.**

Beim Studieren dieses Textes fielen mir einige Ungereimtheiten auf. Etliche Aussagen passten überhaupt nicht mit dem zusammen, was ich in 25 Jahren meinte über Buddhismus gelernt und verstanden zu haben. Also besorgte ich mir zusätzliche Literatur. Dies war etwa „Geheimlehren Tibetischer Totenbücher" von Detlef-I. Lauf; wenn der Titel von einem 'esoterischen' Buch das Wort 'Geheimlehre' beinhaltet, dann kann man eigentlich nicht erwarten, belastbare Informationen zum Thema zu erfahren. Dieses Buch wurde meiner Vermutung durchaus gerecht.

Die dritte Quelle wurde mir von Prof. B. Scherer empfohlen (er ist ordentlicher Professor für religiöse Studien an der Canterbury Christ Church University; den Kontakt hatte ich über das Kagyü-Graswurzel-Netzwerk); ich hatte ihm von meinem Buchvorhaben geschrieben und dass ich das Tibetische Totenbuch aufgrund des Inhalts für eine Fälschung halten würde. Er antwortete: „Das ist ja immer so eine Sache mit historischen und spirituellen 'Wahrheiten'. Natürlich ist das tib. Totenbuch historisch gesehen kein Text von Guru Rinpoche, sondern stammt aus dem 14. Jh.". Er empfahl mir „The Hidden History of the Tibetan Book of the Dead" (Die versteckte Geschichte des Tibetischen Totenbuch) von Dr. Bryan J. Cuevas, der als Professor an der Florida State University lehrt.

Man soll nicht immer alles glauben

Ich möchte in diesem Unterkapitel nur kurz ein unterhaltsames Beispiel dafür geben, dass man nicht alles unbesehen glauben sollte, auch wenn es in offiziellen Papieren niedergeschrieben wurde, denn es könnten Motivationen involviert sein, mit denen man nicht rechnet.

Es geht hier um den Ministerialdirigenten a.D. Dr. h.c. Edmund F. Dräcker. Er arbeitete seit 1910 für den diplomatischen Dienst des Deutschen Reiches und hatte im Laufe seiner Karriere viele verschiedene Positionen inne, verschwand bisweilen für längere Zeiten völlig von der Bildfläche und arbeitete zwischendurch immer wieder als Sondergesandter in diversen Einsätzen (unter anderem nahm er 1981 eine große Eisscholle für die Bundesrepublik Deutschland in Besitz).

Wenn man es ganz genau nimmt, dann begann sein 'Leben' jedoch erst 1936 in Rom. Dort arbeitete der Legationssekretär Hasso von Etzdorf in der deutschen Botschaft und einige Routinesitzungen gingen ihm fürchterlich auf den Senkel. Also erfand er Edmund F. Drägger, wobei das 'F' von **Friedemann von Münchhausen** ausgeborgt war. In so einer Sitzung informierte ihn ein Amtsgehilfe, der Ministerialrat Dräcker müsse Herrn von Etzdorf **sofort** in einer äußerst dringenden Angelegenheit sprechen. Also musste er aus der Sitzung raus und ging in die nächste Eckkneipe, um sich einen Dräcker zapfen zu lassen.

Da er die Story in seinem Bekanntenkreis herum erzählte, entwickelte Herr Dräcker ein Eigenleben. Er wurde später offiziell von den USA entnazifiziert und bekam sogar eine Personalakte im Auswärtigen Amt (ein damals Beteiligter erzählte mir, dass dies fast zu größeren Problemen geführt hätte, denn jemand, der für das Auswärtige Amt arbeitet, muss ja auch ein Gehalt bekommen; da man sich nicht unbedingt strafbar machen wollte, war einiges an Raffinesse notwendig, um die Personalabteilung auf eine andere Spur zu setzen).

Noch kurz ein paar Fakten aus seinem Lebenslauf:
E. F. Dräcker wurde am 1. April 1888 in Suleyken geboren.

Sein Vater war Gotthilf Dräcker und seine Mutter die Komtesse von Stoltze-Ohnezaster.

1910 trat er in den Diplomatischen Dienst ein und war schon ein Jahr später Vizekonsul in Bombay. 1914 erarbeitete er zusammen mit Gottlob Nagelmann, ein Verfassungsjurist und gleichfalls erfunden, die Grundlagen für völkerrechtlich verbindliche Verträge zum Import von Weihnachtsbäumen aus Ostafrika aus (also eine Art TTIP 0.01).

Worauf ich hinaus will ist, dass nicht alles, was irgend jemand eventuell sogar offiziell geschrieben hat, auch wahr sein muss. Doch jetzt zur Begründung, warum es das Kapitel über Das Tibetische Totenbuch unbedingt in diesem Buch geben musste.

Das Tibetische Totenbuch
Übersetzung von S. Schuhmacher

Die Textzitate in diesem Unterkapitel beziehen sich alle auf dieses Buch (eingerückt und kursiv).

Ich werde mich in diesem Kapitel kritisch mit diesem Text auseinander setzen. Ich habe im Rahmen mehrerer Phowa-Kurse umfangreiche Belehrungen über den Sterbevorgang erhalten und über die Abläufe innerhalb des Bardo (Zwischenzustand; in diesem Fall der Zwischenzustand zwischen dem letzten Leben und der Wiedergeburt). Die Belehrungen, die ich bekam (so wie viele tausende andere auch), beinhalteten jedoch keinerlei Beeinflussung von außen, etwa durch das Rezitieren von Belehrungen während des Sterbevorgangs oder lange Zeit danach.

Das Phowa wird auch als der Weg der Nichtmeditation bezeichnet. Dies hat seine Begründung darin, dass man normalerweise in seinem Leben eine ganze Menge Meditationserfahrung gesammelt haben muss, um im Bardo zur Befreiung gelangen zu können (man ist angeblich deutlich intelligenter als im Leben zuvor, was sehr hilfreich sein soll). „Weg der Nichtmeditation" wird das Phowa genannt, weil man einen Kursus von lediglich ein paar Tagen macht (plus vorbereitende Meditationen) und das ist eben im Verhältnis zum ′normalen′ Weg so gut wie nichts. Möglich ist dieser Weg, weil Buddha Amitabha ein reines Land schaffen wollte, das besonders leicht zu erreichen ist. Dieses reine Land heißt Devachen (das ′ch′ wird wie ′tsch′ ausgesprochen). Vom reinen Land Devachen ist im gesamten Tibetischen Totenbuch nicht ein einziges mal die Rede, also muss es sich beim Tibetischen Totenbuch um eine andere ′Abkürzung′ des langen und schwierigen Wegs handeln, den man eigentlich ohne sehr viel Meditationspraxis nicht gehen kann.

Es ist bei den Kagyüs durchaus üblich, für verstorbene Verwandte oder Freunde eine Phowa-Sitzung zu machen, allerdings wünscht man den Verstorbenen hierbei nur eine gute Wiedergeburt, lässt sie aber ansonsten in Ruhe. Es steht vielleicht ein Photo von ihnen auf dem Altar, das war es dann auch. Dass das Phowa für einen selber im Moment des Sterbens von großem Vorteil sein kann, hatte ich ja schon beschrieben. Bei den tibetischen Totenbüchern geht es jedoch darum, dass jemand gegen Bezahlung einen Verstorbenen auf seiner Reise durch den Bardo zu einer guten Wiedergeburt leitet. Dass es diese Beeinflussungsmöglichkeit theoretisch geben könnte, kann ich nicht völlig ausschließen, aber je weiter ich die Übersetzung las, um so mehr kam ich zu der Überzeugung, dass es so, wie dort dargestellt, eigentlich nicht gehen kann.

Wir fangen mal mit der Prophezeiung an, die das Auffinden dieses Terma ankündigt (Seite 55).

In der Zukunft, während des letzten Zeitalters, des Zeitalters des Niedergangs, wenn die Mönche [sich verhalten] wie Schweine [und] Frauen schwängern, wenn tugendhaftes Handeln Unmut erzeugt und aufrechterhält, wenn der edelste der Mönche sich eine Braut nimmt, wenn Parteilichkeit und Krieg weit verbreitet sind, zu jener Zeit werden zweifellos alle, denen es an solchen Unterweisungen mangelt, in die niederen Existenzformen fallen. So habe ich denn zum Wohle dieser Fühlenden Wesen des Zeitalters des Niedergangs [diesen Zyklus von Unterweisungen] niederschreiben lassen und ihn auf dem Berg Gampodar verborgen.

Ich überlasse es Ihnen einzuschätzen, ob diese Zeichen des Niedergangs im 14. Jahrhundert in Tibet gegeben waren und für wie wahrscheinlich Sie es halten, dass das Tibetische Totenbuch etwas daran geändert haben könnte. Nur so als Nebengedanke: Eigentlich müsste der Effekt ja genau anders herum sein; wenn die Rituale wirklich helfen auch nur halbwegs Geeignete in die Befreiung zu schicken, dann ist später niemand mit geeignetem Karma da, der nachrücken könnte; der Niedergang wird also erst durch das Ritual ausgelöst oder doch zumindest beschleunigt. Ursache und Wirkung sind manchmal ganz schön schwierig! Welche zusätzlichen

Schwierigkeiten es bei Vorhersagen über so lange Zeiträume hinweg geben sollte, habe ich ja schon ausgeführt.

Wenn es einem um den Sinngehalt des Tibetischen Totenbuches geht, dann wird man Schwierigkeiten haben, den zu finden (ich bin mal wieder extrem höflich und dies ist kein Sarkasmus). Ich gebe mal ein paar Auszüge und beginne mit Seite 124 und springe dann zur Seite 138 und in dem Stil geht es dann bis zur Seite 158 weiter.

> *Ich verneige mich vor der Versammlung der Friedlichen und Rasenden Siegreichen, vor den Vater- und Mutter-Gottheiten und ihrer [gesamten] Nachkommenschaft, [deren Essenz] das Reine Erkennen des Samantabhadra [ist,] das sich als unbefleckte Glückseligkeit im Geheimen Schoß der Samantabhadrí offenbart.*
> *....*
> *Om Ah Hum*
> *Zu dieser Zeit, da wir uns im Zwischenzustand des Lebens befinden, sind die zweiundvierzig versammelten Friedlichen Gottheiten strahlend anwesend innerhalb des himmlischen Palastes unseres eigenen Herzen, verkörpert in der Form einer Kugel fünffarbigen Lichts...*

Auf Seite 162 geht es dann weiter mit den Huldigungen und die gehen bis Seite 183:

> *Ich verbeuge mich vor Samantabhadra, dem Buddha-Körper der Wirklichkeit, dem Vater aller Buddhas, der natürlichen Reinheit des mentalen Bewusstseins, dem Urbuddha und wandellosen Körper von Licht, der himmel[blau ist] und in der Positur Meditativen Gleichgewichts sitzt.*
>
> *Ich verbeuge mich.....*

Es mag ja sein, dass das Aufsagen so einer Litanei verdienstvoll ist, aber ich kann mir nicht vorstellen, dass ich mich im Bardo stark inspiriert fühlen würde, wenn mir jemand so etwas erzählt (so ich es denn überhaupt mitbekommen könnte). Auf den Seiten von 190 bis 234 bekennt man dann alle möglichen Fehlverhalten, die man gemacht haben könnte oder auch nicht und diese Verse sind genauso inspirierend wie die vorhergehenden.

Beim Kapitel „Äußere Zeichen des Todes" fängt es an, interessant zu werden (Seite 235).

Werden die Fingernägel und Fußnägel blutleer und glanzlos [so weist dies auf] Tod nach neun Monaten abzüglich eines halben Tages hin.

Wird die Hornhaut der Augen trübe, [so weist dies auf] Tod nach fünf Monaten [hin].

Wächst das Haar im Genick nach oben, [so weist dies auf] Tod nach drei Monaten [hin].

....

Wenn dann, wenn man mit den Fingern auf die [geschlossenen] Augen Druck ausübt, die [winzigen] Lichtkreise, die auftauchen, im unteren Teil des linken Auges nicht auftreten [weist dies darauf hin, dass] man nach sechs Monaten sterben könnte.

Wenn sie jedoch im oberen Teil [dieses Auges] nicht auftreten, kann es sein, dass man nach drei Monaten stirbt.

....

Wenn man zweitens die Ohren mit den Händen zuhält und einen ganzen Tag lang kein summendes Geräusch hört, sollte man wissen, dass man nach sechs Jahren sterben könnte. Wenn [das Summen] während zweier Tage nicht auftritt, dann könnte man nach sechs Jahren weniger zwei Monaten sterben....

Wenn sich [der Atem] gleichzeitig durch beide Nasenlöcher und den Mund bewegt, [weist dies darauf hin], dass man nach einem halben Tag sterben könnte. Und wenn der Atem aufhört, sich durch die Nase zu bewegen und sich stattdessen nur noch durch den Mund bewegt, heißt es, dass man sofort sterben wird.

Ich will jetzt nicht behaupten, dass sich das Wissensniveau bei europäischen Ärzten zur damaligen Zeit von den gerade dargestellten Erkenntnissen über den möglichen Eintritt des Todes deutlich unterschieden haben könnte. Aber aus heutiger Sicht ist alles das ganz eindeutig reiner Aberglaube und nicht das kleinste Bisschen an echter Erkenntnis kann sich in diesen Darstellungen finden lassen. Anschließend geht es um die Zeichen des Todes, die man in seinen Träumen finden könnte und dort geht die Litanei genauso weiter.

Dann kommen wir im Kapitel „Geheime Zeichen des Todes" zu einem Ritual („Ritual der Täuschung des Todes"), mit dessen Hilfe sich ein Tod in naher Zukunft angeblich abwenden lassen soll (Seite 243).

Ist das Sperma eines Mannes schwärzlich grün oder ist das Menstruationsblut einer Frau weißlich, so heißt es, kann der Tod nach zwei Monaten eintreten. Ist das Sperma des Mannes rötlich, dann mag er nach sechs Monaten sterben oder Opfer übler Nachrede werden. Ist jedoch seine [natürliche] Weiße unverändert, [so weist dies darauf hin], dass es kein Hindernis [für sein Leben] gibt, und [das Sperma] sollte durch die Nase eingezogen werden, solange es noch warm ist.

Dies ist ein mit der „Rituellen Täuschung des Todes" verbundener Ritus.

Wer an dieser Stelle noch glaubt, er könne aus diesem Buch irgendwelche wichtigen Informationen gewinnen, der hat mit Sicherheit keine naturwissenschaftlich technische Ausbildung hinter sich. Dann geht es in der gleichen Art bis zur Seite 271 weiter.

Die Zeit [des Todes] lässt sich feststellen, indem man die verschiedenen Zeichen, die auf diese [drei Ursachen des Todes] hinweisen, bei ihrem Auftauchen beobachtet.

Unmittelbar nachdem man solche [Zeichen] zum ersten Mal bemerkt, sollte man die [entsprechenden] Riten zur Abwendung [des Todes] ausführen; dazu gehören Zeremonien, Formen der Andacht und des Exorzismus.

In Hinsicht darauf [sollte man wissen, dass] von den zwölf Monaten des Jahres jeweils zwei von einem der [fünf] Elemente beherrscht werden, während die beiden [übrigen] Monate [von allen fünf Elementen] gemeinsam beherrscht werden. Außerdem gibt es in jedem dieser Monate [des Jahres] jeweils eine Fünf-Tage-Periode, die von einem der [fünf] Elemente beherrscht wird....

Dann sollte das Ritual zur Abwendung [eines Ungleichgewichts der Elemente] mithilfe der Räder und der Keimsilben der Elemente angewendet werden. Dies sollte folgendermaßen geschehen: [Zuerst] male eine Reihe von Rädern [die die Elemente repräsentieren] auf indisches Papier oder ein Palmblatt. Die Darstellung des [grünen] Rades des Windelements sollte vier

> *Speichen und einen Radumfang zeigen, mit jeweils einer Silbe Yam auf jeder Speiche.....*
>
> *Außerdem sollte man aus Teig ein Abbild der menschlichen Form.....*
>
> *Dann wirft man [diese Substitute] zusammen mit den [Schalen, die die] Räder [enthalten], in einen reißenden Strom eines breiten Flusses. Der Tod wird dadurch für bis zu drei Jahren abgewendet sein. Es ist deshalb am besten, wenn man dieses Ritual alle drei Jahre wiederholt, auch wenn noch keine Zeichen [des Todes] aufgetaucht sind.*

Mal ganz ehrlich, irgendwie erinnert mich das an die Geschichte von Huckleberry Finn und Tom Sawyer und die Frage, wie man eine Warze los wird. „Du nimmst eine tote Katze, gehst auf einen Friedhof, kurz vor Mitternacht, dort wo ein schlechter Mensch begraben liegt und dann kommt der Teufel und wenn er den Kerl holt, dann schmeißt du deine Katze hinterher und sagst: Teufel folgt Leiche, Katze folgt Teufel, Warzen folgt Katze, ich bin euch los." Zumindest das Niveau ist gleich!

Doch dann fiel mir auf „...wenn man alle drei Jahre dieses Ritual.." und mir kam der Gedanke ′Ablasshandel?′ in den Sinn. Was, wenn die ganzen Rituale nur dazu dienen sollen, um den Klöstern eine Einnahmequelle zu garantieren? Ich fing an, das Tibetische Totenbuch jetzt wesentlich kritischer zu lesen.

Es ging jetzt weiter mit „Spezifischen Riten zur Abwendung des Todes". Seite 274:

> *Im Falle, dass [wie im vorangegangenen Kapitel beschrieben] die Fingernägel glanzlos werden, sollte dann sieben Mönchen ein religiöses Festmal dargebracht werden. Man sollte Spenden darbringen und die [buddhistischen] Gelübde empfangen, wobei man gelbe Kleidung tragen sollte. Wenn man diese Gelübde bereits abgelegt hat, sollte man sie nochmals ablegen. Dadurch wird [der Tod] abgewendet.*
>
> *.... sollte man einen Teig mit schwarzen Samen zubereiten und [ihn dazu benutzen], ein stellvertretendes Abbild von einer Elle Höhe anzufertigen. In dessen Herzen sollte man dann eine Anzahl von zerquetschten Beeren einbringen, deren Anzahl dem Alter der Person in Jahren entspricht.....*

> ....sollte man sich kurz vor Sonnenuntergang der Sonne zugewandt hinstellen und seine Kleidung ausziehen. Dann sollte man den Schwanz eines Hundes unter sich legen und ein Häufchen Kot vor sich und sollte einen Mundvoll davon essen und bellen wie ein Hund. Dieser Ritus sollte dreimal wiederholt werden.

Seite 281:

> Damit ist die esoterische Unterweisung in Hinsicht auf die rituelle Abwendung des Todes, wie sie Meister Padmasambhava als ein Mittel zur Befreiung der Fühlenden Wesen von ihrem Leiden verfasst wurde, beendet. Mögen Menschen, deren vergangene Taten verdienstvoll waren, mit diesem Werk in Kontakt kommen.....
>
> Dies ist eine vom Schatzfinder Karma Lingpa offenbarte Schatzlehre.

Wir rücken auf Seite 291 vor.

> Nichtsdestoweniger sollte man, wenn das eigene Bewusstsein klar bleibt, die Hinweise des nahen Todes auch von sich aus betrachten. In jedem Fall **sollte man**, [wenn auf diese Weise deutlich geworden ist, dass] man stirbt, **den eigenen Wurzellehrer einladen**, wenn dieser in der Nähe wohnt, **und sollte ihm alles, was man besitzt, ohne eine einzige Regung des Anhaftens darbringen**. Bleibt man [weltlichen Gütern] auch nur ein wenig verhaftet, kann es sein, dass man in niedere Bereiche hinabgeschleudert wird, wie es in der Geschichte vom Mönch Barwasum berichtet wird.

Here we got the real McKoy! Die Katze ist aus dem Sack! Ich habe dann noch versucht, etwas über diesen Mönch heraus zu finden, aber dies war die beste Übereinstimmung in der Suchmaschine: David took him into the place where his mini **bar was**. "**Um**, I have beer, some wine, and some lager." Ich kann Ihnen also nicht erzählen, was es mit dem Mönch auf sich hatte.

Immer noch auf dieser Seite geht es weiter mit:

> Insbesondere sollte man mit Opfergaben und Festmählern den eigenen Spirituellen Lehrer, die Monastische Gemeinschaft und das Feld der angesammelten Verdienste erfreuen.

Wir gehen mal auf Seite 395 vor; es geht dort darum, die Tore zu niederen Bereichen zu schließen, damit man eine günstige Wiedergeburt erlangt.

> *Oben wurden mehrere tiefgründige und authentische Unterweisungen zur Herbeiführung des Verschließens der Schoßeingänge gegeben. Für all jene mit großer, durchschnittlicher und geringer Befähigung ist es unmöglich, durch diese [Unterweisung] nicht befreit zu werden....*
>
> *Es ist in der Tat äußerst wichtig, während der gesamten neunundvierzig Tage beharrlich mit dem lauten Lesen dieser „Großen Befreiung durch Hören in den Zwischenzuständen" fortzufahren. Denn wenn die Befreiung nicht bei einer Einführung erlangt wird, kann dies doch bei der nächsten geschehen. Aus diesem Grunde sollte nicht nur eine Einführung gegeben werden, sondern man sollte viele Einführungen geben.*

Ich bin jetzt mal gemein und unterstelle, dass die Mönche, die diese komplizierten und stundenlangen Rezitationen machen sollen, nicht nur beköstigt werden müssen, sondern auch noch einen Lohn für ihr Kloster bekommen wollen. Keine Knete, keine Führung des Verstorbenen in bessere Gefilde. Wir kommen zum Marketing-Versprechen auf Seite 408.

> *Diese tiefgründige Unterweisung ist geeignet, selbst Menschen größter Negativität auf den direkten Pfad [zur Befreiung] zu führen..... Dies ist eine Kernunterweisung zum Erlangen **der Buddhaschaft** zur Zeit des Todes. [Selbst wenn] alle Buddhas der Vergangenheit, Gegenwart und der Zukunft [sich auf die Suche machen würden, so] würden [sie] keine [Heilige] Lehre finden, die dieser überlegen wäre.*

Das lassen wir uns jetzt mal auf der Zunge zergehen. Der historische Buddha sagte, er habe keine einzige Belehrung, die den fühlenden Wesen helfen könnte, in der verschlossenen Hand behalten, alle Belehrungen, die in irgendeiner Art und Weise hilfreich sein könnten, wurden gegeben. Wenn jetzt Padmasambhava (angeblich) sagt, er habe eine Lehre verbreitet, die von keiner Lehre eines Buddhas übertroffen werden könne, dann hat entweder Buddha gelogen, denn er hätte nicht alle wichtigen Belehrungen gegeben, oder die Behauptung über die Qualität dieser Belehrungen im Tibetischen Totenbuch ist schlicht eine Lüge! Buddhaschaft gegen viel Knete? Wie wahrscheinlich ist das denn?

Ich komme zum abschließenden Teil des Buches: „Befreiung durch Tragen". Auf Seite 449 steht:

> ... Zu diesen Ausdrucksformen der Heiligen Lehren gehört auch dies „Befreiung durch Tragen", von der es heißt, dass einfach dadurch eine Befreiung herbeigeführt wird, dass man sie zur Zeit des Todes als ein Mantra-Amulett am Körper trägt oder dass man sie zur Zeit des Todes hört.

Ab Seite 452 geht es dann bis zur Seite 487 in diesem Stil weiter:

> *Wie wundervoll! Die Erleuchtete Absicht des Vaters Samantabhadra manifestiert sich als die folgenden natürlich vorhandenen Mantra-Silben des Atiyoga.....*
>
> *Wie wundervoll! Um die Vollkommenheit aller Erleuchteten zu symbolisieren, werden die [folgenden] fünfundzwanzig Mantras, die Anhaften umkehren, präsentiert.....*
>
> *Zur Auslöschung des Kontinuums der Verwirrung [gibt es das Mantra] Ekaranabhecaksa. [Wenn es zur Zeit des Todes getragen wird], wird es das Erlangen der „unumkehrbaren Ebene" auslösen, während [äußerlich nach der Verbrennung] Sariram-Reliquien erscheinen werden.....*

Weiter unten auf Seite 487 heißt es dann:

> *Dieser [Mantra-Kreis] sollte korrekt in Schriftzeichen mit Kopf auf ein Blatt dünnen blauen Papiers, das die Größe eines vier Finger breiten Büchleins hat, aufgeschrieben und dann auf die rechte Weise in Seide eingerollt werden. Dann sollte ein Yogin mit reinen Verpflichtungen es am achten Tag des Mondmonats in Übereinstimmung mit dem Sternbild des Krebses segnen, und es sollte dann [ständig] getragen werden.*
>
> *...Wer dies auf die richtige Weise tut, der kann unmöglich in niedere Existenzen fallen, sobald er diesem [Mantra-Kreis] begegnet ist, selbst wenn er oder sie zuvor die fünf unsühnbaren Verbrechen begangen hat.*

Man könnte jetzt natürlich behaupten, dass ich gemeinerweise Zitate aus dem Zusammenhang gerissen hätte. Wenn Sie meiner Meinung nicht folgen möchten, dann müssen Sie wohl das ganze Buch selber lesen und

Sie werden feststellen, dass ich nur die wirklich ganz schlimmen Stellen zitiert habe (der Rest war schlicht zu langweilig).

Ich bewerte die Arbeit, die Stephan Schuhmacher bei der Übersetzung leistete, durchgängig als positiv. Das ganze Buch ist gut strukturiert, es gibt einen sehr umfänglichen Glossar für Leute mit weniger Ahnung, sowie eine Unmenge von Fußnoten und Literaturverweisen. Das entspricht mehreren Jahren sehr disziplinierter Arbeit! Falls ich mit meiner Vermutung recht habe, dann war dies allerdings ein ziemlich sinnloser Aufwand.

Ich mag das englische Idiom „It boils down to..". Wenn man den gesamten Inhalt des Buches auf das eindampfen lässt, was einem heutzutage im Westen im täglichen Leben oder auch beim Sterben helfen könnte, dann stellt man fest, dass der Hauptteil des Buches überhaupt keinen Nährwert hat. Im amerikanischen Sprachraum nannte man das, was die über Land ziehenden Quacksalber verkauften „snake oil" (das half gegen Pickel, Gicht, Haarausfall, Rheuma und Hühneraugen). In dem ganzen Buch (außer dem Verweis auf die vorbereitenden Übungen) ist nichts aber auch überhaupt nichts, was einem beim Sterben oder danach wirklich weiter helfen könnte! Ich halte das gesamte Tibetische Totenbuch für einen Betrug, der nur dazu dienen sollte, die hinreichend ungebildete Bevölkerung in Tibet auszubeuten! Doch wie beweisen oder zumindest plausibel machen? Das sehen wir demnächst.

Geheimlehren Tibetischer Totenbücher
von I. Lauf

Was ich von diesem Buch halte, habe ich ja schon in der Einleitung des Hauptkapitels dargelegt. In diesem Unterkapitel stammen alle Zitate (eingerückt und kursiv) aus diesem Buch. Insgesamt handelt es sich in weiten Teilen um eine Interpretation der Übersetzung des Tibetischen Totenbuches, wobei versucht wird, eine Strukturierung einzubringen. Unabhängig davon, dass man diese Strukturierung auch anzweifeln könnte, bringt sie keinerlei Erkenntnisse, die einen auf dem Weg zu Befreiung oder Erleuchtung **wirklich** weiter bringen. Ich fange mal mit der Seite 8 an, wo der Anspruch dargestellt wird, den dieses Buch erfüllen will. Ich überlasse es Ihnen zu beurteilen, ob das Buch diesen Ansprüchen genügt. Allerdings muss ich anmerken, dass dieses Buch Anfang der 70er entstanden ist, als Mystizismus und echte Wissenschaften noch nicht so stark im Gegensatz zueinander standen, wie es jetzt bisweilen der Fall ist.

Die Bedeutung dieses Buches liegt vor allem darin, dass es als akademisch gründliche Arbeit dennoch (was Akademikern oft mangelt) aufregender wirkt als so manches okkult Ersonnene und oft fälschlich Erträumte, das unter dem Namen „Tibet" uns so häufig vorgesetzt worden ist.

Damit Sie sich schon mal an den Stil gewöhnen (Seite 37):

Alles Leiden am Erleben der scheinbar realen Welt geschieht durch Wahrnehmung in unserem Bewusstsein. Aber auch Nirvâna, die vollkommene Erlösung, nämlich als Leerheit und Leidfreiheit ohne die Prozesse des fluktuierenden Denkens. Wenn alle Denkinhalte und Geistestätigkeiten enden, die gewöhnlich aus der empirischen Welt durch Wahrnehmung in das Bewusstsein treten, dann beginnt die Stille und absolute Tiefe und Unendlichkeit des Grundbewusstseins.

Haben Sie das verstanden? Ich jedenfalls nicht.

Wir springen zur Seite 62, denn vorher gibt es nichts Erwähnenswertes.

Leben und nächstes Leben sind eine untrennbare Einheit, weil sie der Bar-do als unvermeidliche Bedingung verbindet. Aus diesen tibetischen Erfahrungen erkennen wir eine unbedingte Überzeugung von der für Asien selbstverständlichen Fortexistenz des Lebens, und wir erhalten außerdem wertvolle Hinweise für die Sprachphilosophie der symbolischen Formen, die dort bisher in ungebrochener Kraft lebendig waren.

Auf Seite 82 geht es um Mandalas. Ein Mandala ist ein Kraftkreis (wovon ich natürlich wieder mal fast keine Ahnung habe), der einem bestimmten Buddhaaspekt zugeordnet ist. Man findet Abbildungen von Mandalas oftmals auf Rollbildern, damit sie unterstützend / erklärend für die Meditation auf diesen Aspekt sind.

Wir können hier bereits erkennen, welche umfassende Symbolik und Systematik in den buddhistischen Lehren entwickelt wurde, um subtile psychische und geistige sowie kosmologische Vorgänge darstellen zu können....Das heißt, die Mandalas sind mikrokosmische Abbilder des Universums und zugleich imagines einer innerpsychischen und geistigen Welt, in der sich göttliche Abbilder in bestimmten symbolischen Bildern des Bewusstseins widerspiegeln.

Ich erspare es mir, das zu kommentieren!

Wir springen mal auf Seite 117ff.
> *Alle visionären Erscheinungen aus dem Bar-do, mit denen das Bewusstsein nach dem Tode konfrontiert wird, sind von faszinierender und schreckensvoller, abweisender Form. Sie enthalten als numinose Gestalten stärkste Antinomie ihrer Sinngebung und scheinen unüberbrückbare Manifestationen des Gegensatzes schlechthin zu sein....Die Gottheiten der Nachtodvisionen sind innerpsychisches Geschehen, dargestellt durch archetypische Symbole der buddhistischen Überlieferung, die selbst als geistige Realitäten in den großen Mandalas praktisch erprobt wurden.....Die friedvollen Gottheiten strahlen in den fünf elementaren Farben, und die zornvollen Gottheiten stehen in einer lodernden Flammenaureole. Hiermit werden zwei alte symbolische Bezüge zum indischen Yoga sichtbar, nämlich die kosmologisch bezogene Sonnen- und Mond-Bedeutung der Gottheiten und der psychischen Kräfte im Menschen selbst. Diese Lehre spielt in der Praxis des Kundalinî-Yoga und in den Tantras eine wichtige Rolle für die Darstellung der esoterischen Polaritätssymbolik.*

Ich belasse es mal bei der Bemerkung, dass der Voodoo-Zauber hier unverständlicherweise stark vernachlässigt wird und springe zur Seite 148 (dieser Sprung ist kein wesentlicher Verlust, denn es geht zwischendurch seitenweise so weiter).

> *Einen anderen bedeutenden Abschnitt des Totenrituals zur Darstellung des Srid-pa'i bar-do bildet die ausführliche Schilderung der Höllenwelten mit dem zornvollen Herrscher Dharmarâja. Diese Thematik wird von tibetischen Künstlern gerne aufgegriffen, welche als Wandmalereien oder Rollbilder in den Klöstern zu finden sind. Auf solchen Bildern werden in realistischer Art alle erdenklichen Leiden der 18 heißen und eiskalten Höllen geschildert, wobei in der Mitte der große Platz des Gerichts zu sehen ist. Auf ihm versammeln sich die Helfer des Totenrichters und die vom schlechten Karma belasteten Verstorbenen im Angesicht des Dharmarâja, es werden die guten und schlechten Taten gewogen, bevor das Strafmaß der Höllenpein verkündet wird.*

Zwei Seiten weiter kommen wir zur Beschreibung, wie die Höllenbereiche abgesichert sind. Da sind unüberwindliche Gebirgsketten, vor denen sich eine vierstufige Abwehr befindet. Zunächst haben wir da den Wall aus Feuer, dem folgen die Schlammfluten aus Morast, denen sich die große Messerebene anschließt und zum Schluss haben wir den trügerischen Hain des Schwertblätterwaldes. Ich glaube, damit soll versinnbildlicht werden, dass man keine Fluchtmöglichkeit hat [Ironie aus].

Wer auch nur halbwegs klar denken kann, kommt nicht umhin zu sehen, dass es sich hier um Kindermärchen für hinterwäldlerische Jaktreiber handelt. Dies ist jetzt nicht als allgemeine Beleidigung aller Tibeter gemeint, sondern damit meine ich alle weltweit, die eventuell großes Vertrauen oder Interesse haben, aber nicht in der Lage sind, Sachverhalte kritisch zu hinterfragen (auch in der westlichen Welt) oder sie gar nicht hinterfragen wollen. Auch hier wird wieder Schlangenöl verkauft!

Um unterhaltsam zu bleiben bringe ich nur noch zwei weitere Stilblüten, die eindeutig aufzeigen, wie sehr Herr Lauf die ganze Thematik geistig durchdrungen hat [Ironie aus] (S. 170 und S. 193):

> *Die tibetische Symbolik hat mit der Verstärkung der verschiedenen Aspekte der Gottheiten ein eigenes, psychologisch bedingtes Mittel gefunden, psychische Vorgänge von Wissen, Erkenntnis und Erleuchtung auf der einen Seite und Unwissenheit, Wahn und Leidenschaft auf der anderen Seite in solchen Bildern auszudrücken. Sie entstammen natürlich einer alten mystischen Welt, die auch in Hochreligionen, wie der des Buddhismus, immer wieder zu einer eigenen Wirksamkeit gelangen. Es ist überhaupt bei der Migration solcher Religionen in andere Länder zu beobachten, wie die hohen Lehren durch alte und bekannte Bilder immer wieder so ausgedrückt werden, dass sie jedem Menschen verständlich werden.*

Wenn Sie sich jemals als mehr oder weniger Unbedarfter ein tibetisch-buddhistisches Rollbild angesehen haben, dann wissen Sie, dass diese Aussage über die Verständlichkeit schlicht völliger Blödsinn ist; ohne Erklärungen verstehen Sie ganz einfach nichts! Doch jetzt zum letzten Zitat:

> *Für den Tibeter gibt es unter dem Einfluß des buddhistischen Denkens nicht eine wandernde und nach dem Tode wieder inkarnierende Seele mit persönlichem Bezug, sondern nur die Vorstellung, dass nach dem Tode das Bewusstsein durch den Bardo irrt, dass es einen erlebensfähigen Bewusstseinskörper bildet, in dem die Stufen der Katharsis in Bildern als Bewusstseinserfahrung durchlebt werden. Der Weg durch den*

Bar-do wird bestimmt durch die karmischen Taten im vorherigen Leben und durch die Fähigkeiten des Bewusstseins, zur Sublimation und Allgegenwärtigkeit zu gelangen. Die Wege hierzu bieten der tibetische Yoga und verschiedene Systeme der Geistesschulung, wie etwa die Lehre vom „Großen Symbol" (skr. Mahâmudrâ) und die Lehren des Totenbuches, die eine Zusammenfassung vieler Erkenntnisse sind.

Ich habe Ihnen jetzt gerade einmal zwei Seiten an Ausschnitten zugemutet. Ich habe mich wirklich durch das ganze Buch gearbeitet (man soll die Hoffnung ja nie aufgeben, doch noch wichtige Informationen zu finden), allerdings spürte ich beim Weiterlesen meist schon nach wenigen Seiten, wie das Meckern in mir aufstieg. Der Grund hierfür war, dass der Herr Lauf zwar viel wusste, aber wenig Ahnung hatte. Das muss ich jetzt natürlich konkretisieren, denn sonst wäre es eine Beleidigung. Es ist eine reine Fleißarbeit in Erfahrung zu bringen, welcher Buddhaaspekt welche Farbe hat, welche Partnerin zu ihm gehört und mit welchen Attributen sie geschmückt sind (falls sie denn in Vereinigung auftreten).

Doch diese Auflistungen sind praktisch völlig bedeutungslos und wertlos, wenn nicht erklärt wird, warum sie die jeweilige Farbe und warum sie bestimmte Attribute haben (und ob einem das weiter helfen würde, wage ich auch noch intensiv zu bezweifeln, es sei denn, der eigene Lehrer hätte einem einen dieser Aspekte für die meditative Hauptpraxis zusammen mit weitergehenden Erklärungen gegeben). Diese Fleißarbeit hat also ziemlich genau den gleichen geistigen Nährwert, wie zufällige Kopien aus einem Wörterbuch.

Herr Lauf schwadroniert also über Zusammenhänge, die es angeblich zwischen Numerologie, der griechischen Philosophie, ägyptischen Riten und christlichen Mystikern geben soll. Das ist so ziemlich genau das, was ich mit einer esoterischen Rumpelkammer meine!

Einführung in tantrische Praktiken

Kurz bevor Buddha starb sagte er, er habe keine einzige Belehrung, die zu Befreiung und Erleuchtung führt, in der geschlossenen Hand behalten. Da einem Buddha unterstellt wird, dass er allwissend ist (nicht in dem Sinne, dass er weiß, was die siebzehnte Wurzel aus 38 Milliarden ist [ungefähr 4,19], sondern dass sein Bewusstsein nicht auf seinen Körper beschränkt ist und er somit wissen kann, was jemand drei Straßen weiter im Kochtopf hat), kennt er also alle Wege, die zu Befreiung und Erleuchtung führen.

Hieraus könnte man jetzt messerscharf schließen, dass jede Meditationsform von ihm erklärt / gelehrt wurde, doch das stimmt nicht ganz. Bei den tantrischen Belehrungen hat er die ganzen Grundlagen gelehrt, aber darauf aufbauend sind tantrische Meditationen möglich, die später entwickelt wurden. Das bedeutet, dass rein theoretisch die Praktiken aus dem tibetischen Totenbuch von Guru Rinpoche entwickelt worden sein könnten, versteckt und lange Zeit später wieder entdeckt wurden.

Diesen Teil der Darstellung kann ich nicht angreifen, denn ich war nicht dabei (weder im 8. noch im 14. Jahrhundert; vielleicht ja doch, aber ich weiß es nicht mehr) und sogar wenn ich dabei gewesen wäre, dann stände Aussage gegen Aussage. Ich muss also einen anderen Weg gehen.

Da ich von Tantra und Einweihungen keine bis wenig Ahnung habe, übergebe ich mal an Lama Ole Nydahl; es handelt sich um einen Auszug aus der Zeitschrift „Buddhismus Heute"; http://www.buddhismus-heute.de/archive.issue__34.position__2.de.html (das sind doppelte Unterstriche); es empfiehlt sich, auch mal den ganzen Text zu lesen (optimal wäre natürlich ein Abonnement zu ordern ;-) . Also sprach Ole:

> *Nur wenige - auch unter den Tibetern - kennen Sinn, Form und Aufbau einer Einweihung. Deswegen hier eine kurze Beschreibung einer Übertragungsweise, die während der letzten 2500 Jahre ungebrochen benutzt wurde: Sie fängt mit einer sinnbildlichen Reinigung von Körper, Rede und Geist der Anwesenden an, entweder durch Ausspülen des Mundes oder das Übergießen eines Handspiegels mit Safranwasser in Verbindung mit dem Sprechen eines hundertsilbigen Mantras. Die nächsten Taten des Lamas* [der die Einweihung gibt] *betreffen das geistige Umfeld. Es werden alle störenden Energien mit Kuchen bestochen, die sofort hinausgetragen werden. Danach wird der Ort mit einem schützenden Kraftfeld umgeben und der Lehrer liest die Entstehungsgeschichte des Textes auf Tibetisch vor. Anschließend wiederholen alle die Zufluchtsformel und entscheiden sich, allen durch die Einweihung erreichten Wachstum zum Besten aller Wesen einzusetzen.*
>
> *Im Anschluss daran folgt die eigentliche Übertragung, wodurch die Kraft zur Einswerdung und Verschmelzung geschenkt wird. Hier werden üblich zwei Muster verwendet:*
>
> *1. Der Lehrer vermittelt den Segen von Körper, Rede und Geist der gewählten Buddhaform. Möglicherweise wird der*

Verlauf durch eine Torma-Übertragung abgerundet, die zugleich die Eigenschaften und Tatkraft des Buddhas enthält.

2. Der Lama gibt die Vasen-Einweihung, die Geheime Einweihung, die Weisheits-Bewusstheits-Einweihung und die so genannte Wort-Einweihung für das Große Siegel. Auch diese können gekrönt und vervollständigt werden durch eine Torma-Einweihung.

Die "Vasen-Einweihung", bei der der Lama die Köpfe der Leute mit einer Vase berührt und ihnen daraus Nektar zu trinken gibt, schenkt die Kraft, den eigenen Körper als die Lichtform des Buddhas zu erfahren. Die "Geheime Einweihung", bei der man deren Herz-Schwingung ein Mantra wiederholt, öffnet die mittlere Energiebahn, die fünf Räder und 72000 Speichen, die einem jeden innewohnen. Die "Weisheit-Einsicht-Einweihung" vermittelt die Fähigkeit zur meditativen Vereinigung, verbindet dauerhaft weiblichen Raum und männliche Freude. Schließlich festigt die "Wort-Einweihung den endgültigen Zustand, das Große Siegel. Hier verschmilzt die Raum-Klarheit-Unbegrenztheit des Lamas in die eigene Offenheit, und man nimmt an der grenzenlosen Einheit aller Geschehnisse teil.

Gemeinsam an der einfachen und ausführlichen Vorgehensweise ist, dass grobe Störungen und feine Schleier in Körper, Rede und Geist des Empfängers entfernt werden. Zusätzlich setzen die verwendeten Vorstellungen, Kraftfelder und Schwingungen befreiende Samen ins Speicherbewusstsein der Anwesenden. Diese erlauben ihnen, alle dem Geist innewohnenden Möglichkeiten zu entwickeln und sein Wesen zu erfahren. Man wird auf Scheitel-, Hals-, Herz- und Handflächen berührt, wiederholt die Herzschwingungen der Buddhas, ihre Mantras, und verweilt in der Vereinigung von Raum und Freude. Schließlich tut oder sagt der Lama etwas so Unerwartetes, dass Augenblicke von zeitlosem, nacktem Bewusstsein entstehen: Dies ist die Vermittlung des Großen Siegels.

...So wirksame Mittel, durch einen vertrauenswürdigen Lama vermittelt, stärken nicht nur die innere Entwicklung der Schüler. Die erweckten Kraftfelder bleiben von Leben zu Leben um ihre Empfänger herum lebendig und machen zugleich die äußere Welt zum Lehrer. Vor allem greifen die überaus wirksamen buddhistischen Schützer oft durch. Bevor man überhaupt an sie denken kann, geschieht Unerwartetes. Schon die erste Silbe eines

Mantras verdichtet die Tatkraft der Buddhas im Raum und die wiederholten Verschmelzungen mit ihnen in den Diamantweg-Meditationen führt zu der allmählichen Aufnahme ihrer erleuchteten Eigenschaften.

So lassen Einweihungen, geleitete Meditationen und Segnungen die Verbindung zur zeitlosen, unbegrenzten Einsicht entstehen, und während man diesen Zustand ausbaut und stärkt, lebt man schon in einem Reinen Land.

Viele buddhistische Meditationen sind geheim und man kann sie nur sinnvoll nutzen, wenn man von einem geeigneten Lehrer nicht nur die Einweihung (Geist zu Geist Übertragung), sondern auch die ganzen dazu gehörigen Belehrungen bekommen hat.

Ich will das mal mit einem sehr weltlichen Beispiel verdeutlichen. Stellen sie sich vor, jemand möchte sich zum Paläontologen weiterbilden, hat aber keine Ahnung von Biologie, Chemie, Mathematik oder Physik. Er hätte vielleicht eine ganze Weile Spaß an der Sache, solange er Bücher mit Bildern von Dinos durchblättert, der Spaß wäre aber schlagartig zu Ende, wenn er zum ersten echten Fachbuch greift. Überhaupt keine Chance irgendetwas zu begreifen, denn die ganzen Grundlagen fehlen!

Es geht bei tantrischen Praktiken nicht um technisches Faktenwissen, sondern um geistige Erfahrungen, die jeder selbst gesammelt haben muss, bevor er sich an die jeweilige Praxis machen kann. Kalu Rinpoche sagte, dass die Wirksamkeit einer Meditation sehr stark davon abhängt, wie gut man den eigenen Geist und die jeweilige Meditation versteht. Tantrische Praxis ohne dieses Vorwissen ist Ficken oder vergeudete Zeit oder beides.

Manche Meditationen sind quasi-öffentlich; rein formal betrachtet sollte man sie nur machen, wenn man auch einen Lung (Ermächtigung) bekommen hat und bei manchen ist es auch in Ordnung, wenn man in der Erwartung, dass man den Lung sicherlich bekommen wird / würde, diese Meditation verwendet. Bei jeder tantrischen Praxis ist dies jedoch völlig ausgeschlossen. Ohne Lung, Einweihung und korrekte Belehrungen werden sie bestenfalls nicht funktionieren. Wenn man Pech hat und diese Praxis auch noch intensiv ausübt, dann könnten auch die weiß gekleideten Herren kommen.

Das war jetzt mal wieder eine lange Einleitung, die musste aber sein. Wir gehen jetzt mal im Tibetischen Totenbuch in den Bildteil (ab Seite 384) und was sehen wir dort? Diverse Aspekt in Vereinigung, also handelt es sich um eine tantrische Praxis. Da liegt jetzt also ein reicher und gieriger Kaufmann (zu den armen Leuten gehen die Mönche nicht, weil dort gibt es ja kein Geld) und ist am ableben und der soll jetzt plötzlich in der Lage sein, ohne jede Belehrung oder Vorbereitung, Befreiung durch diese ´Praxis´ zu erlangen? Das wäre so, als wenn Sie einen 10-jährigen Schüler greifen und ihm sagen, er soll mal eben einen Jumbo von Frankfurt nach New York fliegen. Absolut unmöglich, denn jegliche Voraussetzung fehlt!

Beim Thema „Befreiung durch Tragen" werde ich jetzt wirklich gemein. Es wird hier behauptet, dass es genügen würde, eine Sammlung von Mantras in einem Amulett mit sich zu tragen, damit man zum Zeitpunkt des Todes Befreiung erlangt. Aus offensichtlichen Gründen kann ich das natürlich nicht widerlegen, aber ich habe dann eine extrem unbequeme Anklage: „Wenn es möglich ist, dass durch das Tragen solch eines Amulettes zum Zeitpunkt des Todes Befreiung erlangt werden kann, dann haben alle buddhistischen Mönche, die hiervon Kenntnis haben, ihr Boddhisatva-Gelübde gebrochen (also zum Wohle aller Wesen unermüdlich zu arbeiten), wenn sie nicht bis zur Erschöpfung solche Medaillons herstellen würden. Nicht, um sie teuer zu verkaufen, sondern um sie zum Selbstkostenpreis (Essen und Unterkunft für die Zeit der Herstellung plus Trinkgeld) weiter zu geben. Machen sie das? Nein!

„Zweitausend Euro und du erlangst Befreiung nach deinem Tod!" macht keinen großen Unterschied zu „Zweitausend Euro und du kommst frei von Sünde ins Paradies!" Es handelt sich also ganz eindeutig um ein tibetisches Pendant zum Ablasshandel. Wer arm ist muss meditieren und wer reich ist, bekommt die Zusage, dass auch er auch gegen Barzahlung zum Ziel kommt. Da er ja kurze Zeit später verstorben ist, macht es höchstens für seine Verwandtschaft einen Unterschied, da das Geld weg ist. Dass das Ritual ein reines Placebo ist, kann der Tote ja nicht mehr berichten!

Im allgemeinen Geschäftsverkehr heißt es immer, dass man eine gewisse Vorsicht walten lassen muss. Wie eindrücklich dargestellt, gilt dies auch für den tibetischen Buddhismus. Für andere religiöse Bewegungen gilt dies sowieso; man nehme nur das Vermögen von Maharishi Mahesh Yogi (wird auf eine Milliarde Dollar geschätzt) oder das der katholischen Kirche in Europa und der Welt (wozu brauchen sie diesen riesigen Reichtum, wenn es ihnen nur darum geht, das Evangelium zu verkünden?). Wozu braucht das Bistum Köln ein Vermögen von mehr als drei Milliarden Euro? (http://www.spiegel.de/wirtschaft/soziales/kirche-erzbistum-koeln-legt-vermoegen-offen-a-1018989.html)

„The Hidden History of the Tibetan Book of the Dead"
von B. Cuevas

Damit es spannend bleibt schon mal ein Textzitat aus diesem Buch (Seite 40), wo es um einen Disput aus dem 2. Jahrhundert über den Bardo geht (die Zitate sind Übersetzungen von mir aus dem angegebenen Buch):

> *Eine Ansicht war, das die* [fragliche] *Aussage die Annahme unterstützt, dass es einen Zwischenzustand von einer Woche oder mehr vor der Wiedergeburt geben müsse. Die Gegenposition hatte als Basis die Tatsache, dass Buddha nie direkt über einen solchen Zwischenzustand Belehrungen gegeben hat.*

Im 2. Jahrhundert wurde also diskutiert, ob es überhaupt ein Bardo gibt und wenn ja, ob es länger als eine Woche dauert. Neunzehn Jahrhunderte später ist man sich sicher, dass es sieben Wochen lang ist, obwohl Ole meint, es seien seiner Erfahrung nach nur 48 Tage. Er könnte recht haben, ich weiß es nicht. Aber merkwürdig kommt mir diese Zeitdehnung des Bardo im Laufe von ein paar Jahrhunderten schon vor!

1919 kaufte der politische Offizier und tibetischer Möchtegern-Gelehrter Major Campbell eine Sammlung tibetischer Holzdrucke und zeigte sie dem studierten Anthropologen Walter Evans-Wenz (das ist der, der die erste Übersetzung des Tibetischen Totenbuches veröffentlichte). Aus seiner Kollektion an Dokumenten entstand dann das in aller Welt bekannte Tibetische Totenbuch. Es gibt mittlerweile mindestens 8 Übersetzungen und die Anzahl der Kommentare ist nicht mehr überblickbar; womit man sich nicht / kaum beschäftigt hatte war die Geschichte dieser Kompilation, was Brian Cuevas nach eigener Aussage ändern wollte.

Cuevas geht zunächst darauf ein, dass es drei Ansätze für den Bardo Tödol im Westen gibt, nämlich wissenschaftlich, psychologisch und esoterisch, wobei sich aber keiner kritisch mit den Inhalten selbst beschäftigt hat oder gar eine Quellenprüfung erfolgte. Alle gehen davon aus, dass es sich um uraltes und mystisches Wissen handelt, also die Weisheit unserer Urahnen widerspiegelt. Daher wird auch unterstellt, dass das Tibetische Totenbuch einen zentralen Platz im tibetischen Buddhismus einnimmt [was allerdings nicht der Fall ist, wie wir im nächsten Absatz sehen werden] und dass die Tibeter die tiefe innere Bedeutung überhaupt nicht erfassen (Meinung von Evans-Wenz).

Wo und wie es einzuordnen ist, kann am besten aus der Zusammenfassung von Cuevas ablesen (S. 211):

Als ich Feldforschungen für dieses Buchprojekt in verschiedenen tibetischen Exilkommunen in Indien machte, fragte ich viele Lamas und Mönche nach den „Freud- und Zornvollen Göttern" und insbesondere nach dem „Befreiung durch Hören". Von allen wurde mir erzählt, wie erschreckend der Bardo sein könne und wie wichtig es sei, die Bardo-Belehrungen zu studieren. Wenn ich dann nach der Tradition des Textes „Befreiung durch Hören" fragte, blickte ich in verständnislose Gesichter....Andere Mönche versprachen, mir ihre persönliche Kopie von „Befreiung durch Hören" zu zeigen. Als ich dann diese Kopien sah, war ich enttäuscht herausfinden zu müssen, dass sie keinerlei Verbindung [Ähnlichkeit] mit der Version von Karma Lingpa hatten....Für die meisten von ihnen bezog sich der Titel generell auf alle Lehren, die den Bardo als Schwerpunkt haben....

Ich habe seither heraus gefunden, dass in Tibet und den umgebenden Gemeinschaften mit der „Befreiung durch Hören" etwas passiert ist, was ich scherzhaft als Kleenex-Effekt bezeichne. Mit anderen Worten, „Befreiung durch Hören" begann mit einer unverwechselbaren Identität, einem Markennamen wenn man so will, aber im Laufe der Zeit und mit der weiteren Verbreitung wurde aus dem Markenzeichen eine allgemeine Bezeichnung für alle ähnlichen Produkte....

Recht merkwürdig ist, dass sich ein ähnlicher Eindruck in Europa und Amerika entwickelte und blieb, wo das Tibetische Totenbuch üblicherweise als Abstraktion uralter Schriften, die allgemeingültige Weisheiten beinhalten, angesehen wird.... Die Autoren von sowohl allgemeinen als auch wissenschaftlichen Büchern zu diesem Thema haben sich damit zufrieden gegeben den Text zu interpretieren.... Fragen zur Bedeutung und den Stellenwert vom Tibetischen Totenbuch können nur durch Belege aus seiner Geschichte beantwortet werden. Um diese Geschichte offen zu legen, habe ich dieses Projekt gemacht.

„The Hidden History of the Tibetan Book Of The Dead" ist ein wissenschaftlicher Text und daher, auch mit guten Englischkenntnissen, recht schwirig zu lesen. Es hat einen Umfang von rund 300 Seiten und hiervon sind 100 Seiten Fußnoten und Literaturverzeichnis. Das Buch ist somit definitiv keine leichte Lektüre.

Wenn man etwas über die tibetische Geschichte lernen will und insbesondere über die Geschichte des Tibetischen Totenbuches, dann ist dieses Buch (bei guten Englischkenntnissen) eine absolut gute Wahl. Inwiefern es mir bei meinen Nachforschungen geholfen hat, wer denn das Tibetische Totenbuch gefälscht hat, erfahren Sie gleich in der Zusammenfassung.

Was sagt der Zen-Buddhismus dazu?

Zunächst einmal ist es nicht ganz einfach, Informationen zu dieser Frage zu finden, denn Bardo ist ein tibetisches Wort. Glücklicherweise wird dieses Wort im amerikanischen Sprachraum eigentlich von allen verwendet, wenn es um den Zwischenzustand zwischen Tod und Wiedergeburt geht. So kam ich auf diesen Artikel: http://dharma-rain.org/birth-death-and-the-bardo-plane-2/

Nach ein paar einleitenden Worten wird darauf hingewiesen, dass es in der Frühzeit des Buddhismus durchaus nicht klar war, ob es einen ´längeren´ Bardo zwischen Tod und Wiedergeburt gibt und wie lang er denn ist.

Im Zen-Buddhismus wird angenommen, dass es einen solchen Zwischenzustand gibt, allerdings sieht man ihn als nichts Besonderes an, denn alles ist ständig ein Bardo, denn es kann nichts Neues entstehen, wenn nicht woanders etwas gestorben ist; das gilt sogar für jeden einzelnen Moment des eigenen Körpers. Wenn man im Leben eine hinreichende geistige Basis geschaffen hat, dann schafft man es nach dem Tod in das reine weiße Licht einzutreten. Wenn man noch zu viel karmisches Gepäck dabei hat, dann wird das nicht gelingen. Dann kommt eine Phase, in der freundliche Wesenheiten einem Tipps geben wollen; doch man hört nicht auf sie, denn die eigenen Tendenzen (auch Sturheit genannt) sind viel zu stark. Also kommt es zwangsläufig und entsprechend dieser Tendenzen zu einer Wiedergeburt.

Ein wenig auf Art des Zen zusammengefasst:

> Bardo: Ja!
>
> Beeinflussung im Bardo: Unmöglich, daher sinnlos!"

Zusammenfassung: Tibetisches Totenbuch

Man muss wohl nicht weiter darüber nachdenken, dass die Rituale zur Täuschung des Todes oder das Tragen von ´irrsinnig heiligen´ Amuletten völliger Schwachsinn sind. Jetzt habe ich allerdings eine Schwierigkeit, nämlich dass in „The Hidden History of the Tibetan Book of the Dead" aufgezeigt wird, dass es tatsächlich eine Übertragungslinie für die „Friedlichen und Rasenden Gottheiten" und die „Befreiung durch Hören" gibt. Wie kann das zusammen passen?

Im Buch „Geschichte Tibets", China Intercontinental Press, Beijing 2004, von Chen Quingying heißt es auf Seite 62, dass im Jahr 1416 der Kanjur in Form eines Holzdrucks als Geschenk nach Tibet ging. Größere Verbreitung kann der Bardo Tödol also erst im späteren 15. Jahrhundert gefunden haben. Den Buchdruck im ´industriellen´ Maßstab gab es erst, als Karma Lingpa schon lange das Zeitliche gesegnet hatte. Vor dem 15. Jahrhundert waren Bücher handgeschrieben und eine seltene Kostbarkeit; es ist also nicht sehr wahrscheinlich, dass Karma Lingpa sich derartig viel Mühe für eine Fälschung gemacht hätte. Wer also ist der Fälscher?

Es muss sich jemand zwischen dem 15. und dem 18. Jahrhundert einfach mehrere tantrische Meditationstexte genommen und ein paar ´verbindende´ Texte dazwischen gelegt haben und schon hatte er ein Produkt fertig zur Vermarktung. Dass es sich teilweise um tantrische Texte handelte, konnte aus der Bevölkerung sowieso niemand wissen und von den Mönchen konnten es nur diejenigen wissen, die passende tantrische Einweihungen und Belehrungen empfangen hatten. In erster Näherung kann man sagen: Praktisch niemand!

Ich unterstelle den Mönchen, die die eigentlichen Rituale durchführten, keine wirklich negative Motivation; wie sagte Bertolt Brecht so schön: „Erst kommt das Fressen, dann kommt die Moral!" Wenn die Mönche mit knurrendem Magen im Kloster hockten, weil nicht genügend Spenden für sie zusammen kamen, dann ist es verständlich, dass sie kreativ wurden; schließlich haben sie ja, wie Robbin Hood, von den Reichen genommen, um es den Armen (also sich selber) zu geben. Mein Problem liegt eher in der Moderne! Ich fasse es einfach nicht, mit wie wenig Kritikfähigkeit Darstellungen einfach übernommen und weiter verbreitet werden.

Wie bescheuert muss jemand sein, um Scheiße-Fressen als buddhistisch-tibetisches Ritual zu interpretieren? Vielleicht schließe ich dieses Kapitel am besten mit einem Zitat von Einstein: „Es gibt zwei Dinge, die unendlich sind. Dies sind das Universum und die menschliche Dummheit. Die Unendlichkeit des Universums ist aber noch nicht bewiesen!"

Tibetischer Buddhismus und Politik

Ich hatte ja schon am Anfang des Buches über das Tulku-System gesprochen. Wenn ein hoch realisierter Lama stirbt und er etwa Vorstand eines oder mehrerer Klöster war, dann wurde nach der Reinkarnation gesucht, um sie wieder als Klostervorstand einzusetzen. Wenn alle Menschen nur spirituelle Ziele hätten, dann wäre dieses System vielleicht gar nicht mal so schlecht. So aber war es eine Einladung, um wirtschaftliche und politische Interessen ins Spiel zu bringen (war das eigene Kind ungefähr zur rechten Zeit geboren worden, dann konnte man es ja in die Position hinein schieben / drücken und später davon profitieren; oder es war das Kind des Nachbarn, aber auch dann konnte man versuchen, einen gewissen Einfluss geltend zu machen).

Der erste Karmapa war der erste Tulku (bewusst wiedergeboren) und lebte von 1110 bis 1193. Der 16. Karmapa wurde 1924 geboren und starb 1981. Wenn man die Bücher von Ole liest, die beschreiben, wie die Lehren der Kagyüpas in den Westen kamen, dann kann man sich sehr gut vorstellen, dass er eine extrem inspirierende Person gewesen sein muss. In einer der Geschichten war Karmapa mit Ole im Auto unterwegs und der sollte plötzlich abbiegen und vor einem Zoogeschäft anhalten. Karmapa ging hinein und zu einem großen Käfig, sagte „Der da!", machte das Türchen auf und hielt seine Hand in den Käfig. Der Vogel kam sofort angeflogen und setzte sich darauf. Wenn ich mich recht entsinne, wollte der Verkäufer noch nicht einmal mehr Geld haben, weil er so etwas noch nie erlebt hatte.

Ich war ja 1990 zum tibetischen Buddhismus gekommen, also fast 10 Jahre nach Karmapas Tod und zu der Zeit tobte bereits der Machtkampf. Insbesondere hatte sich die chinesische Regierung in die Sache eingemischt und selber ein Kind mit passendem Alter ausgesucht und als Karmapa eingesetzt (Religion ist das Opium für Volk; aber wenn man selber das Volk lenken will, dann ist das auch in Ordnung so; wenn Sie dies als ätzende Kritik an der chinesischen Staatsführung empfinden, dann haben Sie sehr wahrscheinlich recht).

Karmapa hatte vier Statthalter und zwei von ihnen wendeten sich an den Dalai Lama und baten ihn um die Bestätigung des chinesischen Kandidaten, denn alle vier Statthalter wären sich in dieser Sache einig. Waren die beiden anderen nur leider nicht und der Dalai Lama gab seine Zustimmung zur Anerkennung, obwohl er eigentlich so viel Einfluss auf die Karma-Kagyü-Linie hat, wie der Papst auf die Mormonen. Nur wer weiß das im Westen schon?

Man kann sagen, damals gab es einen Riss auf ganzer Linie durch die ganze Linie, der sogar Familien spaltete! Shamarpa sagte, der chinesische sei nicht der richtige Kandidat, aber viele wollten daran glauben, dass er es sei. Das steigerte sich bis hin zu echtem Fanatismus und heftigem Streit, etwa wenn jemand das Foto vom chinesischen Kandidaten auf dem Altar im Zentrum aufstellen wollte. Es war also eine sehr interessante Zeit, als ich mich damals zur Weltumrundung aufmachte. Ich persönlich hatte keine Aktien in der Angelegenheit und übernahm Oles pragmatische Einstellung, dass sich der richtige Karmapa früher oder später durch seine Fähigkeiten selbst qualifizieren werde und dass es überhaupt keinen Sinn habe, mit dem chinesischen Kandidaten wie auch immer zu kooperieren, solange er sich unter der Aufsicht der Chinesen befinden würde, sogar wenn er der richtige Karmapa wäre.

Am 17. März 1994 wurde dann der Junge offiziell als Karmapa vorgestellt, den Shamarpa für den richtigen Karmapa hielt. Er war aus Tibet, direkt unter den Nasen der chinesischen Behörden hindurch, nach Indien geschmuggelt worden. Die Geschichte, wie das gelang, folgt in starker Einkürzung gleich; es ist mal wieder eine echte Räuberpistole. Ich war zwei Tage vor der offiziellen Vorstellung in Delhi angekommen und hatte natürlich keine Ahnung von den Vorgängen. Ich hatte ja schon geschrieben, dass meine Exfreundin Sabine nach Indien gegangen war, um tibetischen Buddhismus zu studieren. Von ihr hatte ich eine kleine Broschüre übers KIBI (Karmapa International Buddhist Institute); diese Broschüre änderte sich jedes Jahr, denn auf der Frontseite war ein Foto vom jeweils letzten Jahrgang. Nachdem ich mich mit einem Tuktuk-Fahrer auf einen Preis geeinigt hatte, der mir akzeptabel erschien, fuhr ich also zum KIBI.

Als ich dort ankam, war ich recht verwundert, denn im Eingangsbereich war alles voller Glasscherben und auch beim Hauptgebäude sah ich jede Menge eingeworfene Fensterscheiben. Im Eingangsbereich saßen ein paar jüngere Mönche und zumindest einer sprach Englisch. Ich erklärte, dass ich mir das KIBI gerne ansehen möchte, weil eine Bekannte von mir hier studieren würde und zeigte auf dem Foto auf sie. „Ahh, Sabina, she is here!" und der Mönch sprintete los. Etwa zwei Minuten später hörte ich ihre Stimme: „Das hatte ich mir schon gedacht, dass du früher oder später hier auftauchen würdest."

So erfuhr ich also, was sich zuvor abgespielt hatte. Die Anhänger des chinesischen Kandidaten hatten die offizielle Vorstellung des 17. Karmapa Thaye Dorje gewaltsam verhindern wollen, was wiederum die westlichen Studenten, hauptsächlich durch ihre Anwesenheit, verhinderten. Auf dieser Seite gab es übrigens auch einige Verletzte, die von Steinwürfen getroffen worden waren. Die indische Polizei hatte sich nicht wirklich dazu in der

Lage gesehen, diese Vorgänge zu verhindern (das darf man interpretieren, wie man möchte).

In wieweit die chinesische Regierung mit der Angelegenheit zu tun hatte, las ich am Tag danach in der Hindustan Times, in der über den Vorfall recht umfänglich berichtet wurde und der chinesische Einfluss wurde mit „wie eine Hand in einem Handschuh" beschrieben. Die Entscheidung von Ole, in keiner Weise mit dem chinesischen Kandidaten zu kooperieren, stellte sich also rückblickend als absolut sinnvoll heraus.

Nach dieser offiziellen Vorstellung von Shamarpas (und Oles) Kandidaten war der Riss durch die Linie nicht mehr kittbar. Tomek Lehnert, von ihm ist gleich noch die Rede, schrieb ein Buch über die ganzen Vorkommnisse, das in der deutschen Version den Titel „Rüpel in Roben" hat. Es geht darin um Fälschungen, Lug und Betrug, was man eigentlich von tibetisch buddhistischen Mönchen nicht erwarten sollte (wenn man ein wenig in die tibetische Geschichte eintaucht, dann stellt man fest, dass es früher noch nie anders war, doch das ist ein ganz anderes Thema).

Da die offizielle Vorstellung von Karmapa am letzten Studientag war (man versuchte in das Wintersemester Lehrstoff für drei Semester zu quetschen, damit die Studenten im Sommer, wenn es in Indien eindeutig zu heiß zum studieren ist, in ihre Heimatländer fliegen konnten, um wieder genug Geld für den nächsten Winter zu verdienen), konnte mir Sabine ein Zimmer mit Bett, Schreibtisch, Badezimmer mit Dusche und einem Miefquirl (Deckenventilator) über dem Bett (für indische Verhältnisse echter Luxus) besorgen und schleppte mich natürlich auch gleich zum jungen Karmapa, der mir einen Segen gab (ich glaube, sie hatte irgendwie Sonderrechte, denn sie pflegte die beiden kleinen Hunde von Karmapa). Also für mich sah er aus und wirkte so, wie ein völlig normaler und sehr aufgeweckter Jugendlicher; das könnte aber auch daran liegen, dass ich keine ausgeprägte Aura habe.

Ich lebte dann gut vier Wochen im KIBI, stellte fest, dass ich zu dumm bin, um Tibetisch zu lernen, machte ein wenig Yoga und gab jungen tibetischen Mönchen Englischunterricht und arbeitete am Vorläufer von diesem Buch (das wäre ein absoluter Reinfall gewesen, aber man lernt ja dazu). Die jungen Mönche waren übrigens sehr selbstständig. Kurz vor meiner Abreise hatte ich meine Englischklasse auf ein Eis eingeladen (in Indien muss man wissen, wo es hygienisch einwandfreie Qualität gibt, also mussten wir mit drei Tuktuks etwa vier Kilometer fahren). Die jungen Mönche handelten die Preise mit den Fahrern aus, denn ein Ausländer wird immer über den Tisch gezogen (bis zu einem gewissen Maß finde ich das auch absolut in Ordnung) und als alle ihr Eis gegessen hatten fragte ich, ob sie mehr wollen und alle sagten kategorisch „Nein". Ob sie überhaupt Eis haben wollten weiß ich nicht, aber eine Einladung abzulehnen wäre unhöflich gewesen. Mehr zu nehmen, wäre ethisch nicht korrekt gewesen. Hut ab, vor 8- bis 12-Jährigen!

Wie man es geschafft hatte, Karmapa aus dem chinesisch besetzten Tibet heraus zu schmuggeln, war viele Jahre lang streng geheim und ich wusste auch nichts darüber. Tomek Lehnert war schon Anfang der 90er Jahre des letzten Jahrhunderts so eine Art Cheforganisator für Ole. Tomek hat ein phantastisches Gedächtnis und als ich am Anfang meiner Weltreise die Tour mit Ole durch die USA mitmachte, erfuhr ich, dass er den gesamten Flugplan von American Airways auswendig kannte. Er wusste von allen Flügen, wann man an welchem Gate ins Flugzeug kam und wann man wo wieder heraus kommen würde und was der Flugpreis war (und natürlich wusste er auch, wie viele Bonuspunkte jeder in der Reisegruppe hatte)!

Gut zwanzig Jahre nach diesen Vorfällen erzählte Tomek auf einem Kursus, wie Karmapas Flucht gelang und ich habe eine Aufzeichnung davon. Später kam noch eine Nachricht hinterher, dass man diese Informationen nicht zu öffentlich machen sollte, also lasse ich alle Namen und Ortsnamen aus und natürlich alle Informationen, die jemanden in Schwierigkeiten bringen könnten. Ich bringe also nur Informationen, die die chinesischen Behörden sowieso schon haben. Die Geschichte fing damit an, dass sich Gerüchte verbreiteten, dass es irgendwo in Tibet ein recht spezielles Kind geben solle, das immer wieder von sich behauptete, es sei Karmapa. Irgendwann gelang es einem höheren Lama das Kind zu begutachten und er war sofort überzeugt, es mit dem wahren Karmapa zu tun zu haben.

Jetzt war die Frage, wie man diesen Jungen aus Tibet heraus bringen könnte, denn die Reisefreiheit in China war und ist noch immer etwas beschränkt. Die Grundidee war folgende: In Dänemark waren zu der Zeit in Kinderpässen keine Fotos vorgeschrieben, weil sich das Aussehen der Kinder ja sowieso dauernd und schnell ändert. Bei der Einreise in ein anderes Land wurde das Kind zusätzlich im Pass eines Elternteils eingetragen. Der erste Schritt war, dass der Kinderpass von einem Jungen im passenden Alter ´verloren´ ging und ein neuer beantragt wurde, denn es wurden zwei Kinderpässe benötigt (einer für den Sohn und einer für Karmapa).

Der zweite Schritt war prinzipiell einfach, aber von der Durchführung her nicht ganz leicht. Benötigt wurde ein Paar mit einem Jungen im passenden Alter. Dieser sollte zunächst mit dem einen Elternteil durch die Grenzkontrollen nach China einreisen, sich ducken und zum anderen

Elternteil zurück schleichen und mit diesem noch einmal einreisen, wobei der zweite Pass verwendet werden sollte. Der Junge war nicht eingeweiht und ihm wurde vorgespielt, dass es um ein unheimlich witziges Spiel gehen würde. Das Dumme war jetzt, dass es zwar mit dem Zurückschleichen geklappt hatte, er aber den Vater nicht finden konnte. Der umherirrende Junge fiel den Behörden auf, der Eintrag aus dem Pass der Mutter wurde ungültig gemacht und der Junge wurde in den Pass des Vaters eingetragen.

Der Junge hatte so langsam mitbekommen, dass da irgendetwas ablief, wovon er keine Ahnung hatte. Wollten seine Eltern ihn in China loswerden? Irgendwann ging es nicht mehr anders, die Eltern mussten dem Jungen erzählen, dass es darum ging, Karmapa von China nach Indien zu schmuggeln. „Warum habt ihr das denn nicht gleich gesagt? Natürlich mache ich da mit!"

Mit etlichen Schwierigkeiten war es möglich zur Familie des neuen Kandidaten zu kommen, nur machte jetzt die Mutter von Karmapa Probleme, denn sie wollte ihr Kind nicht mit jemanden gehen lassen, den sie nicht kannte und der zudem Ausländer war. Schließlich machte der Onkel den Vorschlag, dass es vielleicht das Beste sei, wenn Karmapa selbst entscheiden würde. Karmapa schloss kurz die Augen und sagte: „Heute ist ein guter Tag!"

Also wurde Karmapa in westliche Klamotten gesteckt und bekam eine Baseball-Kappe von Boss aufgesetzt. Ole hatte mit Kugelschreiber ein Big über den Boss geschrieben. Zur Sicherheit musste Karmapa noch die Unterschrift vom Sohn üben und schon beim zweiten Versuch war die Fälschung perfekt, obwohl Karmapa zuvor nie in lateinischer Schrift geschrieben hatte. Dann meinte der Sohn, da würde noch etwas wichtiges fehlen, nämlich ein Gameboy. In Minutenschnelle hatte Karmapa gelernt damit umzugehen, obwohl er kein Englisch konnte und der Sohn kein Tibetisch. Ein Kind mit Baseball-Kappe, T-Shirt, Jeans und Gameboy kam überall glaubhaft als westlich durch.

Der Plan war nun, dass der Vater mit Karmapa ausreisen würde, seinen Pass ´verlieren´ würde (weil da war ja der Stempel mit der Ausreise des ´eigenen´ Sohnes drin), vom Konsulat einen neuen Pass bekommt, wieder nach China einreist, erklärt, warum er den Einreisestempel für seinen Sohn nicht im Pass haben konnte und es irgendwie schaffen würde, die chinesischen Behörden zu überzeugen. Doch dieser Plan ging völlig daneben, denn anderen Behörden war aufgefallen, wie oft der Vater zwischen Taiwan, Singapur und China gependelt war und er wurde unter dem Verdacht auf Drogenhandel verhaftet.

Seine Frau und sein Sohn saßen in China fest und er konnte nichts tun. Dafür taten die chinesischen Behörden etwas, denn auch sie waren misstrauisch geworden. Also verhafteten sie Frau und Sohn und setzten sie in einem Hotelzimmer fest. Der Frau war absolut klar, was schon die kleinste falsche Bemerkung für sie und ihren Sohn bedeuten konnte.

Immer wieder gab es Befragungen, aber die Situation änderte sich nicht. Irgendwann brach die Frau bei einer der Befragungen (geplant) zusammen und sagte: „Mein Mann ist weggelaufen. Er ist mit einer Chinesin abgehauen!" Der Polizist fing an zu lachen und sagte, dass dies ja nicht das erste mal sei, dass Ausländer die Qualitäten der Chinesinnen erkennen würden. Sie und ihr Sohn bekamen Passierscheine!

Obwohl die ganze Aktion fast das gesamte Vermögen der Familie verzehrt hatten, wurde in Singapur im teuersten Restaurant die teuerste Flasche Champagner bestellt und auf den Erfolg des Husarenstücks angestoßen. Ich weiß, wer die Akteure waren, und ich hatte vor etlichen Jahren meine Schwierigkeiten mit ihnen. Ich ziehe meinen Hut und verbeuge mich tief, denn ich glaube nicht, dass ich so viel Mut gehabt hätte wie sie.

Im Hintergrund dieser Geschichte gab es noch zwei Handlungsstränge und zwar der von Hannah, die im KIBI war und den Kontakt zu einem Verbindungsmann hielt, der wiederum Kontakte nach China / Tibet hatte, und Ole, der wie üblich auf Weltreise war, von Stadt zu Stadt, Vorträge haltend, Leute beratend, an Büchern schreibend. Zu der Zeit, als die Flucht von Karmapa gelang, war er in Russland unterwegs und es wurde immer wieder versucht heraus zu finden, was Stand der Dinge ist. Das war meistens die Aufgabe von Tomek.

Heutzutage ist das Telefonieren ja kein großes Problem mehr, aber damals musste man in Russland für ein Auslandsgespräch zum Postamt, den Anruf registrieren lassen und dann stundenlang warten. Wartezeiten über 8 Stunden waren durchaus normal. In Indien, im KIBI, gab es auch nur einen Telefonanschluss. Wenn die Verbindung endlich stand, dann musste Hannah auch erst einmal zum Telefon geholt werden.

Ole und die Reisetruppe waren in Wladiwostok und Tomek machte sich mit einem Freund auf zum Postamt, jeder einen Klappstuhl unterm Arm, denn Sitzgelegenheiten gab es im Postamt meistens nicht. Sie meldeten ihr Gespräch an und waren arg überrascht, schon nach einer Stunde aufgerufen zu werden. Es dauerte noch eine Weile und Hannah war am Apparat: „Karmapa ist in Indien!"

Tomek und sein Freund liefen aus dem Postamt raus, die Klappstühle vergessend, zu dem Ort, wo Ole einen Vortrag hielt. Tomek meinte rückblickend: „Ihr macht euch keine Vorstellungen davon, wie sehr es in der Lunge weh tut, wenn man bei weniger als minus 30 Grad versucht so schnell zu rennen, wie man nur kann!"

Wie sich die damaligen Ereignisse insgesamt für die 'westlichen' Kagyüpas ausgewirkt hat, kann man diesem Artikel entnehmen:
http://www.buddhismus-heute.de/archive.issue__37.position__16.de.html
Es handelt sich um ein kurzes Interview mit Tomek über die negativen oder positiven Auswirkungen der damaligen Geschehnisse.

Einen großen Anteil am Ablauf der Entwicklung hatte mit Sicherheit Ole, denn die 'westlichen' Kagyüpas sind weitgehend unbeschadet aus der ganzen Situation heraus gekommen, obwohl das eigentlich eine Untertreibung ist; ich schätze, dass damals etwa 20% der 'Gefolgschaft' verloren ging. Doch das waren die Leute, die glauben aber nicht wissen wollten. Die, die wissen wollten, sind immer noch da! Man könnte auch sagen, dass der Einfluss der Asiaten zumindest auf die Kagyüpas im Westen weitgehend verloren ging, weil sie ihn zu dringend erringen wollten.

Oder anders ausgedrückt: Es geht im Westen bei den Kagyüpas wieder um Buddhismus und nicht mehr um Politik (was nicht bedeutet, dass es keine Auseinandersetzungen mehr gibt, aber die sind intern, so ähnlich, wie in einem kleinen, uns wohlbekannten gallischen Dorf).

Ein Universum aus Superstrings

Jetzt am Ende des Buches komme ich noch einmal auf die Superstrings zurück, die ich ganz am Anfang des Buches schon erwähnte.

Superstrings sind aktuell eine rein theoretisch-physikalische Fiktion. Niemand hat je einen Superstring gesehen oder nachgewiesen oder weiß mehr über ihn, als dass er im Wesentlichen eindimensional sein müsste und sich mit anderen zu elfdimensionalen Gebilden verbindet und dass sich aus ihrer jeweiligen Schwingungsfrequenz ergibt, wie sie sich als Teilchen verhalten müssten (genauer weiß ich das auch nicht). Das macht diesen Superstring jedoch ideal für mich, denn jeder, der schon einmal Chemieunterricht hatte, weiß, dass es Atome gibt (die Beweislage ihrer Existenz ist derart überwältigend, dass es völlig irrelevant ist, was alte buddhistische Meister über ihre Existenz oder Nichtexistenz sagten: Atome gibt es ohne jeden Zweifel! Allerdings sind sie nicht unteilbar, wie man früher dachte).

Also wandele ich die alte Theorie über die Atome einfach mal ab und ersetze sie durch Superstrings. Diese sind unendlich klein, alle sind identisch und ob es sie wirklich gibt, wissen nicht einmal die theoretischen Physiker, die sie sich ausgedacht haben. Somit sind sie für meine Zwecke ideal geeignet.

Einstein zog vor rund 100 Jahren aus seinen theoretischen Überlegungen den Schluss, dass es Gravitationswellen geben müsste. Aus Abschätzungen über deren mögliche Intensität kam er zu dem Schluss, dass man sehr wahrscheinlich niemals in der Lage sein würde, diese Wellen tatsächlich nachzuweisen. Diese Wellen sollten das Raum-Zeit-Kontinuum stauchen und auseinander zerren (ganz minimal), wenn Massen beschleunigt werden. Ende 2015 (Veröffentlichung 2016) hatte man tatsächlich erfolgreich Gravitationswellen nachgewiesen. Zwei schwarze Löcher (so schwere Himmelskörper, dass nicht einmal das Licht aus ihnen entkommen kann) waren ineinander gestürzt.

Die Signale waren von zwei Stationen in den USA aufgefangen worden, die rund 3.000 Kilometer voneinander entfernt sind. Sogar absolut minimale Vibrationen der Erde, etwa durch den Wellenschlag an der Küste, können gemessen werden. Diese Vibrationen in der Erde werden mit der Schallgeschwindigkeit weiter geleitet und die Gravitationswellen haben Lichtgeschwindigkeit. Also kann man mit zwei Stationen (fast) alle Störungen sicher aussortieren.

Beide Messstationen verfügten über zwei Messstrecken, die aus vier Kilometer langen Rohren bestehen, in denen sich ein Hochvakuum befindet und die einen rechten Winkel zueinander bilden. Ein Laserstrahl wird geteilt und in die beiden Rohre geleitet. Am Ende der Rohre steht jeweils ein Spiegel. Dort, wo die beiden Strahlen wieder zusammen kommen, wird nachgemessen, ob sich die Phasenlage zwischen den beiden Strahlen verändert hat, was der Fall sein musste, wenn eine hinreichend starke Gravitationswelle durch die Erde lief, sich also die Steckenlänge minimal verändert hatte. Die Anlage war derartig empfindlich, dass sie eine Längenänderung von einem Promille eines Protonen-Durchmessers sicher erkennt (um ehrlich zu sein, das sagt mir auch nichts).

Aus den empfangenen Daten konnte man nicht nur sehr exakt berechnen, wie groß die Massen der beiden schwarzen Löcher waren, die da ineinander gestürzt waren, sondern auch, in welcher Richtung sie von der Erde aus gesehen sind / waren und auch wie weit entfernt. Man hatte ein Modell von solchen Vorkommnissen als Computerprogramm und variierte die Eingangsdaten, bis die ´Vorhersagen´ des Programms komplett mit den Messungen übereinstimmten.

Diesen Einschub über Einstein und die Gravitationswellen habe ich gemacht, um darzustellen, dass die Gedanken der theoretischen Physiker keine reinen Hirngespinste sind. Sie haben eine abgesicherte theoretische Basis und wenn in der Natur Ursache und Wirkung tatsächlich gilt, dann sollten sie auch zutreffend sein (es sei denn, man hatte etwas Wichtiges übersehen, aber deshalb gibt es ja die Experimente zur Klärung).

Welche Physik wir mit Atomen und Protonen erwarten können, das wissen wir recht gut. Wenn jedoch Atome und Protonen und alle anderen Teilchen aus Superstrings gebildet werden, dann könnte es durchaus sein, dass es Effekte gibt, die mit der klassischen Physik nicht erklärbar wären. Das wäre in ungefähr so, wie mit dem Gravitationsgesetz von Newton, das später durch die Relativitätstheorie ersetzt wurde, weil Newtons Gesetz nur für kleine Geschwindigkeiten korrekt ist. Kommt man zu größeren Geschwindigkeiten, dann spielt die Relativitätstheorie eine zunehmend große Rolle. Es gibt also keinen triftigen Grund dafür, weshalb die Ideen von Einstein schon das Ende der Möglichkeiten bilden sollten.

Alles Geist oder doch nicht?

Die buddhistische Lehrmeinung setzt voraus, dass unsere Welt und alle Lebewesen irgendwann und exakt so entstanden sind, wie man sie auch jetzt noch antreffen kann. Die Naturwissenschaften haben nachgewiesen, dass es so nicht gewesen sein kann, denn alles hat sich langsam entwickelt. Sogar wenn wir die Zeiträume beliebig ausdehnen und viele Kalpas mit einschließen, dann haben wir die Situation, dass das, was denkt und fühlt immer wieder auftaucht und später wieder verschwindet.

Der Buddhismus sagt, dass es seit anfangsloser Zeit Geist gibt und dass dieser Geist denkt, fühlt und die Handlungen der Wesen steuert, wozu er natürlich Wissen über das Umfeld haben muss. Die Naturwissenschaften sagen, dass für die Steuerung des Körpers die neuronale Verarbeitung völlig hinreichend ist (o.k., man ist der Meinung, dass man es in näherer Zukunft sicherlich wird nachweisen können).

Das weltweit spannendste Projekt läuft also aktuell in Europa, nämlich der Versuch mit einer Milliarde Euro zusätzlicher Forschungsgelder, sämtliche Gehirnreaktionen als 'mechanistisch' zu beweisen (ich hatte ja schon drüber geschrieben). Angenommen der mechanistische Ansatz bringt tatsächlich den Beweis, dass es weder Geist noch Seele benötigt, um uns und unser Denken zu begründen, dann werden die Ergebnisse vielen Menschen überhaupt nicht gefallen. Die Buddhisten werden schlicht feststellen, dass so einiges in ihrer Philosophie nicht stimmen kann, jedoch ändert das überhaupt nichts an ihren Meditationserfahrungen oder daran, dass man auf lange Sicht Glück erlebt, wenn man nicht selbstbezogen handelt, und Leid erfährt, wenn man es tut.

Dieses Experiment dem Denken und Fühlen wirklich auf den Grund gehen zu wollen, ist im wahrsten Sinne epochal. Entweder es verändert in nicht unwesentlichen Teilen die Wissenschaften oder es verändert das Weltbild nicht nur der Wissenschaftler sondern wohl aller Menschen und das komplett! Ich bin sicher, dass es für nahezu alle Menschen keinen größeren Schock geben könnte, als die Feststellung, dass kein Gott über sie wacht, sondern dass diese Menschen selbst die volle Verantwortung für alles haben, was ihnen widerfährt. Da helfen keine Beschwörungsformeln oder heilende Halbedelsteine, man wird völlig auf Ursache und Wirkung zurück geworfen! Nicht ein einziger Gott als Mama-Ersatz!

Ich komme jetzt zur Synthese dieses Buches. Ich glaube, ich habe hinreichend ausführlich nachgewiesen, dass die Aktivitäten in unserem Gehirn tatsächlich etwas mit unserem Denken zu tun haben. Wenn Nervenzellen nicht mit Sauerstoff versorgt werden, dann sind sie nach fünf Minuten stark geschädigt und nach spätestens zehn Minuten schlicht tot (wenn jemand in eiskaltes Wasser fällt und der Körper sehr schnell auskühlt, dann kann die Zeitspanne auch gut eine halbe Stunde betragen; wenn er in einer Klinik, die auf Reanimation spezialisiert ist, etwa an

Herzversagen gestorben ist, dann kann die Zeitspanne auch deutlich länger sein; danach läuft über die Nerven überhaupt nichts mehr. http://www.weltderwunder.de/artikel/die-wissenschaft-der-letzten-minuten-was-wirklich-passiert-wenn-wir-sterben/).

Wenn also Erinnerungen und Gefühle im Gehirn gespeichert sind, dann sind sie fünf Minuten nach dem Ende der Sauerstoffversorgung schlicht futsch. Ich habe keine Ahnung, woher Erinnerungen, Gefühle oder Gedanken kommen könnten, wenn sich jemand im Bardo befindet und alle Nerven und Synapsen aufgehört haben auch nur eine minimale Aktivität zu erbringen. Wir haben wissenschaftlich gesehen die Möglichkeit, dass es voll funktionsfähige Körper ohne ′Geist′ durchaus geben könnte, die auch reden, denken und verstehen, aber ein ′denkender und fühlender Geist′ ohne Körper ist zumindest in dieser Welt schlicht unmöglich. Sogar wenn man annimmt, es gäbe so etwas wie einen Traumkörper, dann bleibt die Frage offen, wo der Traumgeist in einem Traumkörper seine Informationen her bekommt (ja, schon wieder der alte Energieerhaltungssatz; die Entstehung in wechselseitiger Abhängigkeit ist ohne irgendeine Ursache-Wirkungs-Beziehung schlicht nicht denkbar).

Durch die Auswertung der Daten von Schlaganfall-Patienten (bestimmte Gehirnregionen wurden längere Zeit mit Sauerstoff stark unterversorgt oder gar nicht versorgt) weiß man mit absoluter Sicherheit, dass die betroffenen Fähigkeiten erst einmal weg sind und ob man sie wieder trainieren kann und wie weit, ist aktuell noch eine offene Frage. Wenn jemand (Ole macht das beispielsweise) also postuliert, dass das Gehirn so etwas wie ein Radioempfänger sei, der die notwendigen Informationen vom Geist bekommt, dann hat man jetzt das Problem, dass das Gehirn letztlich aus einer unendlich großen Anzahl von Sendern und Empfängern bestehen muss, denn bei Ausfall einer Fähigkeit im Gehirn sind ja alle anderen Fähigkeiten nicht betroffen. Also müssen sie alle getrennte Sender und Empfänger in Richtung Geist sein. Das darf man glauben, macht aber ziemlich wenig Sinn.

Wenn gesagt wird, das wäre auch nicht nötig, denn der Geist wüsste das alles sowieso, dann kommen zwei Gegenfragen. Wie sollte er das wissen können (Energieerhaltungssatz und Heisenberg: Es gibt keine Beobachtung ohne Rückwirkung!)? Warum hat die Evolution einen derartig riesigen Aufwand betreiben müssen, denn wenn der Geist das sowieso weiß, dann hätte es ja auch erleuchtete Einzeller geben müssen? Die Evolutionstheorie ist die wissenschaftlich am besten abgesicherte wissenschaftliche Erkenntnis überhaupt und sie steht in keinerlei Konflikt mit irgendeiner anderen Wissenschaft; es handelt sich also um ein riesig großes Gedankenmodell, das gigantisch viele einzelne Fakten umfasst, die alle über direkte Fragen an die Natur positiv beantwortet wurden! Das bedeutet, dass wir jetzt die Aussagen des Buddhismus im logischen Klammergriff haben. Mir ist völlig klar, dass es jede Menge rhetorische Finten gibt, um sich da unangreifbar zu machen (mehr oder weniger), aber der Stachel sitzt.

Man kann auch noch eine Stufe gemeiner argumentieren. Wenn es möglich ist, etwa durch die Therapien, die im Zusammenhang mit Spiegelneuronen entwickelt wurden, verloren gegangene Fähigkeit wieder (mehr oder weniger) zu aktivieren, dann muss also der Geist, der per buddhistischer Definition vom Körper und Gehirn verschieden ist, das Gehirn reparieren. Weil er verschieden ist, kann er das aber nicht (per Definition!)! Wir müssten also pro Person nicht nur ´unendlich´ viele Radioempfänger und Radiosender haben, sondern genauso viele geistige Reparatur-Arbeiter, die es auch nicht geben kann. Wenn Geist und Körper verschieden sind, kann der Geist den Körper nicht reparieren; wenn beide die gleiche Grundnatur haben, dann können sie aber eigentlich nicht wirklich verschieden voneinander sein. Irgendetwas kann an dieser Philosophie grundsätzlich nicht stimmen!

Wie schon in meinem Beispiel der Interaktion von Alkohol und Geist dargestellt, kann es keine absolute Trennung von Geist und Materie / Gehirn geben und auch die Schlaganfall-Patienten deuten darauf hin, dass die alten tibetischen Vorstellungen nicht stimmen können. Damit hier keine Zweifel aufkommen können, sei hier klar gestellt, dass die alten Tibeter das auch überhaupt nicht wissen konnten. Sie gingen in diverse Meditationszustände und untersuchten anschließend, was sie in ihrer Erinnerung fanden. Wenn man so will, haben sie sich von Innen nach Außen vorgearbeitet. Ich zweifele weder an ihrer Ehrlichkeit noch an der Korrektheit ihrer Beobachtungen! Ich habe allerdings Zweifel an der Korrektheit ihrer Schlussfolgerungen. Die Naturwissenschaftler sind in der anderen Richtung unterwegs und fragen nicht ihren Geist, was er meint, sondern werten die Antworten der Natur direkt aus. Dann fangen sie an zu rätseln, was das denn, zumindest subjektiv betrachtet, für das Denken bedeuten könnte.

Die Naturwissenschaft ist hierbei wie ein Raupenschlepper und alles, aber auch wirklich alles, wird zunächst vor sich her geschoben, dann gegen die Wand gedrückt und zur Not auch hindurch! Es gibt kein Entrinnen! Solange, wie es neue Ideen gibt, wie etwas anders erklärt werden könnte, solange wird sich dieser Raupenschlepper weiter vorwärts bewegen und alle Zweifel beseitigen. Wenn es keine Megakatastrophe gibt, dann werden wir in wenigen Jahren mit absoluter Klarheit wissen, ob große Teile der buddhistischen Philosophie noch haltbar sind. Ich halte etliche Aussagen für nicht haltbar, bin aber immer noch lernfähig.

Ich hatte ja schon von zwei Erlebnissen berichtet, die es meiner früheren Auffassung nach nicht hätte geben dürfen. Eine dritte Begegnung hatte ich bisher verschwiegen und diese ereignete sich auf dem mehrtägigen Kursus mit Tsültrim Gyamptso Rinpoche. In einer der Kurssitzungen kam Rinpoche in den Raum und setzte sich auf einen Kastenthron. Während er sich setzte hatte er einen kurzen und heftigen Hustenanfall. In meinem Gehirn / Geist bildete sich der folgende Gedanke: „So richtig gesund scheint er nicht zu sein. Und deutlich zu dick ist er auch!"

Ich war etwas verstört über meinen eigenen Gedanken. Rinpoche hatte mir überhaupt nichts getan, warum also waren meine Gedanken so gehässig? Ich schloss kurz die Augen und versuchte meine Gedanken rückwärts zu verfolgen. Nach ein paar Sekunden war ich sicher, was der Auslöser war. Es gibt Erklärungen darüber, dass bei bestimmten Belehrungen / Ritualen sich der Geist des Lehrers mit dem Geist des Schülers trifft und sogar vermischt. Ich hasste diese Vorstellung (MEIN Geist gehört MIR!) und daraus hatte sich der gehässige Gedanke entwickelt.

Ich öffnete die Augen wieder und Rinpoche schaute mir lächelnd sekundenlang und direkt in die Augen. Falls ich jemals in meinem Leben wirklich das Gefühl hatte, jemand hätte meine Gedanken gelesen, es war in diesem Moment. Und ich muss zu meiner Schande gestehen, dass es noch etwa ein halbes Jahr dauerte, bis ich begriff, dass in exakt jenem Moment genau das geschehen war, was mir absolut nicht gefiel. Aber wie sollte er als Tibeter überhaupt in der Lage sein, Gedanken auf Deutsch zu verstehen? Voll erwischt, halb erwischt, gar nicht erwischt, ich weiß es ganz einfach nicht (obwohl, irgendwie ist es letztlich auch egal).

Ich habe also mehr als einen Grund annähernd sicher zu sein, dass es Dinge gibt, die mit klassischer Physik nicht erklärbar sind (angeblich sollen solche Sachen in der Nähe von Personen passieren, die eine extrem starke Konzentration haben; davon habe ich aber mal wieder genauso wenig Ahnung wie von Energiebahnen).

Die meisten Menschen meinen ja, wenn über die Naturwissenschaften geredet wird, dass es da ein paar Professoren gibt, die sich Theorien ausdenken und dann publizieren. Das Problem ist nur, dass es nicht ein ´paar´ Forscher sind, es sind nicht hunderttausende, es sind Millionen! Es gibt ja nicht nur die Professoren und ihre Assistenten an den Universitäten, alle Studenten schreiben irgendwann ihre Diplomarbeit (jetzt Masterarbeit) und das sind wissenschaftliche Ausarbeitungen, an denen der Student meist etliche Monate arbeitet. Alle Studenten in technisch-wissenschaftlichen

Fächern sind also zumindest zeitweise in der Forschung tätig; weltweit sind es Millionen jedes Jahr.

Alle Erkenntnisse werden immer und immer wieder einer neuen Überprüfung unterzogen und alle hoffen (heimlich) auf Daten zu stoßen, die mit bisherigen Theorien nicht erklärbar sind. Vor rund einhundert Jahren hat Einstein nachgewiesen, dass die Überlegungen von Newton nicht falsch waren, jedoch nur für 'relativ' kleine Geschwindigkeiten korrekt sind. Seit rund einhundert Jahren haben hunderttausende von Physikern versucht, an diesem Denkgebäude zu rütteln, aber keiner hat es geschafft, es auch nur zum Wackeln zu bringen. Der Unterschied zwischen Wissenschaftlern und Philosophen (und Buddhisten) ist, dass die Wissenschaftler ihre Antworten direkt von der Natur bekommen. Es gibt also einen externen Schiedsrichter und seine Entscheidungen muss man akzeptieren (oder man muss die Frage noch einmal etwas abgewandelt stellen; das macht bisweilen einen erheblichen Unterschied aus, was man aber vorher nicht wissen kann).

Wenn wir uns jetzt vorstellen, dass der Geist so etwas ist wie ein Programm, das auf der Wetware schwimmt (Wetware ist Informatiker-Slang und es ist das Gehirn damit gemeint, denn zusätzlich hat man ja die Hardware und die Software), dann haben wir den reinen Materialismus. Jetzt habe ich (subjektiv) die Erfahrung gemacht, dass es da etwas gibt, was mit der klassischen Physik nicht erklärbar ist, also schließe ich vollkommen logisch, dass die materialistische Idee nicht stimmen kann, denn sie erklärt nicht alle Effekte. Wenn also nicht alles materiell sein kann, dann könnte man ja postulieren, dass alles Geist sein muss!

Mal ehrlich, ein ganzes Universum voll mit Milliarden Galaxien mit jeweils Milliarden von Sonnen (die Planeten und Kometen sowie die 'dunkle Energie und Materie' lasse ich mal als unwichtig aus), alles das soll Geist sein. Geist, der denkt, fühlt und plant, nur damit man auf dem dritten Planeten eines kleinen und völlig unbedeutenden Sonnensystems eine einfache Erklärung hat? Nicht übermäßig wahrscheinlich! Denken wir das Ganze mal ins Kleinere zurück. Wenn das ganze Universum Geist ist, dann muss auch das Sandkorn am Strand Geist sein. Theoretisch möglich, aber dann sollten Sie jetzt in der Lage sein, zu begründen, warum ein Sandkorn nicht eigenständig denken kann oder kann es das doch? Wenn Sie hier eine glaubhafte Antwort schaffen, dann könnten Sie der nächste Religionsstifter sein! Sandstrand OM!

Aber was ist mit den großen Steinen oder den kleinen Algen? Die müssen dann doch auch denken können, denn auch sie sind Geist! Da dem wohl nicht so ist, müsste es verschiedene Arten von Geist geben, solcher, der denken und fühlen kann, und solcher, dem diese Fähigkeit fehlt! Mein Zehennagel kann denken und deiner nicht, deshalb hat er eine andere Art von Geist? Absoluter Unsinn, so kann es nicht sein!

Dieses Spielchen könnte ich jetzt noch seitenweise weiter machen, aber das bringt nichts. Entweder hat man einen logischen Widerspruch oder man wird zugeben müssen, dass es zwischen Geist und Materie überhaupt keinen Unterschied geben kann (auch wenn das dem Ego nicht so besonders gefällt). Ob man das, was dann wahrhaft vorhanden sein muss, Geist, Materie oder Mimpf nennt, ist völlig unwichtig. Eigentlich sind wir wieder am Anfang dieses Buches angekommen, nämlich bei den Axiomen.

1. Es gibt 'Denken'.
2. Es gibt etwas, das 'denkt'.
3. Alles Geschehen / Denken basiert auf Ursache und Wirkung (Entstehen in gegenseitiger Abhängigkeit).

Ich komme zurück zu meinem Sufi und dem Dämon (was auch immer das sein mag). Rein klassisch materiell können wir nicht existieren, denn es gibt Effekte, die materiell nicht erklärbar sind. Eine rein geistige Existenz wäre möglich, wenn sich diese geistige Existenz denn an die experimentell nachgewiesenen Gesetzmäßigkeiten hält (etwa das LHC im Cern). Ok, rein theoretisch könnten wir alle von einem Dämon erdacht werden, der sich nicht um physikalische oder mathematische Erkenntnisse schert. Da wir weder beweisen können, dass es ihn gibt oder auch nicht, bleibt uns nur eine pragmatische Lösung.

Unsere wissenschaftlichen Erkenntnisse belegen eindeutig, dass es Atome gibt und dass es eine ganze Reihe verschiedener Atome gibt. Wir wissen auch, dass sogar Atome (obwohl per griechischer Definition unteilbar) sehr wohl teilbar sind. Das sind Erkenntnisse, die seit Jahrzehnten nicht mehr angezweifelt werden können (zumindest nicht wirklich ernsthaft).

Die höchsten buddhistischen Belehrungen sagen, dass alles Geist ist. Wenn man mit der Definition arbeitet, dass Geist das ist, was denkt, dann erklärt diese Idee nicht das ganze Bild (wenn unsere Sonne Geist ist, was denkt sie so und warum?). Stellen die Wissenschaftler also ihre Fragen nicht an die Natur sondern an den Allgeist, der immer wieder exakt die gleichen Antworten auf die experimentell gestellten Fragen gibt? Das würde bedeuten, das die Naturwissenschaftler ihre Fragen zwar an den Geist stellen, aber noch nicht alle Bereiche des Geistes auf dem Schirm haben. Könnte durchaus möglich sein.

Wir haben das klassische griechische Dilemma, bei dem man vor einem Stier steht. Geht man nach links, dann wird man von dem einen Horn aufgespießt. Geht man nach rechts, dann wird man das Opfer des anderen Horns. Also gehen wir mal durch die nicht-dualistische Mitte. Was auf den nächsten paar Seiten folgt, dürfen Sie gerne als spinnert einstufen und es gibt auch nicht die offizielle buddhistische Lehrmeinung wieder. Vielleicht eröffnet es Ihnen aber auch die Möglichkeit, Ihre Realität aus einer etwas anderen Position zu betrachten.

Alles, was existiert, besteht aus Superstrings und was diese in Bezug auf die aktuell bekannten Naturgesetze machen könnten, ist völlig offen. Auf der Basis unseres jetzigen physikalischen Wissens können wir nicht erklären, warum etwa ein radioaktives Atom zu einer bestimmten Zeit zerfällt. Auf der Basis von Superstrings könnte der Vorgang hingegen völlig deterministisch sein. Genau das gleiche gilt dann natürlich auch für alle Quanteneffekte. Alles, aber auch wirklich alles, ist absolut dem Entstehen in gegenseitiger Abhängigkeit unterworfen (oder auch Ursache und Wirkung). Es gibt weder Zufall noch freien Willen, sondern nur die zwangsläufige Entwicklung! Seit anfangsloser Zeit und für ewige Zeiten.

Wir hatten uns ja schon früher mit der Frage beschäftigt, dass es ein Ego eigentlich nicht geben kann. Jetzt werde ich eine Nummer brutaler: Es gibt überhaupt kein Ich! Die Superstrings, die aus dem Urknall heraus kamen, haben sich seither entsprechend Ursache und Wirkung verhalten. Daraus wurden zwangsläufig Universen, Galaxien, Planeten und zumindest in einem Fall Leben. Nicht, weil sich Leben entwickeln wollte, sondern weil es sich entwickeln musste. Ursache und Wirkung! Keine Ausnahmen!

Irgendwann schmuggelten die Säugetiere ihr Erbgut an den Sauriern vorbei, aber auch das war eine reine Ursache-Wirkung-Beziehung. Trillionenfach wurde ein Ich geboren (abgeschnürt durch Zellteilung, als Ei oder durch eine Geburt) und dachte, es sei unabhängig. Absolut verständlich, aber letztlich leider völlig falsch. Dieses Ich hatte nie die Möglichkeit unabhängig zu sein, denn es hatte nie einen freien Willen (ein freier Wille setzt voraus, dass man zumindest teilweise von Ursache und Wirkung ausgenommen ist, doch das kann es ja laut den Axiomen nicht geben). Also folgte dieses Ich immer den Gegebenheiten, ohne jemals auch nur die Chance zu haben, einen wirklichen Einfluss zu haben. Demzufolge haben wir die Illusion eines freien Willens, aber einen wirklich freier Willen kann es überhaupt nicht geben! Es ist also kein Dämon, der uns denkt, sondern ein absolut minimaler Anteil der Superstrings (vielleicht auch ihre Gesamtheit, denn man weiß ja nicht, wie die sich gegenseitig beeinflussen könnten).

Irgendwie fühle ich mich verpflichtet, noch eine Theorie liefern, wie sich der Widerspruch zwischen klassischer Physik und 'nicht normalen Ereignissen' aufheben lässt.

Bei der Zahl Pi hatte ich ja nachgewiesen, dass alle Erzählungen, Musikstücke, Filme, egal ob in der Vergangenheit aufgezeichnet oder irgendwann in der Zukunft erstellt, in ihr enthalten sein müssen! Ich gehe mal davon aus, dass auch Superstrings nur das können, was 'physikalisch' möglich ist, ohne hierbei an die 'klassische Physik' gebunden zu sein (diese kann etwa nicht vorhersagen, wann und wo ein Teilchen aus dem Nichts auftauchen wird, mit Superstrings **könnte** das durchaus möglich sein). Also werden die Superstrings alle Möglichkeiten durchspielen, die aufgrund von Ursache und Wirkung möglich sind. Und irgendwann gibt es eine Welt, in der scheinbar Magie möglich ist und irgendwann wird es eine Welt geben, in der Magie eine echte Realität ist (Magie heißt ja letztlich: Ich habe keine Ahnung, wie das funktioniert, aber es funktioniert.).

Wir befinden uns aktuell in der Nähe einer mentalen Singularität (aufgrund von Ursache und Wirkung musste es irgendwann zu exakt dieser Situation kommen, in der wir uns jetzt befinden und in der es mehr als einen Buddha gab, der lehrte) und die Superstrings spielen gerade etwas durch, was im Rest des Universums (also weit ab von der Singularität) schlicht nicht passiert. Einerseits Ursache und Wirkung und zudem extrem unwahrscheinlich! Es gab jedoch den vierten Buddha und er war schlicht unvermeidlich, egal für wie unwahrscheinlich wir die Situation halten, und wir sind mitten drin, weil irgend jemand muss dort sein!

Es ist also noch sehr viel schlimmer, als ob uns ein Dämon erdenken würde und wir nicht wirklich existieren. Superstrings spielen völlig sinnlos und planlos im Raum herum und es entsteht nicht nur eine Sonne mit Planeten, sondern auf einem dieser Planeten entwickelt sich sogar Leben. Dieses Leben denkt, es sei selbst entstanden und unabhängig, aber dies ist eine Illusion, denn dieses Leben besteht nur aus Superstrings. Alles, was irgendwann einmal aufgrund von Ursache und Wirkung sein könnte, wird irgendwann einmal sein. Nicht einmal, sondern unendlich oft.

Sogar Buddha war nichts anderes als das Spiel der Superstrings in Raum und Zeit. Dies darf man jetzt nicht mit dem klassischen Schicksal verwechseln. Beim Schicksal gibt es eine Instanz, die eine Planung gemacht hat. Diese Instanz kann es nicht geben, denn Ursache und

Wirkung schließen jegliches göttliche Wirken völlig aus. Folglich fing das ganze Spiel irgendwann und irgendwie an und alles, was sich jetzt im gesamten Universum abspielt, hätte nicht anders kommen können. Auch jedes Ego entstand unvermeidlich aus diesem Spiel der Superstrings.

Zu der Beleidigung, dass wir nur deshalb eine Realität haben, weil es sich irgendwann zwangsläufig so ergeben musste, müssen wir auch noch hinnehmen, dass wir nicht einmal selber denken oder entscheiden, sondern dass auch dies vorweg aufgrund von Ursache und Wirkung festgelegt ist. Nicht als Plan, sondern als unvermeidliches Ergebnis.

Für unser tägliches Leben macht das übrigens überhaupt keinen Unterschied. Ob mir jemand vors Schienbein tritt, weil es unausweichlich war, oder ob er es vorsätzlich getan hat, hat für mich exakt die gleiche Wirkung. Es tut schlicht weh! In diesem Moment hängt es völlig davon ab, ob ich mich körperlich in der Lage fühle und wütend genug bin, um dafür zu sorgen, dass ihm anschließend die Nase weh tut. Die Illusion eines freien Willens und striktester Determinismus sind völlig kompatibel. Ein **wirklich** freier Wille wäre es nicht.

Auch die Taten eines Buddha wären dann vollständig Teil des Entstehens in gegenseitiger Abhängigkeit, was ja von Khenpo Tsültrim Gyamtso Rinpoche gesagt wurde. Nur wie kommt es dann zu Wundern und Magie? Das machen alles die Superstrings und der Mensch meint, er selber hätte das bewirkt! Wir denken nicht, sondern der Raum spielt mit sich selbst und erdenkt uns hierbei. Form ist Leerheit und Leerheit ist Form. Form und Leerheit untrennbar! Nichts, was die Superstrings bilden, ist letztlich wahr und vorhanden (daher leer), denn alles besteht nur aus ihrem Spiel und zerfällt wieder und wird etwas neues!

Wenn Ich aus Superstrings bestehe und alles um mich herum gleichfalls, dann gibt es keinen Unterschied mehr zwischen Innen und Außen. Ich, hier drinnen, und Alles da draußen, sind ununterscheidbar gleich. Es kann unter dieser Voraussetzung überhaupt keinen Unterschied geben zwischen dem Erleber, dem Akt des Erlebens und dem Erlebten. Innen und Außen, alles absolut identisch! Keine Trennung möglich!

Zuerst wird uns durch die Meditation das Ego genommen (machen wir selbst und mit Begeisterung) und je mehr wir begreifen, dass bei unbeschränkter Gültigkeit von Ursache und Wirkung noch nicht einmal ein unabhängiges Ich möglich ist und es daher auch keinen freien Willen haben kann, dann passiert etwas, was eigentlich auch zwangsläufig und unvermeidbar ist: Wir fügen uns in unser Schicksal, denn wir können sowieso nichts gegen die Situation machen.

Alles hat die gleiche Grundnatur. Mein Körper genauso wie die Nahrung, die ich aufnehme und die mich als Stoffwechselendprodukt wieder verlässt, mein Hund, der Stuhl auf dem ich sitze, meine Nachbarin, einfach alles. Also tue ich das, was vor der Nase liegt und gebe mir Mühe dabei; wenn ich mir keine Mühe gebe, dann bin ich unzufrieden; weil mir dieses Gefühl nicht mehr gefällt, lasse ich es auch nicht mehr zu. Wenn man unzufrieden ist, dann will man ja, dass die Welt anders sein sollte, als sie ist. Da Raum und Superstrings aber so sind, wie sie sind, weil es gar nicht anders sein kann, dann kann ich mit der Situation auch genauso gut zufrieden sein (mit meiner Illusion von meinem freien Willens).

Falls Sie bei der Interpretation der obigen Zeilen Schwierigkeiten haben, dann würde mich das nicht wundern. Bessere Worte habe ich aber leider nicht! Ich habe keine Ahnung, ob meine Interpretation auch nur ansatzweise richtig ist, sie erscheint mir nach 25 Jahren Beschäftigung mit dem Thema zumindest nicht völlig abwegig. Und sie hat zumindest für mich gewirkt, denn mit dieser Interpretation verstand ich endlich die ganzen Texte, die mir vorher rätselhaft waren; allerdings habe ich immer noch keine Ahnung von Energiebahnen, Magie oder der Umwandlung von Störgefühlen in Weisheiten. Kommt ja vielleicht noch.

Um es ganz platt auszudrücken hat die buddhistische Philosophie in der traditionell überlieferten Form eigentlich nichts, was einen Westler spontan anspricht. Was der Buddhismus im Westen hat sind Menschen, die mehr oder weniger realisiert sind, aber bei denen man spürt, dass sie über etwas verfügen, was man selbst auch gerne hätte (man nennt es bisweilen auch Charisma). Dies kann ein Lächeln sein, das besagt, dass man mit diesem Problem nun wirklich nicht alleine in der Welt ist. Es kann ein explosives Lachen sein, das aufzeigt, dass es letztlich nichts gibt, weshalb man traurig sein sollte. Es kann auch eine Umarmung sein, die bedeutet: Ja, deine aktuelle Situation ist echt Scheiße, aber willst du dich darin suhlen oder willst du da raus kommen? Völlig egal, wie groß die Wellen sind, sie haben keine Möglichkeit, den Ozean zu zerstören.

Alles spielt sich in unserem Geiste ab, absolut egal, ob wir es in dieser Form akzeptieren wollen oder nicht. Da wir, der Evolution und dem von ihr entwickelten Lernen sei Dank, praktisch alles in unserem Geist verändern können, dann wäre es doch ziemlich unvernünftig, darauf zu verzichten, dass man sich besser fühlen könnte, wenn man ein paar Neuronen anders programmiert. Sie müssen kein Buddhist werden, um meditieren zu können, das geht auch ganz einfach so. Wenn Sie den Eindruck haben, dass Ihnen Meditation hilft, dann machen Sie ganz einfach weiter; wenn Sie den

Eindruck haben, dass es bedrückend oder schwierig ist, dann legen Sie den 'Schmerzpunkt' fest, bis zu dem Sie bereit sind zu gehen. Hier gilt wie im Muskeltraining der alte Spruch: „No pain, no gain!"

Ich glaube, ich habe recht glaubhaft darstellen können, dass es einem hierbei nicht unbedingt die ganze Zeit gut gehen muss oder auch nur könnte. Es ist sogar anders herum. Wenn man diesen Weg geht und sich die ganze Zeit nur wohlfühlt oder Glückszustände in der Meditation sucht, dann macht man etwas falsch und ist nicht auf dem Weg, sondern betreibt lediglich geistige Onanie! Meditation dient nicht dazu, dass man sich wohl fühlt, sondern dass man sich entwickelt; wenn man sich hierbei zufällig auch mal wohl fühlt, dann ist das natürlich völlig in Ordnung. Buddhismus ist schließlich kein Masochismustraining.

Nach einem Phowa-Kursus fragte einer der Teilnehmer: „In den letzten Tagen habe ich eine viel stärkere Veränderung in meiner Persönlichkeit erlebt, als in den vielen Monaten zuvor mit der normalen Paraxis. Kann es nicht öfter solche Kurse geben?" Die Antwort von Ole bringt es auf den Punkt: „Wenn du die viele Arbeit vorher nicht gemacht hättest, dann wäre hier auch nichts passiert!"

Wenn jemand meint, in seinem Unterbewusstsein wären so schlimme Sachen vergraben, dass er da nicht heran gehen will, dann ist vielleicht ein Besuch beim Psychotherapeuten anzuraten. Wenn der meint, er würde keinen akuten Behandlungsbedarf sehen, dann können Sie auch den Sprung ins Wasser wagen. Es hat keine Badewannentemperatur aber wirklich kalt ist es auch nicht; allerdings kann es schon Zeiträume geben, in denen man zweifelt, ob man noch die Kontrolle behalten kann. Als ich damals Ole fragte, ob er mich als Schüler annehmen würde (die Versicherungspolice!) hatte er in seinem Vortrag noch etwas erzählt, das in diesem Zusammenhang sehr wichtig ist: „Wenn man anfängt mit seinem Geist zu arbeiten, dann werden sehr viele zuvor unterdrückte und negative Gefühle hoch gespült. Unser Schützer Mahakala sorgt dann dafür, dass die Deckelchen auf den Töpfchen bleiben!" Ich habe mich damals über ein halbes Jahr völlig darauf verlassen. Das Deckelchen blieb auf dem Töpfchen und der Druck ist raus.

Die Mittel im Buddhismus, die Schaden anrichten könnten, werden aus gutem Grund geheim gehalten und nur denen zur Verfügung gestellt, die wirklich damit umgehen können (ich gehöre nicht dazu). Alle anderen brauchen lediglich das Vertrauen, dass ihr eigenes Unterbewusstsein (oder Ego) nichts unternimmt, was wirklich schädlich für sie ist (wenn Sie mit Scheuersand Ihr Auto putzen, dann sind Sie extrem unvernünftig; warmes

Seifenwasser kann das Auto ab und mit unserem Geist ist es genauso). Ein paar hundert Millionen Jahre Evolution stellen sicher, dass wir uns nur dann schaden können, wenn schon heftige psychische Störungen vorliegen! Anders sieht es beim ´Logos´ aus (also dem sogenannten vernunftmäßigen Denken), denn der kann uns tatsächlich heftig schädigen!

Wie aber schon zuvor geschrieben: Die Zeiträume, in denen man sich wohl fühlt, werden länger und die Zeiträume, in denen man sich schlecht fühlt, werden kürzer. Der Preis den man zahlt ist **einmal** durch die Scheiße im eigenen Unterbewusstsein waten zu müssen und beim Großteil macht man das nicht einmal bewusst. Wenn man meint, einmal wäre zu viel, dann geht man da immer und immer wieder da durch, ohne irgendeine Chance das verhindern zu können.

Sie haben die Wahl. Love it or leave it!

Epilog

Dieser Epilog muss sein, denn ich bin noch die Erklärung schuldig, wie es überhaupt zu meiner Weltreise kam. Ohne diese Erklärung wäre das Buch nicht rund, doch sie passte thematisch irgendwie nirgends mit hinein.

Nach dem Tod meiner Mutter hatten ja meine Schwester und ich beschlossen, dass mein Vater solange wie irgend möglich in seiner vertrauten Umgebung bleiben sollte, denn wir rechneten nicht damit, dass er noch lange leben würde.

Ein Großteil meiner Ahnen kam aus Schleswig, also verbrachte die ganze Familie schon seit meiner frühesten Jugend jedes Wochenende dort. Auch die meiste Zeit der Schulferien war ich immer dort. Als der ´Arbeitseinsatz´ für meinen Vater begann, war für mich das ganze Haus ein düsteres und bedrückendes Gemäuer, denn ich verband eine ganze Menge an Erinnerungen mit ihm, die ich eigentlich lieber nicht gehabt hätte. Dieser Arbeitseinsatz dauerte dann zwei Jahre, fühlte sich aber eher nach vier Jahren an. Am Ende dieser Zeit sah ich nur noch einen Haufel Ziegel, wenn ich das Haus betrachtete. Ich muss in dieser Zeit also einiges in meinem Unterbewusstsein aufgeräumt haben.

Nach dem Ableben meines Vaters hatten meine Schwester und ich das Glück, dass wir beide nicht allzu gierig sind; es gab also keinerlei Streit um das Erbe; das meiste am Möbeln und Sachen wollten wir sowieso nicht haben; was die Nachbarin nicht für sich oder ihre Familie haben wollte, ging ans Rote Kreuz oder andere karitativen Einrichtungen oder landete auf irgendwelchen Flohmärkten. Von ein wenig Kleinkram abgesehen wollte ich nur einen Schrank.

Ich fragte Mausel damals (ich kannte sie seit ich etwa 20 war und sie 15; sie war die Freundin des kleinen Bruders meines besten Freundes), ob sie mir beim Transport helfen könnte, was sie dann auch machte. Auf der Fahrt nach Schleswig und zurück unterhielten wir uns über Gott und die Welt und unter anderem über Motorräder. Seit meiner Jugend wollte ich schon immer eines haben, aber irgendwie hatte es nie geklappt; sie fuhr damals eine Yamaha XT und deshalb fragte ich sie um Rat, was für eine Maschine denn für mich wohl geeignet sei.

Sie meinte: „Kauf dir eine BMW, denn irgendwas kleines oder total sportliches passt nicht zu dir. Wenn du feststellst, dass dir das Motorradfahren keinen Spaß macht, dann kannst du das Teil fast für den

Kaufpreis wieder verkaufen. Zuverlässig und haltbar sind die auch!" So kam ich also zu einer R80GS, einer Enduro mit sehr guten Reisequalitäten.

Ungefähr in dieser Zeit besuchte ich meine Exfreundin Ute in Hamburg; wir zogen durch die Kneipen, in denen wir früher immer waren und schnackten über Gott und die Welt (scheine ich oft zu machen), wobei ich auch von den Problemen erzählte, die ich am Arbeitsplatz hatte. Sie meinte nur: „Ich versteh´ dich nicht. Du hast genug Geld, die Arbeit kotzt dich an und du hast keinerlei Verantwortungen! Warum globetrotterst du nicht einfach ein oder zwei Jahre?"

Ja, warum eigentlich nicht? Also fing ich schon mal an, mir Reiseführer für alle möglichen Ecken der Welt zu kaufen und natürlich auch zu lesen. Langsam wuchs das Fernweh und auch der Ärger in der Firma wurde größer. Zu der Zeit kam Ole nach Kiel. Joachim hatte die ganze Wohnung auf Hochglanz gebracht (das war noch die im zweiten Stock vom Altbau mit Klo auf halber Treppe), sein Zimmer Ole überlassen und schlief auf dem Fußboden in der Gompa. Damals war alles noch recht familiär und Ole hatte noch genügend Zeit um Interviews geben zu können. Man konnte also eine Viertelstunde bei ihm buchen, was ich auch machte.

Ich schilderte ihm kurz meine Lebenssituation und dass ich mich eigentlich entschlossen hätte, mich durch den ganzen Ärger in der Firma durchzukämpfen, dass ich aber eigentlich viel lieber meine Sachen auf mein Motorrad schnallen würde, um mindestens ein Jahr um die Welt zu gurken. „Und wie willst du das bezahlen? Willst du dir Geld von der Bank borgen?" „Nee, ich verdiene deutlich mehr, als ich ausgebe und ich habe zusätzlich genug Geld geerbt, um so eine Reise zu finanzieren." „Dann solltest du das so bald wie irgend möglich machen, denn sonst wirst du nur älter und steifer!" Nach einem kurzen Moment des Nachdenkens fügte er hinzu: „Sag´ Tomek, er soll dich auf die Liste der Reisegruppe für die USA im nächsten Jahr setzen!"

Abends war der Ole-Vortrag im Versammlungsraum des Edo-Osterloh-Studentenwohnheims, wo etwa zweihundert Leute rein passten; ich saß irgendwo ziemlich weit hinten und Ole kam wie damals üblich locker eine Stunde zu spät. Ole setzte sich auf den Kastenthron und blickte kurz über die Menge und entdeckte mich sofort, obwohl ich ganz hinten saß. Mit Zeichensprache fragte er mich: „Warst du schon bei Tomek und hast dich auf die Liste setzen lassen?" Ich antwortete in Zeichensprache: „Mal ganz ruhig!" Ole sprang vom Thron runter, ging zum Vorraum und zog Tomek in den Vortragsraum, zeigte auf mich und sagte Tomek, dass er mich sofort auf die Liste setzen solle.

Dass ich mein Motorrad dann kurz vor der Abreise völlig geschrottet hatte, habe ich ja schon geschrieben. Das neue Motorrad war Anfang März in eine Kiste gekommen und war schon auf dem Weg nach San Francisco. Eigentlich hatte ich meine Abreise auf den 1. April legen wollen, das gab aber der Flugplan von Kiel nicht her, also wurde es der 2. April. In San Francisco traf ich dann auf die Reisegruppe und es ging zunächst per Auto Kalifornien hoch, runter, nach Baja California hinein und dann quer durchs Land nach Houston Texas (mehr als 6 Stunden Schlaf am Tag gab es in dieser Zeit nie, es sei denn man fand ein wenig Schlummer im Auto).

Von dort wollte Ole weiter nach Mexico fliegen, wo ein Phowa-Kursus geplant war. Als ich mich von ihm verabschiedete, sagte ich: „Und noch mal vielen Dank für alles, was du für mich getan hast!" „Ich habe doch nur jede Menge Unordnung in dein Leben gebracht, also dafür musst du dich nicht bedanken!" Wie dankbar ich für die Unordnung war, habe ich ihm noch nicht gesagt, aber es ist letztlich auch völlig egal. Was er schon damals machte war, das zu tun, was vor der Nase und sinnvoll ist. Ich hoffe, ich kann ihm in dieser Intention noch ein bisschen folgen.

Ich traf Ole während meiner Reise noch einmal und zwar in Neuseeland, wo er einen Phowa-Kursus gab. Das gab mir die Gelegenheit zu überprüfen, ob es auch dann klapp, den Geist nach oben zu schicken, wenn man genau genommen mit dem Kopf nach unten sitzt. Es scheint zu funktionieren! Das war übrigens das familiärste Phowa, das ich je mitgemacht habe. Es waren nur rund 20 Teilnehmer! In Südamerika hatte ich angefangen, nicht nur ein Reisetagebuch zu schreiben, sondern auch meine Gedanken zum Buddhismus zu sortieren, um daraus ein Buch zu machen. Ich fragte Ole, ob das in Ordnung sei und er sagte: „Meinen Segen hast du!"

Es hat zwar nur etwas über 20 Jahre gedauert, aber endlich habe ich es geschafft und merke gerade, wie sich das Störgefühl Stolz in mir regt. Ich glaub´ ich geh mal meditieren.

Karmapa Chenno und Tschüs!

P.S. Das zweite Buch von Ole hatte übrigens den englischen Titel „Riding the Tiger". Sie könnten mittlerweile eine Idee haben, warum.

Weiterführende Ideen

Wenn Sie sich einmal unverbindlich über Buddhismus unterhalten wollen, werden Sie völlig problemlos heraus finden können, wo das möglich ist. Über Deutschland verteilt gibt es ungefähr 150 größere Zentren oder lokale Meditationsgruppen, die unter der Schirmherrschaft von Ole und natürlich Karmapa (aber nicht dem chinesischen Kandidaten) stehen. Also wird sich fast sicher auch in Ihrer Nähe eine Möglichkeit zu einem Gespräch finden lassen. Das hier ist schon einmal ein guter Startpunkt: http://www.lama-ole-nydahl.de/zentren.html

Wenn man schon mal vorab weitere Infos haben möchte, dann kann man sich auch mal diesen Text durchlesen, um einen Eindruck von unserem Stil zu bekommen: http://www.lama-ole-nydahl.de/fragen.html

Viele Zentren bieten darüber hinaus die Möglichkeit, dass Schulklassen ins Zentrum kommen können (das hängt natürlich von den räumlichen Verhältnissen ab) oder dass jemand in die Schule geht und dort einen Vortrag hält oder eine Religionsstunde moderiert. Das gilt natürlich auch für andere interessierte Gruppen. Ob eine geleitete Meditation dazu gehören soll oder nicht, ist völlig frei. Ein Interview zu der dann wahrscheinlich stattfindenden Meditation findet man hier (das sind doppelte Unterstriche in der URL):
http://www.buddhismus-heute.de/archive.issue__43.position__0.de.html

Der Buddhismus ist übrigens (zumindest so weit ich weiß) die einzige Religion, die nicht missioniert; es werden Angebote gemacht und für wen es passt, der wird sie finden. Und nach rund eintausend Jahren kann man auch definitiv ausschließen, dass eine Jugendsekte dahinter steckt, egal, um welche Linie des tibetischen Buddhismus es sich handelt.

Die Leute, die in den bei Ole gelisteten Zentren ein und aus gehen, sind alles Menschen, die mitten im Leben stehen. Sie sind Ärzte, Sozialarbeiter, Handwerker, Sozialhilfeempfänger, Ingenieure, Verwaltungsangestellte, Handwerker und sehr vieles mehr. In diesen Zentren gibt es keine roten Roben und meistens sehr viel mehr Fragen als Glauben. Ein anderer Unterschied ist mir sehr wichtig (nach über 10 Jahren im Ausland konnte ich ihn körperlich spüren): Es wird dort sehr viel mehr gelacht, als im bundesdeutschen Durchschnitt!

Wie Buddha sagte: Glaubt nichts! Prüft es!

**Wer denkt, die Dinge seien wirklich,
ist so dumm wie eine Kuh.
Wer denkt, sie seien nicht wirklich,
ist noch dümmer!**

Saraha (indischer Yogi im achten Jahrhundert)

Literaturverzeichnis

Cuevas, Bryan J.
    The Hidden History of the Tibetan Book of the Dead
    ISBN 0-19-51413-4

Douglas & White
    Karmapa, the Black Hat Lama of Tibet
    ISBN 0-71890-187-8

Dörfner, Sascha Dr.
    Dissertation: Veränderungsblindheit
    eingereicht 18.8.2004

Gampopa
    Juwelenschmuck der geistigen Befreiung
    ISBN 3-424-00996-2

Goldstein, E. Bruce
    Wahrnehmungspsychologie
    Spektrum; ISBN 3-8274-1083-5

Gyamtso, Tsültrim Rinpoche
    Stufenweise Meditationsfolge über Leerheit
    ISBN 3-89233-016-6

Ings, Simon
    Das Auge, Meisterstück der Evolution
    ISBN 978-3-455-50072-1

Karmapa Wangtschug Dordsche
    Mahamudra, Ozean des Wahren Sinnes; Teil 1 bis 3
    ISBN 3-85936-045-0
    ISBN 3-85936-036-1
    ISBN 3-85936-049-3

Karnat & Thier
    Neuropsychologie
    Springer; ISBN 3-540-28448-6

Lauf, Detlef-I.
    Geheimlehren tibetischer Totenbücher
    ISBN 3-591-08010-1

Lehnert, Tomek
    Rogues in Robes
    ISBN 0-57733-026-9

Nydahl, Lama Ole
    Das große Siegel
        ISBN 3-925554-30-1
    Der Buddha und die Liebe
        ISBN 3-426-66692-8
    Die Buddhas vom Dach der Welt
        ISBN 3-89901-952-0
    Nützlich sein
        ISBN 978-3-89901-410-5
    Über alle Grenzen
        ISBN 3-89901-053-1
    Von Tod und Wiedergeburt
        ISBN 978-3-426-87357-1
    Wie die Dinge sind
        ISBN 978-3-426-87234-5

Schuhmacher, Stephan (Übersetzer)
    Das Tibetische Totenbuch
    ISBN 978-3-442-33774-3

Shamar Rinpoche (Shamarpa)
    A Golden Swan in Turbulent Waters
    ISBN 978-0-9881762-0-1

Tammet, Daniel
    Born on a Blue Day
    ISBN 978-0-340-89975-5

Trungpa, Chögyam Rinpoche
    Spirituellen Materialismus Durchschneiden
    ISBN 3-85936-025-6